應用統計學
EXCEL分析

主　編　龍金茹
副主編　王　波、趙　元

崧燁文化

前言

世界正步入大數據時代，幾乎所有事物都可被量化。然而數據只是最原始的形式，只有通過整理、分析才有意義。統計學就是破譯數據內在聯繫的工具。

統計學是一門關於數據的科學，是關於數據收集和數據分析的方法論科學。統計學因此也成為經濟類和工商管理類專業的核心基礎課程。具備了統計學的知識，我們就可以在數據的海洋中遨遊，並發現數字背後的真相和規律。

本書具有下列特點：

（1）本書強化應用和動手操作。本書致力於將統計學的應用作為出發點和歸宿，開闢獨立的篇章和大量篇幅進行EXCEL常用操作詳解，將統計的理論和應用銜接起來。本書對高級篩選、排序、分類匯總、數據透視表、直方圖、柱形圖、條形圖、餅圖、折線圖、面積圖等常用統計圖表的製作和應用進行了詳細闡述；對描述統計中集中趨勢和離散程度的各類指標用EXCEL公式來實現；對推斷統計中的參數估計、假設檢驗、線性迴歸分析也用EXCEL來實現，並將實現的詳細步驟寫入書中，力圖培養學生的學習興趣、提高學生的動手能力。

（2）本書深入淺出、通俗易懂，主要強化基礎知識，避免複雜的數學公式推導。本書採用邏輯敘述和分析的方法，通過易懂的語言配以卡通圖片、圖表，解釋公式背後的統計思想，避免枯燥的數學公式推導。

（3）本書較系統、較全面。內容從基礎概念、數據處理、描述統計到推斷與分析綜合，涵蓋了統計學的重要章節和內容，並為每章配備了一定的練習思考題目。

全書由龍金茹擔任主編，趙元任副主編。其中，龍金茹負責全書大綱的設計，並負責第一章、第二章、第三章、第四章、第五章、第六章以及EXCEL模塊1至模塊3部分；王波負責第七章、第八章以及相應章節EXCEL操作的編寫；趙元負責EXCEL的模塊4至模塊　以及習題練習的編寫。龍金茹對全書進行了最後的修改和總纂。

本書在編寫過程中引用了有關專家和學者的研究成果和資料，在此深表謝意。

由於編者水準有限，加之編寫時間倉促，書中難免有疏漏之處，懇請各位讀者批評指正！

編者

目錄

1 緒論	1
1.1 統計的含義	1
1.2 統計研究的特點	3
1.3 統計學的分支	3
1.4 統計數據類型	5
1.5 統計學的基本概念	7
1.6 統計學的發展歷程	11
習題	13
2 數據整理與顯示	16
2.1 統計數據的審核	16
2.2 統計數據的分組	17
2.3 頻數分配	22
2.4 頻數表的圖示法	24
2.5 其他常用的統計圖	25
習題	30
3 數據的概括性度量	33
3.1 總規模度量——總量指標	34

3.2	比較度量——相對指標	35
3.3	集中趨勢的度量——平均指標	39
3.4	離散程度的測度——變異指標	53
3.5	偏態和峰度的測度	59
習題		62

4　抽樣推斷與分佈　　65

4.1	抽樣推斷的概述	66
4.2	抽樣方法	67
4.3	抽樣分佈	71
4.4	抽樣誤差	77
習題		79

5　參數估計　　81

5.1	參數估計的基本問題	81
5.2	總體均值的區間估計	87
5.3	總體方差的區間估計	90
5.4	兩個總體方差比的區間估計	91
5.5	樣本容量的確定	92
習題		94

6　假設檢驗　　97

6.1	假設檢驗的基本原理	97
6.2	假設檢驗的流程	105
6.3	總體均值的假設檢驗	106
6.4	總體方差的假設檢驗	109
6.5	兩個總體方差比的假設檢驗	111
習題		113

7　相關與迴歸分析　115

7.1　變量名稱及其關係　116
7.2　相關關係的描述與度量　117
7.3　一元線性迴歸　120
7.4　多元迴歸方程　129
習題　136

8　時間序列分析　139

8.1　時間序列分類及編製原則　139
8.2　時間序列的水準分析　141
8.3　時間序列的速度分析　145
8.4　時間序列的趨勢分析　147
8.5　時間序列的季節變動分析　154
習題　159

9　Excel 2010 操作　161

模組一　數據的預處理　161
模組二　統計圖　173
模組三　直方圖　202
模組四　概括性的數字　211
模組五　參數估計　228
模組六　假設檢驗　241
模組七　相關與迴歸分析　254
模組八　時間序列　260

1　緒論

學習目標

1. 理解「統計」的含義、統計研究的特點。
2. 掌握統計學的分支、數據類型、統計學中的幾組基本術語。
3. 能基於數據指出數據的類型。
4. 能結合實際中遇到的具體事例說明總體、樣本、變量、變量值、樣本個數和樣本容量。
5. 瞭解統計學的發展過程、統計學的應用範圍。

1.1　統計的含義

　　統計是人類認識社會的一種有力武器，在各種實踐活動和科學研究領域經常使用。「統計」一詞有三種含義，即統計活動、統計資料和統計科學。

　　（1）統計活動，又稱統計工作，是指收集、整理和分析統計數據，並探索數據內在的數量規律性的活動過程。比如，球類比賽時解說員要統計競賽雙方的進攻次數和成功率。

　　（2）統計資料，或稱統計數據，即統計活動過程所獲得的各種數字資料和其他資料的總稱，如統計年鑒、統計分析報告、政府統計公報等。

　　（3）統計科學，即統計學，是闡述統計工作基本理論和基本方法的科學，是對統計工作實踐的理論概括和經驗總結。

統計學究竟是什麼，至今沒有一個統一的定義。《大不列顛百科全書》對統計學的定義為：統計學是收集、分析、表述和解釋數據的科學。《中國百科全書·數學卷》對統計學的定義為：統計學是一門科學，它研究怎樣以有效的方式收集、整理、分析帶隨機性的數據，並在此基礎上對所研究的問題做出統計學推斷，直至對可做出的決策提供依據或建議。

綜合來說，統計學是一門收集、整理、顯示和分析統計數據的科學，其目的是探索數據內在的數量規律性。由於統計學是與數據打交道的科學，因此，統計學也被稱為「數據的科學」。

統計的三種含義不是孤立存在的，而是有著非常密切聯繫的。統計工作是統計的最基本含義，是統計資料和統計學的前提和基礎，統計資料是統計工作的成果，統計學是統計工作的經驗總結和理論昇華。對統計學的深入研究又會大大提高統計工作和統計資料的質量。三者的關係如圖1-1所示。統計活動、統計資料、統計科學相互依存、相互聯繫，共同構成了一個整體，這就是通常所說的統計。

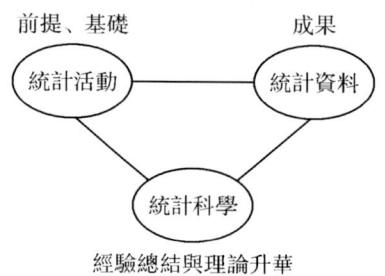

圖1-1 統計三種含義的關係

那麼，什麼是數據內在的數量規律性呢？下面用兩個簡單的例子來說明。

【例子1-1】我們都知道，隨機地投擲一次硬幣不能事先確定出正面或反面，但經過大量觀察，不斷重複試驗時，就會發現一枚硬幣出現正面和反面的概率會大體相同，即0.5：0.5。這也就是我們所探索的數量規律性。歷史上有多位科學家探索過這一規律性。18世紀法國博物學家布馮伯爵拋一枚硬幣4,040次，出現2,048個正面，正面出現的概率為0.506,9；數學家科里奇在二戰期間被德國人關進監牢期間，拋硬幣10,000次，出現正面的次數5,067個，正面出現的概率為0.506,7；1900年前後，英國生物統計學家皮爾遜拋一枚硬幣24,000次，正面出現的次數為12,012個，正面出現的概率為0.500,5。試驗次數越多，出現正面和反面的可能性就越接近1/2這一穩定的數值。

【例子1-2】一個家庭新生嬰兒的性別可能是男也可能是女，從表面上看，新生嬰兒的性別比例似乎沒有什麼規律可循。但如果對新生嬰兒的性別進行大量觀察，就會發現性別比例還是有規律的，即嬰兒總人數中男孩要多於女孩，大致為每生育100個女孩，就有105個左右的男孩。這個105：100就是新生嬰兒男女性別的數量

規律，它是人類社會長期遺傳與發展的結果。有人會問，新生兒男多於女，不是性別不平衡了嗎？是的，新生兒男多於女會出現不平衡，但是男嬰夭折率高於女嬰，到了中青年時，男女人數就大致相同了。進入中老年後，男性的死亡率仍然高於女性，導致男性的平均預期壽命比女性短，長壽的男性要少於女性，中青年男女人數大致相同，老年時女性又略多於男性。這一現象既保證了人類在中青年結婚生育時性別大致平衡，又使得在人口總數上男女也大體相當，有利於人類社會的進化和發展。對人類性別比例的研究是統計學的起源之一，也是統計方法探索的最早的數量規律之一。

1.2 統計研究的特點

統計研究的特點可以歸納為以下幾個方面：

（1）數量性。統計學的特點是用大量數據資料說明事物的規模、水準、結構、比例關係、發展速度等。比如例子 1-1 中硬幣出現的正面次數與反面次數之比為 1：1，例子 1-2 中新生嬰兒性別比的數量關係為 105：100。

（2）總體性。個別現象的特徵往往具有特殊性、偶然性，只有現象總體的特徵才具有相對的普遍性、穩定性，所以研究總體的特徵才能科學、準確地認識社會經濟現象。以總體為研究對象，才能排除偶然性因素的影響，從而揭示出事物的內在聯繫和規律性。統計研究關心的是總體，但是研究過程是從個體出發，對大量個體進行登記、整理，進而過渡到總體的數量方面。

（3）具體性。統計研究的數量方面指社會經濟現象的具體的數量方面，而不是抽象的純數量關係，這是它不同於數學的重要特點。統計研究的數據具有時間和空間的規定性。如果抽掉具體的時間、空間和條件進行研究，數字就會顯得空洞無物，也就不是統計數字了。如，2008 年全年進出口總額 25,616 億美元，比上年增長 17.8%。

（4）社會性。社會經濟現象的產生源於人們對社會活動的參與，並且我們所需要的資料源於並服務於全社會，同時資料的取得與維護需要全社會的積極配合與參與。可見，統計的研究對象具有明顯的社會性。

1.3 統計學的分支

統計學的內容十分豐富，研究與應用的領域非常廣泛。從統計教育的角度，統計學大致有以下兩種分類：

1. 描述統計和推斷統計

描述統計指用表、圖、概括性的數字對數據進行描述的統計方法。描述統計是對數據進行處理的第一階段，用圖、表和概括性數字（如平均數）表示數據的分佈、形狀特徵，並為進一步的統計推斷提供依據。推斷統計指根據樣本信息對總體進行估計、假設檢驗、預測或其他推斷的統計方法。如，想要調查影響消費者網絡購物的因素，隨機抽取了1,000名網購消費者，調查什麼因素會影響他們最終的網購結果，發現商品價格、詳情頁的精美度以及售後質量是最主要的原因，並據此推斷出，消費者網購的重要影響因素就是價格、商品詳情頁以及售後服務。此種分類一方面反應了統計發展的前後兩個階段，另一方面也反應了統計方法研究和探索客觀事物內在數量規律性的先後兩個過程。圖1-2即為統計方法探索客觀現象數量規律性的過程圖。

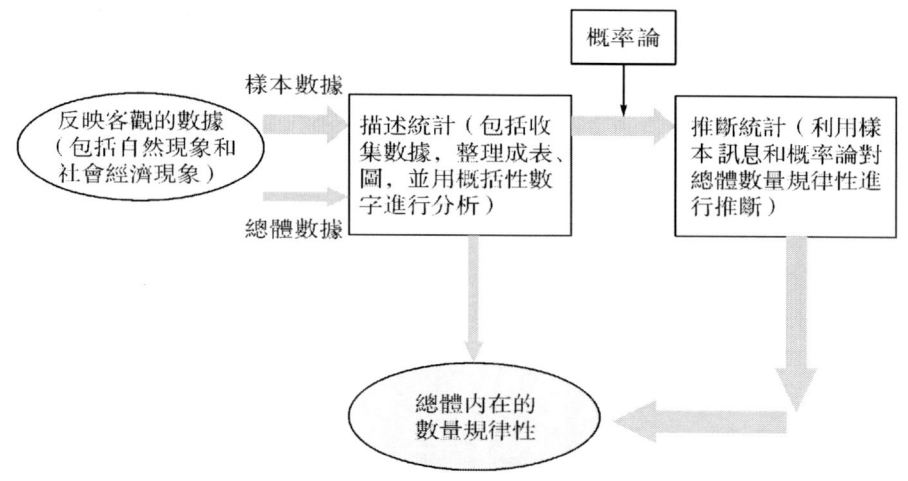

圖1-2　統計學探索客觀現象數量規律性的過程圖

2. 理論統計和應用統計

理論統計是指以概率論為基礎，從純理論的角度，對統計方法加以推導論證，中心的內容是統計推斷問題，如參數估計、假設檢驗、方差分析、相關分析、迴歸分析等。應用統計是指以各個不同領域的具體數量為研究對象，運用理論統計學中的方法解決具體領域的問題，如生物醫學統計、國民經濟統計。生物醫學統計指用理論統計的原理和方法，分析和解釋生物界的種種現象和數據資料，以求把握其本質和規律性。

在統計工作者中，從事理論統計研究的人只是很少的一部分，大部分是應用統計的方法去解決實際問題的應用統計工作者。統計方法擴展到了幾乎所有的研究領域。不論是物理統計、醫學統計還是管理統計，其統計的主要方法都是描述統計和推斷統計。

1 緒論

作為一名優秀的應用統計工作者，不但要熟練掌握和應用各種統計方法，而且必須具備所研究和應用領域的專業知識。因此，專業知識和統計方法是做好統計應用的兩項基本功。例如，要做好經濟統計工作，其基本條件是要具備經濟理論和統計方法的知識和能力，當然還要有計算機、寫作和其他能力。這就要求統計應用人才必須是複合型人才，這也是人文、社科、理、工、農、醫等院校都開設統計方法這門課程的緣由。

 1.4 統計數據類型

統計數據是對現象進行測量所得到的結果。比如，對班級實訓課的五檔制成績進行測度，得到優、良、中、及格、不及格的成績數據；對股票價格變動水準的測量可以得到股票價格指數的數據；對某省利用外商直接投資情況進行測度，可以得到 FDI 數據；對人口性別的測量可以得到男或女這樣的數據。下面從不同角度說明統計數據的分類。

1.4.1 分類數據、順序數據、數值型數據

按照所採用的計量尺度不同，可以將統計數據分為分類數據、順序數據和數值型數據。

1. 分類數據

分類數據是指只能歸於某一類別的文字型數據。它是對事物進行分類的結果，數據表現為類別。例如，人口按照性別分為男、女兩類；企業按照所有制性質分為私有企業、國有企業、外商投資企業；人口按照民族分為漢族、壯族、回族等。這些都屬於分類數據。

分類數據沒有優劣之分，支持的運算符號為等號「=」、不等號「≠」。例如，性別的取值有男性和女性。「男性」和「女性」之間沒有優劣之別，他們是平等的，因此支持的運算符號要麼是「男性≠女性」「男性=男性」或者「女性=女性」。

2. 順序數據

順序數據是指只能歸於某一有序類別的非數字型數據。順序數據雖然也是類別，但是這些類別是可以排序的，即有優劣之分，但是它們之間具體的差異是無法計算的。比如產品分為一等品、二等品、三等品、次品等；考試成績分為優、良、中、及格、不及格等；受教育的程度分為小學、初中、高中、大學及以上；對某事物的評價可以分為非常滿意、滿意、一般、不滿意、非常不滿意等。我們拿考試成績來說，「優」比「良」好，只是「優」比「良」具體優異多少是無法計算的；滿意程度而言，「非常滿意」肯定比「一般」要好，只是具體數值無法進行計算。因此，

5

順序尺度的數據支持的運算符號為<、>、≤、≥以及=和≠。此類運算是成立的，如優>及格、不滿意<非常滿意、初中≠高中。

3. 數值型數據

它是按照數字尺度測量的觀察值，其結果表現為具體的數值。現實中處理的大多數數據都是數值型數據。數值型數據支持所有的運算符號，如≤、≥、≠、+、-、×、÷、冪、指數運算等。國內生產總值（GDP）、身高（cm）、體重（kg）、股票價格（元）、銷售量（臺）就是數值型數據。

分類數據和順序數據說明的是事物的品質特徵，通常都是用文字進行表述，因而也可以統稱為品質數據或定性數據；數值型數據說明的是現象的數量特徵，通常都是用數值來表述，因此也可以稱為定量數據或數量數據。三者的具體特點及支持的運算見圖1-3。

	品質數據、定性數據		數量數據、定量數據
	分類數據	順序數據	數值型數據
特點	數據表現為文字；數據無優劣之分	數據表現為文字；數據有優劣之分，可以排序，但是無法計算具體差異	數據表現為數值；數據有優劣之分，並可以計算具體差異
支持的運算	=、≠	=、≠、≥、≤、>、<	=、≠、≥、≤、>、<、+、-、×、÷、冪、指數

圖1-3　分類數據、順序數據和數值型數據的圖解

1.4.2　截面數據、時間序列數據、面板數據

按照被描述的現象與時間的關係，可以將統計數據分為截面數據、時間序列數據和面板數據。截面數據是在相同或近似時間點上收集的數據，這類數據通常是在不同的空間或個體上獲得的，用於描述現象在某一時刻的變化情況。比如，2017年中國各地區的地區生產總值數據、某日有色金屬板塊中的股票收盤價數據、本學期某課程學生的考試成績數據，這些都是截面數據。時間序列數據是指在不同的時間收集到的相同空間或個體的數據，這類數據是按時間順序收集到的，用於所描述現象隨時間變化的情況。比如1999—2017年中國的國內生產總值數據、江西銅業股票1—5月的每日收盤價、某學生四個學期以來的綜合測評成績數據，都是時間序列數據。面板數據也稱為混合數據，是在不同的時間、不同的空間或個體上獲得的數據。

比如 2000—2017 年中國各地區的地區生產總值數據、1—5 月有色金屬行業 50 只股票的每日收盤價數據、四個學期以來班上 50 名學生的期末總評成績數據，都是面板數據。

1.4.3 觀測數據、實驗數據

按照統計數據的收集方法，可以將其分為觀測數據和實驗數據。觀測數據是通過調查或觀測而收集到的數據，這類數據是在沒有對事物進行人為控制的條件下得到的，有關社會經濟現象的統計數據幾乎都是觀測數據。觀測數據是無法重複獲得的，即「歷史不會重演」。實驗數據則是在實驗中控制實驗對象而收集到的數據，實驗數據可以重複獲得。比如，對一種新藥療效的實驗數據，對一種新的農作物品質的實驗數據。自然科學領域的大多數數據都是實驗數據。

區分數據類型很重要，因為對不同類型的數據，需要採用不同的統計方法來處理和分析。比如，對分類數據，我們通常計算各組的頻數或頻率、眾數、異眾比率等，進行列聯表分析和 χ^2 檢驗等；對順序數據，可以計算中位數、等級相關係數等；對數值型數據，可以用更多的統計方法進行分析，如參數估計、假設檢驗等。統計數據的分類見圖 1-4。

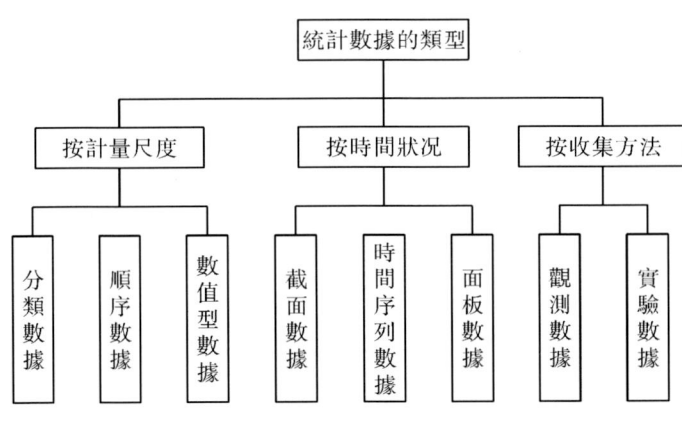

圖 1-4　統計數據的分類

1.5 統計學的基本概念

統計學中的概念很多，其中有幾個概念是經常要用到的，有必要單獨加以介紹。這些概念包括總體和總體單位、樣本和樣本單位、變量和變量值、樣本個數和樣本容量。

1.5.1 總體、總體單位

總體是指在一定統計研究目的下的所有調查對象構成的全體（示例見圖1-5）。它是由客觀存在的、具有某種共同性質的許多個體組成的整體。構成總體的這些個別單位則稱為總體單位。例如，要研究某市非公有制工業企業的生產經營情況，那麼該市全部非公有制工業企業就構成一個總體，因為它們是需要調查的對象，只有從它們身上才能調查出企業的生產經營情況如規模、利潤、員工人數等，該市每一家非公有制工業企業就是總體單位。

圖1-5　一定研究目的下的統計總體示例

需要注意的是，在統計研究過程中，統計研究的目的和任務居於支配和主導地位，是考慮問題的出發點。統計總體取決於統計研究的目的和任務，有什麼樣的研究目的就要求有什麼樣的統計總體與之相適應，隨後的統計調查、統計整理和統計分析都是圍繞總體來進行的。

總體具有同質性、差異性和大量性三個特點。

（1）同質性。同質性指總體中的全部單位至少在某一方面具有共同的特徵。各個個體之所以可以放在一起形成統計總體，就是因為它們有著某一方面相同的性質。同質性是構成總體的基礎。如圖1-6所示。

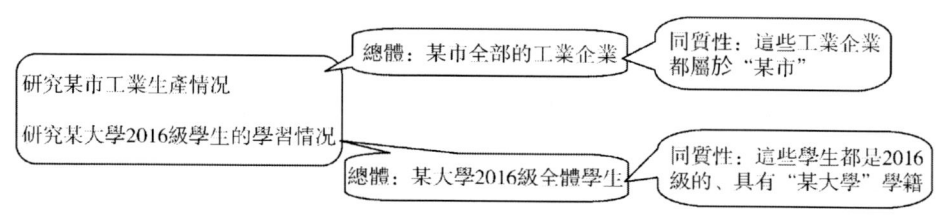

圖1-6　統計總體同質性的體現

（2）差異性。差異性指總體中的各個單位除了至少某一方面具有共同的特徵之外，在其他方面存在差異性。如圖1-6中所示，某市全部的工業企業這個總體中，除了具有屬於「某市」這個共同點之外，這些企業在資產規模、主營業務銷售額、資產負債率、每股收益率等方面都是不同的；某大學2016級全體學生這個總體中，除了同質性之外，這些學生在身高、民族、體重、經濟狀況、成績等方面都是不同的。總體更多地是體現差異性。如果總體單位不存在差異性，也就是說，各個總體單位都是同質的，那麼只要抽出其中一個單位進行研究，就能代表總體，從這個意

義上說，統計研究就沒有必要了。如果某市工業企業沒有差異性，那麼只需要抽其中一家企業瞭解情況就能知道總體，統計研究也就沒有必要了。因此，總體的差異性是統計研究的基礎。

（3）大量性。大量性是指相對於任務而言具有足夠多數量的同質性個體（示例見圖 1-7）。只有一個單位的統計總體是不存在的。當然，根據研究目的的不同，總體也不一樣，總體中所包含的總體單位的數量也就不同，一個總體究竟包含多少總體單位，最終取決於統計研究的目的。

圖 1-7　統計總體大量性的示例

1.5.2　樣本、樣本單位

統計研究的目的是確定總體的數量特徵，但是有時總體的單位數太多或無限，不可能也沒有必要對每個總體單位做調查，這時，就要借助樣本研究總體了。樣本是按照一定概率從總體中抽取並作為總體代表的一部分總體單位的集合體。

樣本是統計學中非常重要的概念，對這一概念的理解要注意三個方面的問題：第一，構成某一樣本的每一個樣本單位必須取自某一特定總體，不允許總體之外的單位介入；第二，樣本單位的抽取是按照一定概率進行的，具體樣本的產生應該是隨機的，必須排除人為主觀因素的干擾；第三，樣本是總體的一部分，帶有總體的信息，因而能夠推斷總體，但是，樣本畢竟只是總體的一個子集，且具有隨機性，故由樣本去推斷總體會產生誤差。

1.5.3　變量、變量值

表示現象某種特徵或者屬性的概念稱為變量。變量的具體表現稱為變量值。例如，「性別」是一個變量，其變量值是「男」或「女」；「身高」也是一個變量，其變量值可以是 155 厘米，178 厘米，190 厘米，…；「成績」是一個變量，變量值可以是「優」「良」「中」等。

按照變量值的取值是否連續，變量分為連續型變量和離散型變量兩種。連續變量指變量值是連續不間斷的變量，其變量值可以取整數也可以取小數，變量值不能

──列舉，如「零件尺寸」「身高」「資金」「利潤」等。離散型變量指變量值之間是整數斷開的，變量值只能取整數，不能取小數，離散型變量的取值是有限個數，可以──列舉，如企業數、產品數量、機器數都是離散型變量。

「男」或「女」是品質數據或分類數據，因此，其變量「性別」也就是品質變量或分類變量。「身高」的取值是數值型數據，因此，變量「身高」是數值型變量。

1.5.4 樣本容量、樣本個數

樣本個數是指在一個抽樣方案中所有可能被抽取的樣本的總數量。其具體數值隨抽樣的方式方法不同而不同，又與樣本容量的大小有關。

樣本容量是指一個樣本中所包含的單位數，一般用 n 表示。它是抽樣推斷中非常重要的概念。樣本容量的大小與推斷估計的準確性有著直接的聯繫，即在總體既定的情況下，樣本容量越大，其統計量的代表性誤差就越小，反之，樣本容量越小，其估計誤差也就越大。

例如，從一個具有 3 個總體單位的總體中，無放回地抽取 2 個單位，則一共有 6 種可能性，即最多能得到 6 個樣本，數值 6 就是樣本個數。抽取的每個樣本中含有 2 個單位，數值 2 就是樣本容量，如圖 1-8 所示。

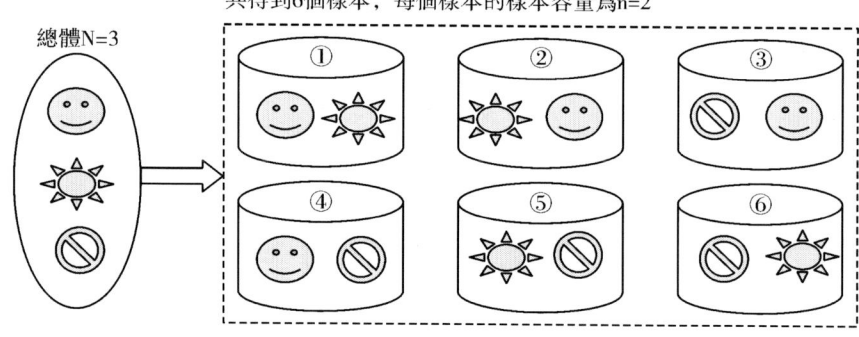

圖 1-8　樣本個數和樣本容量的圖解

在樣本容量確定之後，樣本的可能數目便完全取決於抽樣方法，即樣本個數取決於重複抽樣還是不重複抽樣。在實際統計研究中，往往只能獲得一個樣本，因此，我們應盡量多獲得一些數據，使得這個樣本中的樣本容量盡量大。

圖 1-9 為統計中的基本概念展示圖。

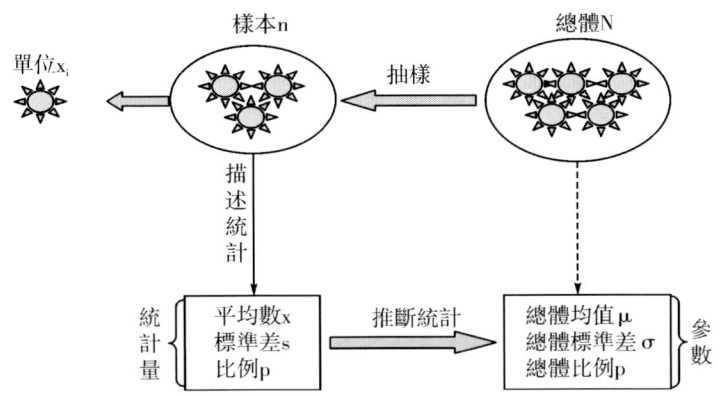

圖 1-9　統計中的基本概念展示圖

1.6 統計學的發展歷程

統計的實踐活動先於統計學的產生。從結繩記事開始，就有了對自然社會現象的簡單計量活動，有了統計的萌芽。統計學產生於 17 世紀中葉，主要有三個源頭：政治算術、國勢學和概率論。

1. 政治算術學派

統計學的一個源頭是英國人威廉・配第（William Petty）的代表作《政治算術》。配第在書中用大量的數字對英國、法國、荷蘭三國的經濟實力進行比較，分析了造成各國實力差異的原因，並從貿易、稅制、分工、資本和利用閒散勞動力等多方面提出了英國的強盛之道。這種用數字、重量和尺度來計量，並配以樸素的圖表的做法，正是現代統計學廣為採用的方法和內容。馬克思評價威廉・配第「在某種程度上可以說是統計學的創始人」。

該學派的另一個知名人物是約翰・格朗特（John Graunt），他對英國倫敦人口的出生率和死亡率進行分類計算，編製了世界上第一張「死亡率」統計表，以死亡率表為依據進行了人口的統計推算預測。遺憾的是，政治算術學派的學者都沒有使用「統計學」這個名稱，他們的著作有統計學之實，卻沒有統計學之名。

2. 國勢學派

該學派產生於 18 世紀的德國，代表人物是德國人海・康令（H. Conring）和高・阿亨華爾（G. Achenlwall）。康令以敘述國家顯著事項和國家政治關係為內容，在大學開設了國勢學課程。阿亨華爾把拉丁語 Status 和義大利語 Stato 引申為德語 Statistika，意思是主要用文字來記述國家應注意的事項的學問。1850 年，德國人克尼斯（K. G. A. Knies）在《作為獨立科學的統計學》一書中，將「國勢學」正式

命名為「國家學」，將英國人威廉·配第和約翰·格朗特創立的「政治算術」正式命名為 Statistika（統計學）。1787 年，英國人齊麥曼（E. A. Zimmrman）把德語 Statistika 譯成英語 Statistics（統計學）。

3. 古典概率論

古典概率論奠基人包括法國的布萊斯·帕斯卡（B. Pascal）和皮埃爾·德·費馬（Pierre de Fermat）。帕斯卡和費馬通過通信的方式，將賭博中出現的各種具體問題，歸納為一般的概率原理，為後來概率論和統計學的發展奠定了基礎。之後比利時人阿道夫·凱特勒（A. Quetelet）將概率論引入統計學，使統計方法在準確性方面有了質的飛躍。

自 17 世紀上述幾位科學家從不同角度開始了統計學研究後，經過幾代統計學家的努力，歷經兩個半世紀，到 19 世紀末建成了古典統計學（主要是描述統計學）的基本框架。

20 世紀初，大工業的發展對產品質量檢驗問題提出了新的要求，即只抽取少量產品作為樣本對全部產品的質量好壞做出推斷。1908 年英國人威廉·希利·戈塞特（W. S. Gosset）提出了小樣本 t 統計量，利用 t 統計量就可以從大量的產品中抽取較小的樣本完成對全部產品質量的檢驗和推斷，這樣就使統計學進入了現代統計學（主要是推斷統計學）的新階段。以後經過著名統計學家費希爾（R. A. Fisher）給出了 F 統計量、最大似然估計、方差分析等方法和思想，奈曼（Neyman）和皮爾遜（E. S. Pearson）的置信區間估計和假設檢驗，到 20 世紀中葉構築了現代統計學的基本框架。

從 20 世紀 50 年代以來，統計理論、方法和應用進入了一個全面發展的新階段。一方面，統計學受計算機科學、信息論、混沌理論、人工智能等現代科學技術的影響，新的研究領域層出不窮，如現代時間序列分析、貝葉斯統計、非參數估計、線性統計模型、數據挖掘等。另一方面，統計方法的應用領域不斷擴展，幾乎所有的科學研究都離不開統計方法。因為不論是自然科學、工程技術、農學、醫學、軍事科學，還是社會科學都離不開數據，要對數據進行研究和分析就必然用到統計方法，現在連純文科領域的法律、歷史、語言和新聞都越來越重視對統計數據的分析，因而可以說，統計方法與數學、哲學一樣是所有學科的基礎。

相關連結

統計方法與《紅樓夢》

《紅樓夢》一書共 120 回，一般認為前 80 回為曹雪芹所著，後 40 回為高鶚所續。長期以來，紅學界對這個問題一直有爭議。爭議最大的是關於後 40 回的作者到底是誰，有人認為是曹雪芹，有人認為是高鶚，還有人認為是高鶚和其他人所寫。1986 年，復旦大學李賢平教授帶領他的學生用統計方法進行了研究，他們創造性的

1　緒論

想法是將120回看作120個樣本，然後將與情節無關的虛詞作為變量，讓學生數出每一回虛詞出現的次數，以此為數據，用統計分析中的聚類分析方法進行分類。之所以要拋開情節，是因為在一般情況下，同一情節大家描述得都差不多，但由於個人寫作特點和習慣不同，所用虛詞可能是不一樣的。聚類結果將120回分成兩組，即前80回為一類，後40回為另一類。將前80回代表的組與沒有爭議的曹雪芹其他作品中的虛詞進行對比，發現兩者間沒有顯著差異，證實前80回是曹雪芹所著。同時，將前80回與後40回進行對比，發現它們之間存在顯著的差異，證明《紅樓夢》並非出自曹雪芹一人的手筆。而後40回是否為高鶚所寫呢？將後40回代表的組與沒有爭議的高鶚其他作品中的虛詞進行對比，論證結果推翻了後40回為高鶚一人所寫的結論。這個論證在紅學界轟動很大。統計分析的方法支持了紅學界的觀點，這使紅學界大為感嘆。

資料來源：聖才學習網

 習題

一、選擇題

1. 統計一詞的基本含義是（　　）
   A. 統計調查、統計整理、統計分析　　B. 統計設計、統計分組、統計計算
   C. 統計方法、統計分析、統計預測　　D. 統計科學、統計工作、統計資料
2. 調查某大學5,000名學生學習成績，總體單位是（　　）
   A. 5,000名學生　　　　　　　　　B. 5,000名學生的學習成績
   C. 每一名學生　　　　　　　　　　D. 每一名學生的學習成績
3. 構成統計總體的個別事物稱為（　　）
   A. 調查單位　　　　　　　　　　　B. 總體單位
   C. 調查對象　　　　　　　　　　　D. 填報單位
4. 某小組5個學生的統計學成績分別為80分、70分、62分、86分和76分，這5個數字是（　　）
   A. 標志　　　　　　　　　　　　　B. 變量值
   C. 變量　　　　　　　　　　　　　D. 指標
5. 質量控制工程師從生產線上抽取樣本並記錄它們的重量，以保證產品重量不超出客戶規定的誤差範圍。產品重量被稱為（　　）
   A. 變量　　　　　　　　　　　　　B. 樣本
   C. 標準　　　　　　　　　　　　　D. 尺度
6. 詢問某班10名學生去年期末統計學的考試成績，這些成績的平均數是65

分，基於這些信息，你認為該班去年期末統計學考試的平均成績不超過 70 分，這個例子屬於統計學中的（　　）研究內容。

A. 參數估計　　　　　　　　B. 描述統計

C 推斷統計　　　　　　　　D. 理論統計

7. 按不變價格計算，某地區 2010 年地區生產總值比 2000 年翻了兩番。「翻了兩番」表示（　　）

A. 2010 年地區生產總值的總規模

B. 2010 年地區生產總值是 2000 年的 2 倍

C. 2010 年地區生產總值比 2000 年增加了 2 倍

D. 2010 年地區生產總值比 2000 年增加了 3 倍

二、案例解析

請指出下表的變量、變量值以及變量的類型。

表　　　　　　　　　　班級部分學生成績表

序號	學號	姓名	性別	百分制成績	民族	五檔制成績
1	2012118517101	朱澤州	男	90	漢	優
2	2012128517103	李梓瑤	女	85	漢	良
3	2012118517106	陳海濤	男	70	壯	中
4	2012118517107	駱金陽	男	63	漢	及格
5	2012118517108	張號	男	52	哈尼	不及格
6	2012118517109	段志華	男	74	漢	中
7	2012118517111	李文凡	男	88	回	良
8	2012118517112	唐樸冕	男	80	漢	良
9	2012118517113	馬才濤	男	78	苗	中
10	2012118517114	王強	男	74	回	中
11	2012118517116	趙學樸	男	69	回	及格
12	2012118517118	張文強	男	89	漢	良
13	2012118517119	周德勝	男	71	漢	中
14	2012128517120	王郝	女	71	漢	中
15	2012128517121	餘敏嘉	女	75	漢	中
16	2012128517122	楊安靜	女	58	漢	不及格
17	2012128517123	李致嫻	女	69	漢	及格
18	2012128517124	李安娜	女	63	漢	及格

1　緒論

表(續)

序號	學號	姓名	性別	百分制成績	民族	五檔制成績
19	2012128517125	施琪	女	60	漢	及格
20	2012128517126	餘春豔	女	70	漢	中
21	2012128517127	張繞麗	女	78	漢	中
22	2012128517128	楊寧	女	85	苗	良

三、判斷題

1. 統計是研究現象總體的，個別事物對總體不一定有代表性，因此不需要對個別數據進行調查研究。　　　　　　　　　　　　　　　　　　(　　)
2. 一個樣本單位肯定是一個總體單位。　　　　　　　　　　(　　)
3. 一個總體單位肯定是一個樣本單位。　　　　　　　　　　(　　)
4. 樣本帶有總體的特徵。　　　　　　　　　　　　　　　　(　　)

：EXCEL分析

2 數據整理與顯示

 學習目標

1. 掌握分組的目的、原則、類型以及統計分組的術語。
2. 掌握頻數分配的原則、直方圖和折線圖的畫法。
3. 能結合研究目的，對數據進行分組、頻數分配並畫出直方圖和折線圖。
4. 從整體上把握數據整理的步驟。

根據研究目的和任務收集到的統計數據是分散的、零碎的、不系統的，只能反應事物的表面現象或某個側面，不能說明事物本質，因此需要對數據進行加工整理，將大量、龐雜的數據系統化、條理化、科學化，使之有效地顯示和提供所包含的統計信息和總體特徵。統計整理是整個統計研究過程的中間環節，既是統計調查的延續，又是統計分析的基礎，在統計工作中具有承前啓後的作用。

統計整理是一個複雜而繁瑣的工作過程，可以借助計算機的強大數據處理功能來完成。

2.1 統計數據的審核

在對數據進行整理前，首先要進行審核。審核是應用各種檢查規則來辨別缺失、無效或者不一致的錄入。審核的目的是更好地瞭解調查的過程及調查數據，以確保調查數據的完整、準確與一致，若發現問題，應及時加以糾正。

（1）審核數據完整性。審核數據完整性主要指檢查調查的單位或個體是否有遺

漏，指標或者資料是否填寫齊全，是否按照規定的內容和分數上報。

（2）審核准確性。審核准確性主要指檢查數據是否真實反應實際情況，內容是否符合實際。準確性的審核是整個審核工作的關鍵。具體有兩個方面：一是邏輯審核，即檢查調查資料內容是否合理，項目間有無矛盾。有些明顯的邏輯錯誤易於檢查，如某人年齡 8 歲，婚姻狀況是已婚，顯然不符合邏輯。二是計算審核，即利用數據之間的平衡、大小比較或者加總關係檢查各項數據是否正確。如各結構比例之和是否等於 1 或 100%，如某日股票價格的最高價是否不小於其最低價。

（3）審核適用性和實效性。對於間接取得的二手數據，除了從完整性和準確性兩個方面進行審核外，還應該審核數據的適用性和實效性，以弄清楚數據的來源、數據的口徑以及有關的背景材料，確定數據是否符合自己分析研究的需要。另外，要盡可能使用最新的數據，如果數據過於滯後，可能會失去研究的意義。

2.2 統計數據的分組

統計分組是指根據統計研究的目的和客觀現象存在的內在特點，按照一定的標志把被研究總體劃分為若干個性質不同但又有聯繫的組。

統計分組實質上是在統計數據內部進行的定性分類（見圖 2-1），對「整體」而言是「分」，即將一個「大總體」劃分成若干個「小總體」；對單位個體而言是「合」，即將性質相同的一個個單位個體合併到一個組中。

通過分組，對數據進行進一步同質結合、異質分解，突出了組與組之間的差異性，組內的同質性。

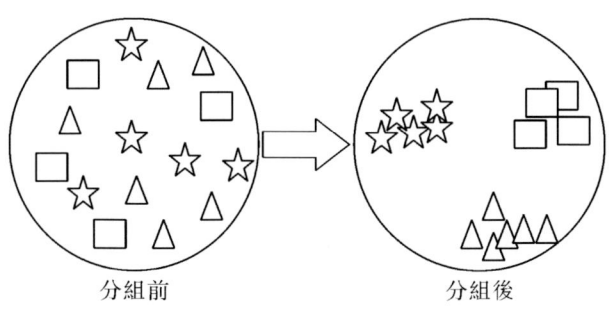

圖 2-1　統計分組示意圖

2.2.1　統計分組的類型

1. 按照分組標志的性質分為按品質標志分組和按數量標志分組

按品質標志分組，就是用反應屬性差異的品質標志進行分組，將數據劃分為若

干性質不同的組成部分。例如，人口按性別、民族、文化程度、職業等分組，企業按行業、經濟類型、所有制形式等分組，學生按專業分組等。表 2-1 就是按品質標志進行分組的。

表 2-1　　　　　　按品質標志進行的分組

按性別分組	人數（人）	比重（％）
男	23	46
女	27	54
合計	50	100

（此列即為分組動作）

按品質標志分組，組數一般較少，組與組之間的性質界限容易確定，所表現出來的差異性比較明確和穩定，如上述人口按性別分組，企業按所有制形式分組等。當然，如果涉及的組數較多，這類分組是很複雜的，組間的性質界限不易劃分，如人口按職業分組等。在中國統計工作實踐中，對重要品質標志分組編有標準的分類目錄，如《工業部門分類目錄》《主要商品分類目錄》等，以統一全國的分類口徑，便於各研究部門掌握和使用。

按數量標志分組，是指選擇反應事物數量差異的數量標志進行分組，將數據劃分為性質不同的若干組成部分。例如，學生按照分數、身高等分組，職工按照工資收入、年齡等分組，企業按照產能、資產規模等分組，股票按照市盈率、收盤價等分組。

按數量標志分組，主要有兩種形式：單項式分組和組距式分組。單項式分組的特點是每個組的變量值是一個值且組數的多少由變量值決定。採用單項式分組的條件是離散型變量且變量值種類不多，如表 2-2 所示。

表 2-2　　　　　　某企業職工每日產量分組表

按日產量分組	頻數（人）
10	12
11	23
12	30
合計	85

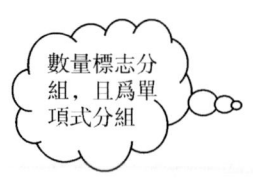

（數量標志分組，且為單項式分組）

在連續性變量或離散型變量種類較多的情況下，採用組距式分組。組距式分組就是把數據按照數量標志分若干區間（見表 2-3）。

2 數據整理與顯示

表 2-3　　　某地區企業按利潤分組表

按利潤額分組（萬元）	企業個數（家）
300 以下	19
300～500	30
500～700	42
700 以上	18
合計	109

數量標誌分組，且爲組距式分組

2. 按分組標誌的多少分為簡單分組和複合分組

數據按一個標誌進行分組稱為簡單分組；數據按兩個或兩個以上標誌進行分組稱為複合分組。表 2-1、表 2-2 和表 2-3 就是簡單分組方式；例如，將企業職工按性別和職稱分別進行分組則是複合分組，如表 2-4 所示。

表 2-4　　　　　企業職工複合分組表

按性別分組	按職稱分組	人數（人）
男	初級	10
	中級	20
	高級	5
女	初級	20
	中級	45
	高級	15
合計		115

2.2.2 統計分組的一些術語

1. 全距

全距是組距式分組中最大值與最小值之差。確定全距，主要是確定數列中變量值的變動範圍和變動幅度。存在開口組的數列，不能計算出準確的全距。

2. 組數

組數是指將數據分成多少個組。在全距一定的情況下，組數的多少和組距的大小成反比關係，即組數少，則組距大；組數多，則組距小。如果組數太多，組距過小，會使分組資料繁瑣、龐雜，難以體現數據的特徵和分佈規律；如果組數太少，組距過大，可能使不同質的個體分到同一個組中，從而失去分組意義，達不到正確反應客觀事實的目的。所以，組數既不能太多，也不能太少，一般情況下，組數不少於 5 組不多於 15 組。實際運用中，可根據數據的多少以及特點來確定組數，以能

19

充分體現現象的分佈特徵為宜。

3. 組限

組限是指每組兩端的數值，表示各組的數量界限，包括上組限和下組限。最大值稱為上組限，最小值稱為下組限。

組限分為重疊式組限和銜接式組限。在相鄰兩組中，小組的上組限與大組的下組限是同一個數值，即上下組限重疊，則是重疊式組限，常用於連續變量分組。在相鄰兩組中，小組的上組限與大組的下組限是兩個相鄰的整數，則稱為銜接式組限。銜接式組限一般用在離散變量的分組。

4. 開口組和閉口組

上、下組限都存在的組稱為閉口組；只有上組限或者只有下組限的組稱為開口組，開口組長用「以上」「以下」表示。

5. 組距

組距是一組變量值的區間長度。

對於重疊式組限分組來說，組距＝上組限－下組限；對於銜接式組限分組來說，組距＝大鄰組的下組限－本組的下組限。

開口組的組距則等於相鄰組的組距。

各組的組距如果相等則是等距式分組，否則為不等距分組。

6. 組中值

組中值是組內所有變量值的代表水準或平均水準。

對於重疊式組限分組來說，組中值＝（上組限＋下組限）÷2；對於銜接式組限分組來說，組中值＝（本組下組限＋大鄰組下組限）÷2。

2.2.3 數量標誌分組的編製

下面結合具體例子說明數量標誌分組數列的編製過程。

【例子2-1】某班50名學生的統計基礎課程期中測試成績如下，進行組距式分組。

65	82	75	60	90	100	68	78	83	84
43	81	74	84	86	81	72	75	76	94
82	83	86	89	77	89	75	80	76	80
86	85	69	96	74	88	77	79	88	85
64	100	68	98	78	63	58	86	54	76

第一步：將原始資料按數值大小重新排列，查看變量值波動的範圍，確定全距。上述資料重新排序後，得到如下：

2 數據整理與顯示

43	54	58	60	63	64	65	68	68	69
72	74	74	75	75	75	76	76	76	77
77	78	78	79	80	80	81	81	82	82
83	83	84	84	85	85	86	86	86	86
88	88	89	89	90	94	96	98	100	100

該班考試成績分佈在 43~100 分，全距為 57 分。

第二步：確定分組形式。編製單項式分組還是組距式分組數列，主要取決於所研究變量的類型和變量的變動種類。對於連續型變量，只能編製組距式分組數列；對於離散型變量，則應該根據變量值的變異種類來確定。如果變量值種類少，則可進行單項式分組；如果變量值種類較多，則應進行組距式分組。在組距式分組中，有等距分組和非等距分組，採用哪種，主要取決於現象特點和研究目的。一般而言，為了分組比較，便於繪製統計圖，一般採用等距式分組。在本例中，數據是離散型的，而且數值變化較多，應該採用組距式分組。

第三步：確定組距、組數。組距的大小和組數的多少互為制約，呈反比關係。從實際應用當中，組數在 5~15，組距則盡可能取 5 或 10 的整數倍。根據實際情況，分數一般每 10 分為一個段落，組距可以定在 10 分。

第四步：確定組限。組限的確定一般考慮如下幾點：第一，組限最好是整數；第二，第一組的下限應低於數據中的最小變量值，最末組上限不小於數據中的最大變量值，如果存在極端值，最好採用開口組；第三，進行組距式分組時，連續型變量只能採用「上下組限重疊」進行分組，離散型變量既可採用重疊式組限也可採用銜接式組限，為方便起見，一般採用重疊式組限。在本例中，組限可以是 70、80、90 等，採用上下組限重疊的組限。

第五步：編製分組（見表 2-5）。

表 2-5　某班 50 名學生統計基礎期中測試成績頻數分佈表

按成績分組（分）	頻數（人）	頻率（％）
60 以下	3	6
60~70	7	14
70~80	14	28
80~90	20	40
90 以上	6	12
合計	50	100

注意：採用組距式分組時，需要遵循「不重複不遺漏」的原則。「不重複」指一項數據只能分在其中一個組，不能在其他組中重複出現，歸屬唯一；「不遺漏」

指組別能夠窮盡，即確保在所分到全部組別中的每項數據都能分在其中的某一個組，不能遺漏，分組完整。

2.3 頻數分配

在統計分組的基礎上，把數據按組歸並排列，形成各個數據單位在各組間的分佈，稱為頻數分配，也稱分佈數列、分配數列，俗稱「數數」。

各組分配的數據個數叫作次數，又叫頻數；各組次數占總體數據的比重稱為頻率。表2-6為某高校在校生性別頻數分佈表。

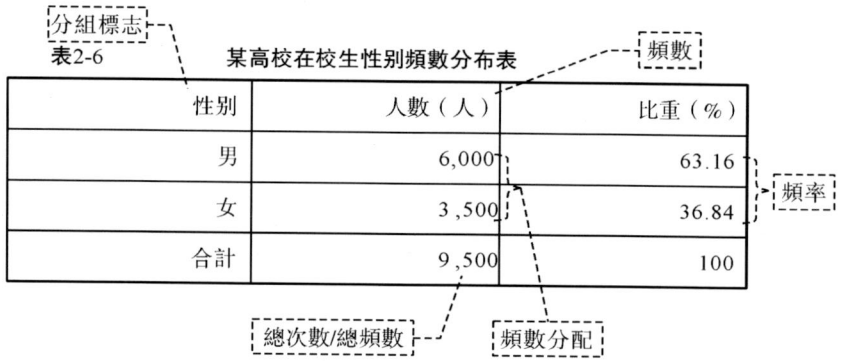

表2-6　某高校在校生性別頻數分布表

性別	人數（人）	比重（%）
男	6,000	63.16
女	3,500	36.84
合計	9,500	100

當數值型數據採用「上下組限重疊」的組距式分組方式時，組限變量值既是小組的上組限又是相鄰大組的下組限，這個變量值應該劃歸到哪個組呢？為了解決重複的問題，在頻數分配時習慣上按照「上組限不在內」的原則，即不將它算在小組內，而計算在大組內。下面的某班學生考試成績數據製作成了表2-7的頻數分佈表。

70　　70　　69　　80　　87　　40　　32　　72　　73　　90
97　　82　　80　　65　　68　　77　　89　　88　　100　　85

表2-7　某班學生考試成績頻數分布表

成績（分）	頻數（人）	頻率（%）
70以下	5	25
70~80	5	25
80~90	7	35
90以上	3	15
合計	20	100

其中成績80分既是組70~80分的上組限，又是組80~90分的下組限。在進行頻數分配時，應該把它歸入哪個組呢？按照「上組限不在內」的原則，80分應該劃

2 數據整理與顯示

歸到組 80~90 分，而不應該劃給組 70~80 分。以此類推，成績 90 分應該劃在組「90 分以上」，而不應該歸入組 80~90 分。所以，劃入組 80~90 分的數據有：80、87、82、80、89、88、85。該組的頻數為 7 人。

對於順序型數據和數值型數據，頻數分配表中不僅可以計算頻數、頻率，還可以計算累積頻數和累積頻率。

累積頻數（頻率）是將各組的頻數（頻率）逐級累加起來得到的頻數（頻率），頻數（頻率）的累積方法有兩種：一是從上到下進行累積，稱為向下累積；二是從下到上進行累積，稱為向上累積。

【例子 2-2】為評價家電行業售後服務的質量，隨機抽取了由 300 個家庭構成的一個樣本。服務質量的等級分別為：非常不滿意、不滿意、一般、滿意、非常滿意。調查結果的頻數分佈表如表 2-8 所示。

表 2-8　　　　　家電行業售後服務質量評價頻數分佈表

服務質量	頻數（戶）	頻率（%）	向下累積 頻數（戶）	向下累積 頻率（%）	向上累積 頻數（戶）	向上累積 頻率（%）
非常不滿意	24	8	24	8	300	100
不滿意	108	36	132	44	276	92
一般	93	31	225	75	168	56
滿意	45	15	270	90	75	25
非常滿意	30	10	300	100	30	10
合計	300	100	——	——	——	——

在向下累積中，數值 225 指的是對售後服務質量的評價在一般以下的有 225 戶，占比 75%；在向上累積中，數值 168 指的是對售後服務質量的評價在一般以上的有 168 戶，占比 56%。

表 2-9　　　　　某市 120 家企業利潤額頻數分佈表

利潤（萬元）	頻數（個）	頻率（%）	向下累積 頻數（個）	向下累積 頻率（%）	向上累積 頻數（個）	向上累積 頻率（%）
200~300	19	15.8	19	15.8	120	100
300~400	30	25	49	40.8	101	84.2
400~500	42	35	91	75.8	71	59.2
500~600	18	15	109	90.8	29	24.2
600 以上	11	9.2	120	100	11	9.2
合計	120	100	——	——	——	——

某市 120 家企業利潤額頻數分佈表中，在向下累積中，數值 91 指的是利潤額小於 500 萬元的企業有 91 家，占比 75.8%；在向上累積中，數值 71 指的是利潤額在 400 萬元以上的企業有 71 家，占比 59.2%（見表 2-9）。

2.4 頻數表的圖示法

根據頻數分佈表可以繪製相應的次數分佈圖，常用的有直方圖、折線圖和莖葉圖。

1. 直方圖

直方圖的製作可根據頻數分佈表，用於展示分組數據分佈的一種圖形，它是用矩形的寬度和高度（即面積）來表示頻數分佈的。繪製該圖時，在平面直角坐標中，用橫軸表示數據分組，縱軸表示頻數或頻率，這樣，各組與相應的頻數就形成一個矩形，即直方圖。矩形的寬就是組距，矩形的高就是頻數。例如，根據表 2-9 的頻數分佈表用 Excel 繪製的直方圖如圖 2-2 所示。

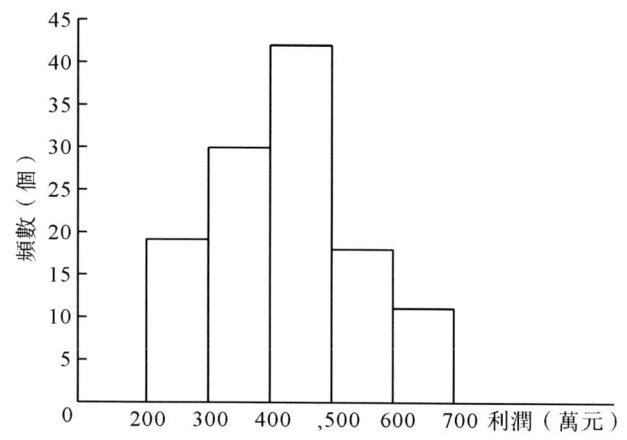

圖 2-2　某市 120 家企業利潤額頻數分佈直方圖

直方圖和柱形圖不同。首先，柱形圖是用柱體高度表示各類別頻數的多少，其寬度則是固定的；直方圖用面積表示各組頻數的多少，矩形高度表示每一組的頻數或頻率，寬度則是各組的組距，直方圖的高度和寬度均有意義。其次，直方圖各矩形是連續排列的，沒有間隙；而柱形圖則是分開排列。最後，柱形圖主要用於展示品質數據，直方圖用於展示的數據類型較多。

2. 折線圖

在直方圖的基礎上，將每個矩形的頂端中點用折線聯結而成，實質是用組中值和頻數求坐標點，後聯結而成。折線圖需與橫軸相交（見圖 2-3）。

2 數據整理與顯示

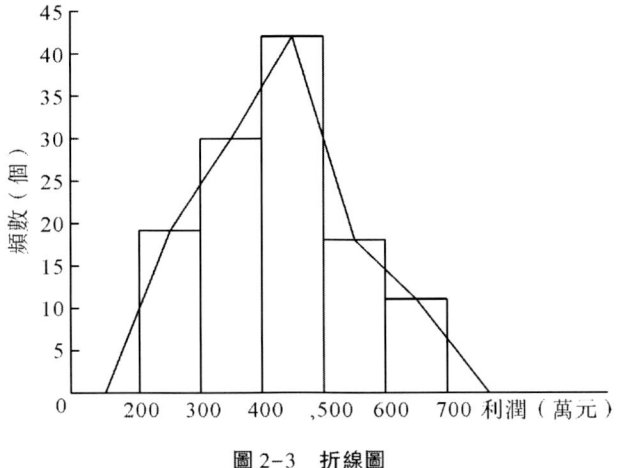

圖 2-3　折線圖

 ## 2.5 其他常用的統計圖

統計能化繁為簡，幫助你讓一堆堆令人困惑的數據發揮作用。當你發現數據的真相後，接下來就需要借助可視化的方法表現出來，使之公之於眾。

1. 餅圖

餅圖的作用是將數據劃分為互有明顯區別的幾個組、類或者幾個系列。餅圖為圓形，被分割為幾個扇形塊，每一個塊代表一個組（類）。扇形塊的大小表示這類數據占總體的比例。扇形塊越大，該組（類）的相對頻數越大。如果把每個扇形塊的頻數加起來，結果應為100%（見圖2-4）。

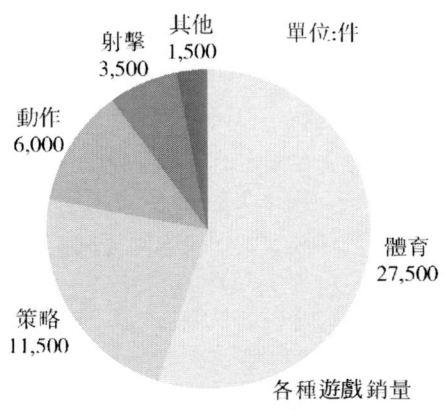

圖 2-4　各種游戲銷量

餅圖什麼時候用呢？要對基本比例進行比較的時候，餅圖有用。通過與其他組進行比較，通常很容易一眼看出哪個組具有較高頻數。當然，所有扇形塊大小相似時，餅圖用處不大，因為這時很難根據扇形塊尺寸大小的微小差別進行判別。

2. 條形圖和柱形圖

表中各個組的比例相差無幾，很難一眼看出哪一類玩家的滿意度最高。體現這類數據更好的辦法是使用條形圖。條形圖能對相對大小進行比較，反應數據的差異，而且條形圖還有一個優點：更精確。對於各個序列的大小大致相同的情況，條形圖是理想的圖形。條形圖可以是垂直的（也稱柱行圖），也可以是水準的。條形圖中的每一個長方形代表一個特定類，長方形的長度代表某種數值。長方形越長，數值越大。所有長方形的寬度都相等，這樣更容易進行比較。

條形圖適用於二維數據集（每個數據點包括兩個值 X 和 Y），但只有一個維度需要比較，數據沒有必然的連續性。當然，條形圖只適合中小規模的數據集。圖 2-5 為七夕出遊人數分佈的條形圖。

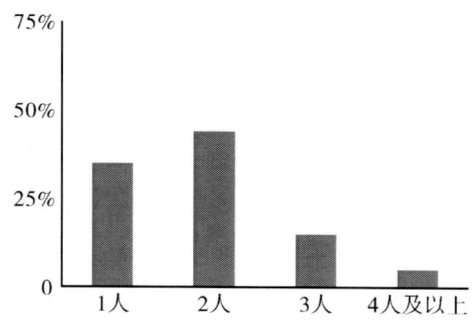

圖 2-5　七夕出遊人數分佈

3. XY 散點圖

散點圖適用於兩維數據需要比較的情況，展示成對的數和它們所代表的趨勢之間的關係，類似 XY 軸，判斷兩個變量之間是否存在某種關聯。另外，散點圖可以看出極值的分佈情況。對於每一數對，一個數被繪製在 X 軸上，而另一個被繪製在 Y 軸上。過兩點作軸垂線，相交處在圖表上有一個標記。當大量的這種數對被繪製後，出現一個圖形（見圖 2-6）。散點圖的重要作用是可以用來繪製函數曲線，從簡單的三角函數、指數函數、對數函數到更複雜的混合型函數，都可以利用它快速準確地繪製出曲線，所以在教學、科學計算中會經常用到。

2 數據整理與顯示

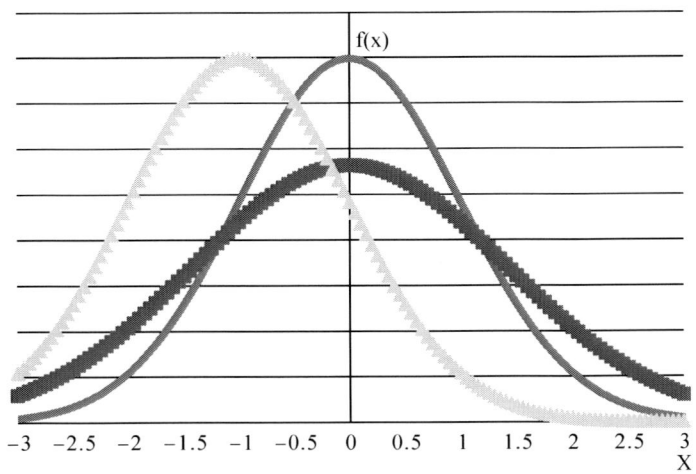

圖 2-6　正態分佈密度函數曲線

4. 折線圖

折線圖適合二維的多數據集合，以及多組二維數據的比較。其一般用來表示趨勢的變化，橫軸一般為日期（見圖 2-7）。

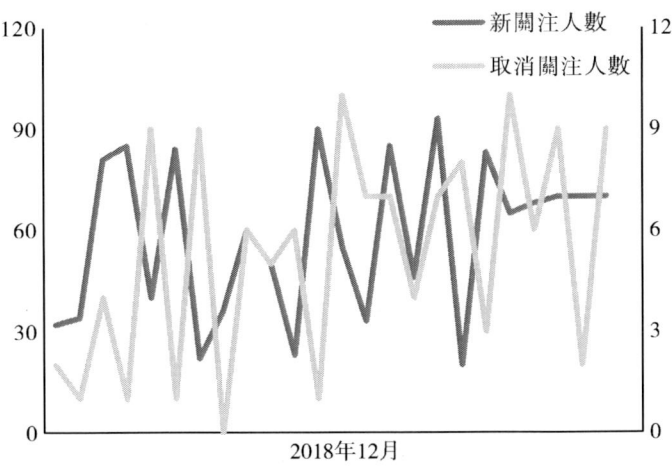

圖 2-7　公眾號每日買註數

5. 雷達圖

雷達圖適用於多維數據（四維）。數據點一般在 6 個左右，太多則辨別起來有困難。雷達圖圖主要用來瞭解各項數據指標的變動情形及其好壞趨勢，很容易做出可視的對比（見圖 2-8）。

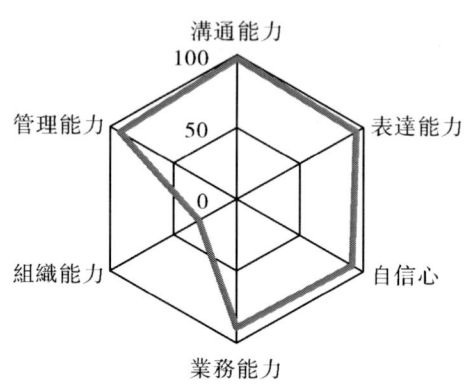

圖 2-8　某員工工作勝任力調查

6. 面積圖

面積圖強調數量隨時間而變化的程度，也可用於引起人們對總值趨勢的注意。如圖 2-9 就是一個購物平臺訪客設備分佈的面積圖。

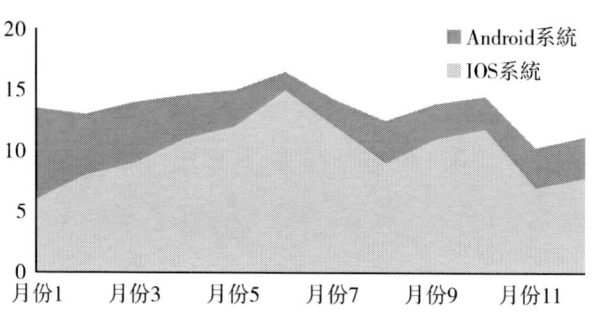

圖 2-9　購物平臺訪客設備分佈

7. 股價圖

股價圖是具有三個數據序列的折線圖，被用來顯示一段給定的時間內一種股標的最高價、最低價和收盤價。股價圖多用於金融、商貿等行業，用來描述商品價格、貨幣兌換率和溫度、壓力測量等，圖 2-10 即為 4 月 1 日至 7 日的股價圖。

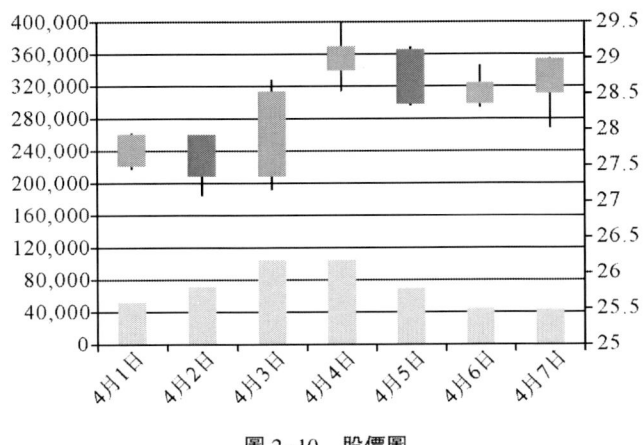

圖 2-10　股價圖

8. 雙軸圖

雙軸圖指的是圖表有兩個 Y 坐標軸，每個 Y 軸有不同的刻度。雙軸圖可以是柱狀圖+折線圖的結合，屬於不同圖表的組合使用。雙軸圖的適用情況很多，比如數量級相差很大的情況、數據同環比分析對比等情況。雙軸圖能夠直觀得實現將多組數據統計在一張圖表中。如圖 2-11 就是用於描述 2018 年 5 月 1 日至 8 日發布發送短信的喚醒效果的雙軸圖。

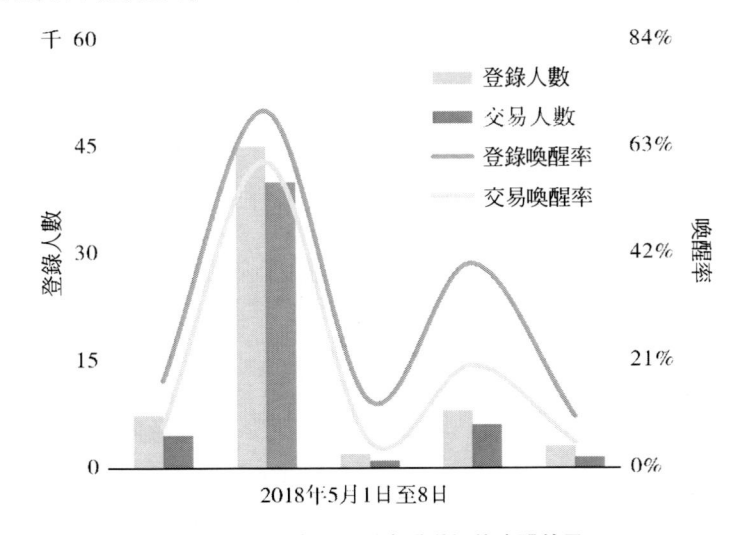

圖 2-11　過去一週發布發送短信喚醒效果

步入大數據時代，從數據中獲取更多的信息，通過數據反應出更多的問題，是設計數據報表的首要任務，如何展現數據變得尤為重要。

習題

一、選擇題

1. 統計分組的結果表現為（　　）
   A. 組內同質性，組間同質性
   B. 組內差異性，組間同質性
   C. 組內同質性，組間差異性
   D. 組內差異性，組間差異性

2. 下列屬於數量標志分組的有（　　）
   A. 工人按政治面貌分組
   B. 工人按性質分組
   C. 工人按年齡分組
   D. 工人按民族分組

3. 在編製等距數列時，如果全距等於56，組數為6，為統計計算方便，組距取（　　）
   A. 9.3
   B. 9
   C. 6
   D. 10

4. 某連續變量數列，其末組為開口組，下限為200，又知其鄰組的組中值為170，則末組組中值為（　　）
   A. 260
   B. 215
   C. 230
   D. 185

5. 對於越高越好的現象按連續型變量分組，如第一組為75以下，第二組為75～85，第三組為85～95，第四組為95以上，則數據（　　）
   A. 85在第三組
   B. 75在第一組
   C. 95在第三組
   D. 85在第二組

6. 有12名工人分別看管機器臺數資料如下：2、5、4、4、3、4、3、4、4、2、2、4，按以上資料編製變量數列，應採用（　　）。
   A. 單項式分組
   B. 等距分組
   C. 不等距分組
   D. 以上幾種分組均可

7. 對某地企業進行分組，第一層次按經濟類型分組，第二層次按企業規模分組，這樣的分組，屬於（　　）
   A. 簡單分組
   B. 平行分組
   C. 複合分組
   D. 分組體系

8. 下列分組屬於品質標志分組的有（　　）【多選題】
   A. 按工資分組
   B. 按職業分組
   C. 按產業分組
   D. 按地區分組
   E. 按人均收入分組

9. 劃分連續變量的組限時，相鄰組的組限必須（　　）。

  A. 重疊   B. 相近

  C. 不等   D. 間斷

 10. 在等距數列中，組距的大小與組數的多少成（ ）。

  A. 正比   B. 等比

  C. 反比   D. 不成比例

 11. 將某企業職工的月收入分成以下幾組：2,000 以下、2,000～3,000、3,000～4,000、4,000～5,000、5,000 以上共 5 組。第一組的組中值為（ ）

  A. 2,000   B. 1,000

  C. 1,500   D. 2,500

二、綜合題

 1. 為了評價家電行業售後服務的質量，隨機抽取了由 120 個家庭構成的一個樣本，服務質量的等級分別為 A，好；B，較好；C，一般；D，較差；E，差。調查結果如下：

```
B D A A B D D A A C C
D A D A B A E A A C C B
E E E B C E C B E C C C
C C B C C C C C C C B
B C D D C C B D C C B
C B C D E B C D C C E
A E C D B E A D C C B
A C C E D C A E C C D C
E E B C C B E C C C E
D A B C D B B C C C B
```

  （1）指出上面的數據屬於什麼類型？

  （2）請製作一張頻數分佈表。

 2. 某電腦公司銷售量的頻數分佈表如下：

按銷售量分組（臺）	頻數（人）	頻率（％）	向下累積（人）	向上累積（人）
140 以下	4	3.33		
150～160	9	7.50		
160～170	16	13.33		
170～180	27	22.50		
180～190	20	16.67		
190～200	17	14.17		
200～210	10	8.33		

表(續)

按銷售量分組（臺）	頻數（人）	頻率（%）	向下累積（人）	向上累積（人）
210~220	8	6.67		
220~230	4	3.33		
230~240	5	4.17		
總計	120	100		

（1）請將上表中的空白填全，並說明200~210所在組的向下累積和向上累積的數值含義；（2）請說出此題中的組數、組距、每個組的組中值、是否存在開口組、是否是等距分組、分組屬於單項式分組還是組距式分組？

3　數據的概括性度量

學習目標

1. 掌握總量指標的分類。
2. 掌握各種相對指標的含義和用法，如結構相對數、比例相對數、比較相對數、強度相對數、動態相對數。
3. 掌握簡單算術平均數和加權算術平均數的含義、特點。
4. 能夠計算各類平均數、中位數、眾數以及他們之間的關係。
5. 理解離散度測度的目的、方差的含義、方差和離散系數的使用場合。
6. 能夠計算方差、標準差和離散系數。
7. 理解偏態和峰度的含義。

通過統計調查得到的數據資料經過預處理、整理，並用表格和圖示法進行展示後，可以對數據分佈的形狀和特徵有一個大致瞭解，這些方法用於書面報告和演示的直觀輔助材料時，十分有效。但是要進一步掌握研究對象的數據分佈特徵和變化規律，進行更加深入的分析，還必須從以下五個方面進行測度和描述：一是總規模度量，反應總體規模達到的水準；二是比較度量，通過相對指標反應研究現象的數量對比關係；三是集中趨勢的度量，反應數據向中心值靠攏的程度；四是離散程度的度量，反應數據遠離中心值的趨勢；五是偏態和峰度的度量，反應數據的分佈形狀。

3.1 總規模度量———總量指標

總量指標是反應社會經濟現象在一定時間、地點和條件下的總體規模或總水準的綜合指標。總量指標數值是具有一定計量單位的絕對數,其大小受總體範圍的制約,總體範圍越大,指標數值就越大,反之總體範圍越小,指標數值就越小。總量指標是統計中最常用的基本指標,是計算相對指標和平均指標的基礎。

總量指標按反應的時間狀態不同分為時期指標和時點指標。時期指標反應的是現象在一段時間內產生的流量。時點指標指在一個特定時間點上的總量指標,是存量指標。

時期指標具有可加性,其累計相加的結果具有實際意義,而時點指標不具有可加性,或者說相加無實際經濟意義。時期指標數值一般通過連續登記取得,時點指標一般通過一次性登記取得。

總量指標按反應的內容不同可以分為總體單位總量和總體標志總量。總體單位總量,簡稱單位總量,表示一個總體中所包含的總體單位總數,表示總體本身的規模大小,如一個企業的職工人數、一個地區的企業數、某城市的家庭數。總體標志總量是反應統計總體中各單位某一數量標志值的總和,表示總體某一數量特徵的總量。例如,以一個企業全體職工作為總體,工資為數量標志,該企業全部職工工資總額就是標志總量。

就特定的統計總體來說,一定存在總體單位總量和總體標志總量兩個基本的總量指標。一般來說,一個特定的總體,總體單位總量只有一個,總體標志總量卻有許多個。

總量指標按採用的計量單位不同,分為實物指標、價值指標和勞動指標。

實物指標指以實物單位計量,反應事物的使用價值。實物單位有自然計量單位、度量衡單位、標準實物單位等。自然計量單位是根據現象的自然屬性來計量的單位,如人口以「人」為單位,汽車以「輛」為單位,機床以「臺」為單位。度量衡單位是根據統一的度量衡制度的規定來衡量現象數量的一種計量單位。如糧食以「千克」「噸」為單位,棉布以「米」為單位,天然氣以「立方米」為單位。標準實物單位是按照統一折算標準來度量現象的一種計量單位。如各種不同發熱量的煤折合為 7,000 大卡/千克的標準煤等。實物指標的優點是可以體現現象的使用價值,缺點是不便於綜合,而且不同事物間不能直接加總。

價值指標是指用貨幣單位計量的總量指標。價值指標統一用貨幣作為計量單位,它可以把不同的實物量都換算成貨幣價值,具有高度綜合能力,能把不同的事物通過貨幣單位直接加總,在經濟領域的應用極其廣泛。

3 數據的概括性度量

勞動量指標指用勞動時間——工時、工日計量的總量指標。

3.2 比較度量———相對指標

社會經濟現象是相互聯繫的，為了分析現象總體的數量關係，就要將有關的總量指標加以比較，須運用相對指標。總量指標只能反應現象的總規模、總水準，不能反應現象間的對比關係、現象的內部結構、現象的機會完成情況，也不能反應現象的動態變動方向和變動程度等。要解決這些問題，就必須計算相對指標。

相對指標又稱相對數，是兩個有聯繫的指標數值對比的結果。用來對比的兩個數，既可以是絕對數，也可以是平均數和相對數。例如，人口密度（指人口數與土地面積兩個絕對數之比）、發展速度、就業率。

相對指標的主要作用如下：

（1）能具體表明社會經濟現象之間的比例關係。總量指標可以反應現象總的規模、水準，但其發展速度是快、是慢、是大、是小卻不易看出，而相對指標是把有關指標聯繫起來進行比較分析，能把問題的實質和全貌反應出來。例如，2016 年中國網絡購物市場的交易規模比上年增長 14.8%。

（2）能使一些不能直接對比的事物找到共同比較的基礎。例如，甲、乙兩家企業年利潤額分別為 200 萬元和 180 萬元，我們不能簡單認為甲企業獲利情況比乙企業好。因為一個企業獲利水準的高低受企業總體規模、銷售規模以及生產力水準和勞動效率等因素影響，只有計算資金利潤率、銷售利潤率以及每股收益等相對指標（如圖 3-1 所示），才能得出正確結論。

圖 3-1

（3）相對指標便於記憶、易於保密。在社會經濟指標中，有些絕對指標是不便於公之於眾的，但為了公布其發展狀況，可以用其發展速度等相對指標。

相對指標的表現形式有兩種：一種是無名數，另一種是有名數。無名數是一種

抽象化的數值，如倍數、翻番數、百分數千分數、成數。有名數主要用於強度相對指標，說明事物的強度、密度、普遍程度，如人口密度用「人/平方千米」，人均消費額和人均國民生產總值用「元/人」。

3.2.1 結構相對指標

結構相對指標是表明總體內部各個組成部分在總體中所占比重的相對指標，也稱比重指標。

$$結構相對指標 = \frac{總體中某一部分數值}{總體全部數值} \times 100\%$$

結構相對指標的分子屬於分母的一部分，分子、分母是一種從屬關係。各部分所占比重之和必須為100%或1（見圖3-2）。結構相對指標與頻數分配中的頻率概念一致。

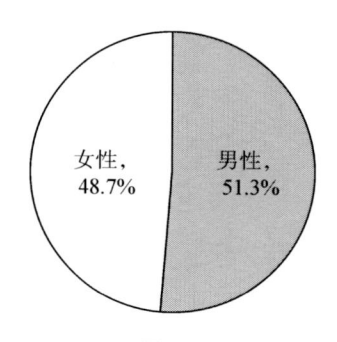

圖 3-2

結構相對指標是統計分析中常用的指標，作用如下：

（1）可以反應總體內部結構的特徵。根據第一次全國經濟普查成果，全國企業法人單位中，國有企業單位數量占單位總數的 5.5%，集體企業占 10.5%，私營企業占 61.0%，其他有限責任公司占 10.6%，股份有限公司占 1.9%，港澳臺商投資企業占 2.3%，外商投資企業占 2.4%。表明中國企業法人單位中私營企業比例最多。

（2）通過不同時期相對數的變化，可以看出事物的變化過程及其發展趨勢。表 3-1表明，2011—2013 年，中國網民都是從 PC 端進行網絡購物的，但是在 2015 年移動端網購規模首次超過了 PC 端，說明移動端的便利性、高互動性和碎片化等特徵助推網購向「線上+線下」發展。

表 3-1　　　　　　2011—2015 年中國網購交易規模

網購方式	2011 年	2012 年	2013 年	2014 年	2015 年
PC 端	98.5%	94.2%	85.5%	66.2%	44.5%
移動端	1.5%	5.8%	14.5%	33.8%	55.5%

數據來源：艾瑞諮詢。

3 數據的概括性度量

3.2.2 比例相對指標

比例相對指標是由總體內部不同部分數值之間對比求得的比率。

$$比例相對指標 = \frac{總體中某一部分數值}{總體中另一部分數值} \times 100\%$$

比例相對指標一般用百分比或幾比幾來表示。比例相對指標的計算基數單位一般為 1、100、1,000 等。

例如，某年某地出生嬰兒總數為 6,789 人，其中男嬰人數 3,546 人，女嬰人數 3,243 人，則：

$$出生嬰兒性別比 = \frac{男嬰數}{女嬰數} = \frac{3,546}{3,243} \approx 109：100$$

比例相對指標中分子和分母是一種並列關係，可以互換。

比例相對指標也有反應總體結構的作用，與結構相對指標有著密切聯繫，兩者作用相同，只是使用方法不同，側重點有所區別。計算比例相對指標對於國民經濟宏觀調控具有重要意義，它用於分析研究國民經濟的平衡比例關係，對於保持國民經濟穩定協調發展具有重要意義。如，物質生產部門和非物質生產部門的關係，社會再生產中生產、流通、分配的比例關係等。

3.2.3 比較相對指標

比較相對指標又稱類比相對數，是將兩個同類指標做靜態對比得出的綜合指標，表明同類現象在同一時間下不同空間條件下（如在全國、各地、各企業）的數量對比關係。

$$比較相對指標 = \frac{某地區(企業)某期某類指標數值}{另一地區(企業)同期同類指標數值}$$

計算比較相對指標時，分子與分母現象所屬統計指標的含義、口徑、計算方法和計量單位必須一致，一般用百分數或倍數表示，其作用主要是對事物發展在不同地區、不同部門、不同單位或不同個人之間進行比較分析，以反應現象之間的差別程度及工作中的差距，從而為提高企業的生產水準和管理水準提高依據。

例如，甲公司 2011 年中期報告主營業務利潤為 7,500 萬元，而乙公司 2011 年中期報告主營業務利潤為 5,000 萬元，則乙公司 2011 年中期主營業務利潤為甲公司的 66.7%（$= \frac{5,000}{7,500} \times 100\%$）或者甲公司 2011 年中期主營業務利潤為乙公司的 1.5 倍（$= \frac{7,500}{5,000} = 1.5$）。

例如，2010 年 A 國煤炭產量為 100,000 萬噸，C 國煤炭產量為 140,000 萬噸，

則 2010 年 C 國煤炭產量是 A 國的 1.4 倍（＝140,000/100,000）。

3.2.4 強度相對指標

強度相對指標是指兩個性質不同但有一定聯繫的總量指標對比所形成的綜合指標，它表明現象的強度、密度和普遍程度。例如人口密度、人均國民生產總值、人口出生率、失業率。

$$強度相對指標 = \frac{某一總量指標數值}{另一有聯繫但性質不同的總量指標數值}$$

例如，2012 年年末中國總人口為 135,404 萬人，則人口密度計算如下：

$$人口密度 = \frac{135,404 \text{ 萬人}}{960 \text{ 萬平方千米}} = 141(人 / 平方千米)$$

例如，A 公司 2017 年年末報告淨利潤為 4,000 萬元，淨資產為 40,000 萬元，則 2011 年期末淨資產收益率為 10%。計算如下：

$$A \text{ 公司淨資產收益率} = \frac{2011 \text{ 年期末淨利潤}}{2011 \text{ 年期末淨資產}} = \frac{4,000 \text{ 萬元}}{40,000 \text{ 萬元}} = 10\%$$

在計算強度相對指標時，其分子、分母可以互換位置，這時該指標就有正指標和逆指標之分。正指標指數值的大小與現象的強度、密度和普遍程度成正比例，逆指標指數值的大小與現象的強度、密度和普遍程度成反比例。

例如，某地區 2013 年年末人口數為 150 萬人，該地區 2010 年年末擁有 1,200 個商業服務網點，則

$$每萬人擁有商業服務網點數 = \frac{商業服務網點數}{人口數}$$

$$= \frac{1,200 \text{ 個}}{150 \text{ 萬人}} = 8 \text{ 個} / \text{萬人} \quad （正指標）$$

$$（逆指標）\quad 每個商業網點服務人口數 = \frac{人口數}{商業服務網點數} = \frac{150 \text{ 萬人}}{1,200 \text{ 個}} = 1,250 \text{ 人} / \text{個}$$

強度相對指標可以說明一個國家、地區、部門的經濟實力或社會服務能力。如果大國與小國都從總量指標進行比較是不合理的，也不便於分析，而用強度相對指標進行比較，則可以提供可比性；同時，強度相對指標為編製計劃和長遠規劃提供參考依據，如，在研究移民計劃時，各地人口密度指標就是一個很重要的參考資料。

3.2.5 動態相對指標

動態相對指標指某一指標在不同時間上的不同數值的對比，表明現象發展變化的方向和程度。

3 數據的概括性度量

$$動態相對指標 = \frac{報告期指標數值}{基期指標數值}$$

基期指作為比較基礎的那個時期，報告期指被比較的那個時期。相對動態指標可分為兩種，一種是指發展速度；另一種是指增長速度。

例如，甲公司 2016 年中期報告主營業務利潤為 7,500 萬元，2017 年中期報告主營業務利潤為 8,000 萬元，通過計算可以看出甲公司 2017 年中期主營業務利潤有所增加，是 2016 年中期的 1.066,7 倍，增加的幅度為 6.67%。

正確運用相對指標是非常重要的。首先，可比性是計算相對指標的最重要條件。可比性主要指對比的兩個指標（即分子和分母）在經濟內容上要具有內在聯繫，在範圍及指標口徑上要求一致或相適應。例如，計算人口密度，分子分母應屬於同一個地區，不可以用甲地區人口數與乙地區土地面積相比，這就是範圍上的可比性。例如，用某集團報告期增加值與基期增加值進行對比，一定要注意該集團報告期與基期所包含的企業數是一樣多的，這就是指標口徑上的可比性。其次，相對指標和總量指標應結合運用，多個相對指標結合應用。

3.3 集中趨勢的度量———平均指標

集中趨勢是指一組數據向中心值靠攏的程度，測度集中趨勢也就是尋找數據一般水準的代表值或中心值，在統計學中用平均指標來測度。平均指標就是表明同類社會現象在一定時間、地點條件下達到的一般水準，是總體內各單位參差不齊的標誌值的代表值，它的數值表現就是平均數。從多數社會經濟變量數列的分佈來看，接近平均數的變量值的次數較多，遠離平均數的變量值的次數較少，也就是，整個數列以平均數為中心而上下波動，所以，掌握了數列的平均數，就可以瞭解總體分佈集中趨勢的一般特徵，它是變量分佈的主要特徵值，也是進行統計推斷的一個重要參數。

平均指標將數據間的差異抽象化，從而說明一般水準。比如，平均工資就把職工之間的工資差異抹平了。平均指標只能就同類現象計算，可用於同類現象在不同空間條件、不同時間下的對比。

平均數按度量方法的不同，可分為數值平均數和位置平均數。數值平均數是根據數列中的每一個數值或變量值計算出來的平均數，包括算術平均數、調和平均數、幾何平均數等；位置平均數是根據數值在數列中的特殊位置而確定的平均數，包括中位數、眾數、分位數等。

3.3.1 算術平均數

算術平均數是分析社會經濟現象一般水準和典型特徵的最基本指標，是統計中

計算平均數最常用的方法。

$$算術平均數 = \frac{總體標志總量}{總體單位總數}$$

上式中，分子、分母屬於同一總體，分子和分母是一一對應關係，分子數值是分母各單位數量特徵的綜合，這是平均指標與強度相對指標的根本區別所在。強度相對數雖然是兩個有聯繫的總量指標之比，但它並不存在各標志值與各單位的對應問題。

社會經濟現象中有許多研究的總體，總體的標志總值等於總體各單位某一數量標志值的總和，例如工資總額、工人總產量等。而算術平均數的計算方法恰好與社會經濟現象之間的這種數量關係相適應，因此，算術平均數的基本公式得到了廣泛應用。

算術平均數由於掌握的資料不同，可分為簡單算術平均數和加強算術平均數兩種。

1. 簡單算術平均數

如果掌握的資料是總體各單位的標志值，而且沒有經過分組，則可先將各標志值相加得出標志總量，然後再除以單位總數，這樣求出的平均數就是簡單算術平均數。

$$\bar{x} = \frac{x_1 + x_2 + \cdots + x_n}{n} = \frac{1}{n}\sum_{i=1}^{n} x_i \qquad (3-1)$$

式（3-1）中，$\bar{x}$ 表示算術平均數，$x_1 + x_2 + \cdots + x_n$ 表示各個變量值或標志值，n 是數據個數或單位總數。

例如，某生產小組有 5 名工人，生產某種零件，日產量（件）為 12，13，14，14，15，則平均每個工人日產零件數為

$$\frac{12 + 12 + 14 + 14 + 15}{5} = 13.6（件）$$

簡單算術平均數只受變量值 x_i 的影響。這也說明，它易受極端值的影響，當出現極大值時，平均數會偏大；當出現極小值時，平均數會偏小。

2. 加權算術平均數

如果掌握的資料是分組整理好的單項式數列或者組距式數列，可以用加權算術平均法計算平均數。其具體方法是：①將各組標志值或組中值分別乘以相應的頻數求得各組的標志總量；②將各組標志總量進行加總，得到總體標志總量；③將各組頻數加總，得到總體單位總數，即數據個數；④運用算術平均數的公式，即總體標志總量除以總體單位總量。

【例子3-1】某企業有50名員工，他們每人每日加工的零件數，編成單項數列如表 3-2 所示。

3 數據的概括性度量

表 3-2　　　　　　　　　企業工人生產情況

工人按日產量零件分組（件）x_i	工人人數（f_i）	總產量（$x_i f_i$）
20	1	20×1=20
21	6	21×6=126
22	12	22×12=264
23	20	23×20=460
24	11	24×11=264
合計	50	1 134

上述 50 名員工的總產量為 1,194 件，所以

員工平均日產量 = $\dfrac{20 \times 1 + 21 \times 6 + 22 \times 12 + 23 \times 20 + 24 \times 11}{1 + 6 + 12 + 20 + 11} = \dfrac{1,134}{50} =$ 22.68（件）

上述計算過程用數學符號表示，則是

$$\bar{x} = \frac{x_1 f_1 + x_2 f_2 + \cdots + x_k f_k}{f_1 + f_2 + \cdots + f_k} = \frac{\sum x_i f_i}{\sum f_i} \tag{3-2}$$

其中，k 表示組數，x_i 表示每組標志值或組中值，f_i 表示每組頻數，$\sum x_i f_i$ 表示總體標志總量，$\sum f_i$ 表示總體單位總數、數據個數或總權數。

從式子（3-2）可以看出，平均數不僅取決於各組變量值 X 的大小，而且也取決於各組頻數 f。當某組頻數越多，平均數受該組影響越大，反之則越小。頻數在這裡起著權衡輕重的作用，所以，統計上把它稱為權數。這樣的平均數也稱為加權算術平均數。

式子（3-2）也可以進行如下變形

$$\bar{x} = \frac{x_1 f_1 + x_2 f_2 + \cdots + x_k f_k}{f_1 + f_2 + \cdots + f_k} = \frac{\sum x_i f_i}{\sum f_i} = \frac{x_1 f_1 + x_2 f_2 + \cdots + x_k f_k}{\sum f_i}$$

$$= \frac{x_1 f_1}{\sum f_i} + \frac{x_2 f_2}{\sum f_i} + \cdots + \frac{x_k f_k}{\sum f_i} = \sum \left(x_i \cdot \frac{f_i}{\sum f_i} \right) \tag{3-3}$$

權數有兩種形式：一種是以絕對數表示，稱頻數，計算式子如（3-2）；另一種以比重表示，稱頻率，計算式子如（3-3）。用這兩種權數所計算的加權算術平均數結果完全相同。

現仍以表 3-1 的數據為例，用頻率權數計算加權算術平均數，如表 3-3 所示。

表 3-3　　　　　　　　某企業員工生產情況

工人按日產量零件分組（件）x_i	工人人數		$x_i \cdot \dfrac{f_i}{\sum f}$
	頻數 (f_i)	頻率 $f/\sum f$	
20	1	0.02	20×0.02=0.4
21	6	0.12	21×0.12=2.52
22	12	0.24	22×0.24=5.28
23	20	0.4	23×0.4=9.2
24	11	0.22	24×0.22=5.28
合計	50	1	22.68

$$\bar{x} = \sum x_i \cdot \frac{f_i}{\sum f} = 22.68 \text{（件）}$$

如果我們的數據是組距分組數列，則計算方法基本相同，只是此時的 x_i 是組中值。應該指出，這種計算方法有一定假設性，即假定各單位標志值在組內是均勻分佈的。當然，實際上是不可能的，這樣用組中值計算出來的算術平均數也就帶有近似值的性質。還要指出的是，有時會遇到開口組，其組中值由與它相鄰組組限相仿來確定。因此，根據開口組計算的算術平均數更具有假定性。儘管如此，從整個數列來看，由於分組引起的影響變量數值高低的各種因素會引起相互抵消的作用，所以，由此計算的平均數仍具有足夠的代表性。

【例子 3-2】某企業 2017 年 10 月職工月工資資料如表 3-4 所示，求職工月平均工資。

表 3-4　　　　某企業 2017 年 10 月職工月工資情況表

按月工資額分組（元）	組中值（元）x_i	職工人數（%）$f/\sum f$	$x_i * \dfrac{f_i}{\sum f}$
2,000 以下	1,500	8	1,500×0.08=120
2,000~3,000	2,500	35	2,500×0.35=875
3,000~4,000	3,500	45	3,500×0.45=1,575
4,000 以上	4,500	12	4,500×0.12=540
合計	——	100	3,110

職工月平均工資：

3 數據的概括性度量

$$\bar{x} = \sum x_i \cdot \frac{f_i}{\sum f} = 3,110（元）$$

4.3.2 調和平均數

調和平均數又稱為「倒數平均數」，它是各個標誌值或變量值的算術平均數的倒數。在充分理解它的計算方法之前，我們來看一個例子。

【例子3-3】市場上有三種水果，分別是蘋果、橘子、荔枝，其中蘋果價格為10元/千克，橘子價格15元/千克，荔枝價格30元/千克，如表3-5所示。如果三種水果各買1元錢，所買水果的平均單價是多少？

表 3-5　　　　　　　　　水果的購買情況表

水果	單價（元/千克）	購買金額（元）
蘋果	10	1
橘子	15	1
荔枝	30	1
合計	——	3

計算平均單價需要用購買水果的總金額除以購買的總重量。從資料中可知，購買的總金額是3元，購買的重量未知。需要先求得購買的重量之和，計算如下：

$$總重量 = \frac{1}{10} + \frac{1}{15} + \frac{1}{30}$$

$$平均價格 = \frac{總金額}{總重量} = \frac{1+1+1}{\frac{1}{10}+\frac{1}{15}+\frac{1}{30}} = \frac{3}{1/5} = 15（元/千克）$$

從例子3-3中我們推導出一般化的公式

簡單調和平均數　　$$\bar{x} = \frac{\overbrace{1+1+\cdots+1}^{n}}{\frac{1}{x_1}+\frac{1}{x_2}+\cdots+\frac{1}{x_n}} = \frac{n}{\sum \frac{1}{x}} \qquad (3-4)$$

我們對例子3-3的資料稍加改動，如表3-6所示，求所買水果的平均單價。

表 3-6　　　　　　　　　水果的購買情況表

水果	單價（元/千克）	購買金額（元）
蘋果	10	50
橘子	15	30
荔枝	30	60
合計	——	140

同樣的思路，計算平均單價需要用購買水果的總金額除以購買的總重量。從資料中可知，購買的總金額是 110 元，購買的重量未知。需要先求得購買的重量之和，計算如下：

$$總重量 = \frac{50}{10} + \frac{30}{15} + \frac{60}{30} = 9(千克)$$

$$平均價格 = \frac{總金額}{總重量} = \frac{50 + 30 + 60}{\frac{50}{10} + \frac{30}{15} + \frac{60}{30}} = \frac{140}{9} = 15.56(元/千克)$$

我們從上推導出一般化的公式

加權調和平均數
$$\bar{x} = \frac{\overbrace{m_1 + m_2 + \cdots + m_n}^{n}}{\frac{m_1}{x_1} + \frac{m_2}{x_2} + \cdots + \frac{m_n}{x_n}} = \frac{\sum m}{\sum \frac{m}{x}} \qquad (3-5)$$

從計算形式上看，調和平均數與算術平均數有明顯區別，但從計算內容上看，兩者實質是一致的，均為總體標志總量與總體單位總量之比。

3.3.3 幾何平均數

幾何平均數是另一種形式的平均數，它是幾個變量值相乘開 n 次方，主要用於平均比率和平均速度。當總體標志總量不是由各分量的和構成，而是由分量的積組成，則應該考慮幾何平均數。

【例子 3-4】某企業加工生產某種產品必須經過三道工序。每道工序的合格率分別為 90%、96% 和 95%，如圖 3-3 所示。求該產品的平均合格率是多少。

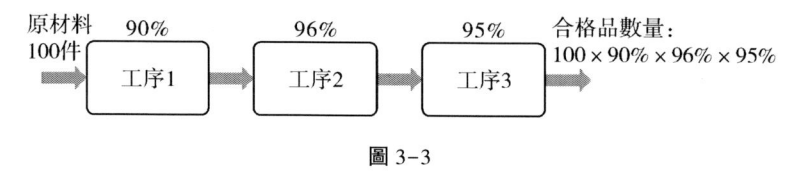

原材料 100 件 → 工序1 (90%) → 工序2 (96%) → 工序3 (95%) → 合格品數量：100 × 90% × 96% × 95%

圖 3-3

從上圖可知，100 件原材料經過三道工序加工後，合格品數量為 100×90%×96%×95%，總的合格率為

$$\frac{100 \times 90\% \times 96\% \times 95\%}{100} = 90\% \times 96\% \times 95\%$$

總的合格率是由各變量值的乘積構成，平均合格率則為

$$\sqrt[3]{90\% \times 96\% \times 95\%}$$

平均指標的量綱與原始數據的量綱需保持一致，因此當分量相乘得到總量後，求平均數則須開方。從例子 3-4 我們推導出一個一般性公式

3 數據的概括性度量

$$\bar{x} = \sqrt[n]{\prod_{i=1}^{n} x_i} \tag{3-6}$$

3.3.4 眾數

當數據分佈呈現不對稱且極值影響很大時，數值平均數會失去代表值的意義，此時採用位置平均數作為集中趨勢的測度值更具有代表意義。

眾數是位置平均數，是指一組數據中出現次數最多的變量值，用 M_o 表示。眾數能直觀說明客觀現象數據中的集中趨勢。在實際工作中，有時要利用眾數代替算術平均數來說明社會經濟現象的一般水準。例如，在大批量生產的女式皮鞋中，有多種尺碼，其中 36 碼是銷售量最多的尺碼，則這個 36 碼就是眾數，代表女式皮鞋尺碼的一般水準。

從頻數分佈的角度看，一組數據分佈的最高峰點所對應的數值就是眾數。如果數據的分佈沒有明顯的集中趨勢或最高峰點，眾數則可以不存在；如果出現了兩個或者多個高峰點，則眾數可以是多個。一般情況下，只有在數據量較大的情況下，眾數才有意義。如果數據量不大，儘管頻數分配較集中，由此計算出來的眾數意義也不是很大。

那麼，我們應該如何計算眾數呢？

（1）品質分組數據、單項式分組數據確定眾數的方法——觀察次數，出現次數最多的標志值就是眾數。

【例子 3-5】對各大城市住房狀況評價的頻數分佈表如表 3-7 所示，那麼住房狀況評價的眾數是什麼？

表 3-7　　　　　　　　　住房狀況評價頻數分佈表

回答類別	城市數（個）
非常不滿意	24
不滿意	128
一般	73
滿意	45
非常滿意	30
合計	300

［分析］：此數據類型為順序尺度，按品質標志分組，從頻數分佈表可知，對居住情況「不滿意」的回答有 128 個城市，是所有 300 個城市中次數最多的。所以，住房狀況評價的眾數為「不滿意」。

【例子 3-6】某網絡購物平臺某日爆款女士襯衣的銷售量資料如表 3-8 所示，試確定該襯衣尺碼的一般水準。

表 3-8　　　　　　　　　　女士襯衣銷售情況表

尺碼（厘米）	銷售量（件）	比重（%）	尺碼（厘米）	銷售量（件）	比重（%）
70	16	7.6	85	40	19
75	18	8.6	90	22	10.5
80	98	46.7	95	16	7.6
			合計	210	100

[分析]：80 厘米尺碼的襯衣銷售量為 98 件，占 46.7%，為最多，所以，尺碼的眾數 M_o 為 80 厘米。

(2) 組距式分組數據確定眾數的方法——觀察次數，首先由頻數最多來確定眾數所在的組，然後用比例插值法推算眾數近似值。

下限公式：$M_o = X_L + \dfrac{\Delta_1}{\Delta_1 + \Delta_2} \cdot d$ 　　　　　　　　　　(4-7)

或

上限公式：$M_o = X_U - \dfrac{\Delta_2}{\Delta_1 + \Delta_2} \cdot d$ 　　　　　　　　　　(4-8)

其中，X_L、X_U 分別表示眾數所在組的下組限和上組限；Δ_1 表示眾數所在組頻數與前一組頻數之差；Δ_2 表示眾數所在組頻數與後一組頻數之差；d 表示眾數所在組的組距。

眾數的兩個計算公式是等價的，使用這兩個公式計算結果完全一樣。

眾數計算公式的幾何圖形證明如圖 3-4 所示。

證明：聯結 A、C 點，聯結 B、D 點，分別形成線段 AC 和 BD，相交於點 e。形成兩個三角形，分別是 △ACe 和 △BDe。過 e 點向 AD、BC 做垂線形成三角形的高。

∵ △ACe ~ △BDe

∴ $\dfrac{ef}{AD} = \dfrac{ei}{BC}$

即

$\dfrac{X_L M_o}{\Delta_1} = \dfrac{d - X_L M_o}{\Delta_2}$

$X_L M_o \cdot \Delta_2 = (d - X_L M_o) \Delta_1$

$X_L M_o \cdot \Delta_2 = d\Delta_1 - X_L M_o \cdot \Delta_1$

上式變換為：$X_L M_o \cdot (\Delta_1 + \Delta_2) = d\Delta_1$

$X_L M_o = \dfrac{\Delta_1}{\Delta_1 + \Delta_2} d$

$M_o - X_L = \dfrac{\Delta_1}{\Delta_1 + \Delta_2} d$

3 數據的概括性度量

$$M_o = X_L + \frac{\Delta_1}{\Delta_1 + \Delta_2}d$$

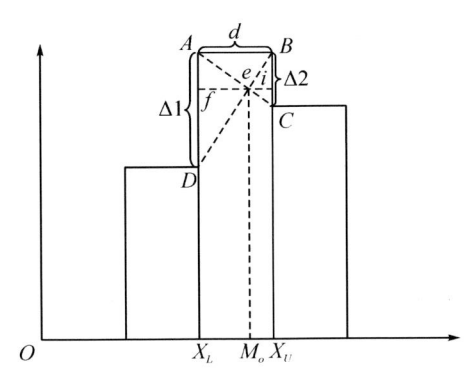

圖 3-4 眾數計算公式幾何圖

【例子 3-7】田家村農戶月純收入資料如表 3-9 所示,求月純收入的眾數。

表 3-9　　　　　　　　田家村農戶月純收入頻數分佈表

按年純收入分組(元)	頻數(戶)	按年純收入分組(元)	頻數(戶)
1,200~1,400	5	2,200-2,400	50
1,400~1,600	9	2,400-2,600	29
1,600~1,800	80	2,600-2,800	14
1,800~2,000	130	2,800-3,000	3
2,000~2,200	180	合計	500

[解題過程]:①從表 3-9 可知,月純收入在 2,000~2,200 元的農戶數量最多,為 180 戶,這一組即為眾數所在的組,我們要求的眾數在 2,000 元至 2,200 元之間。②畫出幾何圖形,求出眾數數值(見圖 3-5)。

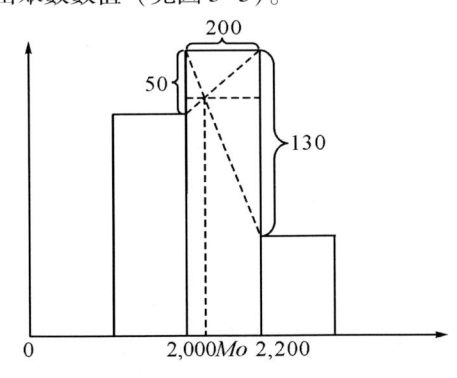

圖 3-5

$$\frac{Mo - 2,000}{2,200 - Mo} = \frac{50}{130}$$

$130 \times (Mo - 2,000) = 50 \times (2,200 - Mo)$

$13Mo - 13 \times 2,000 = 5 \times 2,200 - 5Mo$

$18Mo = 37,000$

$Mo = 2,055.56(元)$

從眾數的計算可以看出眾數的特點：①眾數是一個位置平均數，它只考慮總體分佈中最頻繁出現的變量值；②不受極端值和開口組數列的影響，眾數是一個不易確定的指標。

3.3.5 中位數

中位數是位置平均數，指將總體各單位標志值按大小順序排列，居於中間位置的那個標志值，用 M_e 表示。中位數位置居中，大小也居中。它把全部數據分成長度相等的兩個部分，有一半數據的數值比中位數大，另一半數據的數值比中位數小。中位數不易受極端值的影響。在現象存在極端數值的情況下，用中位數替代算術平均數代表總體的一般水準。

用中位數表示現象的一般水準，在許多場合有其特殊意義。例如，在進行產品質量控制中，對生產的產品隨機抽幾個進行觀察，若計算其平均數較麻煩，只要看中位數的大小就可以知道其一般水準如何。

1. 未分組數據的中位數如何確定？

先將數據按大小順序排列，確定數列的中間位置，處於該位置上的標志值即為中位數。

例如，數據 30、89、56、76、67，求中位數。

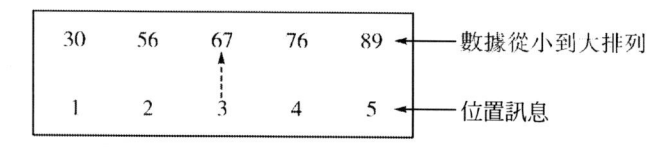

30	56	67	76	89	← 數據從小到大排列
1	2	3	4	5	← 位置訊息

五個數據的中間位置在 3 號，3 號位置所對應的數值為 67，所以中位數為 67。

又如，數據稍作增加，30、89、56、76、67、64，求中位數。

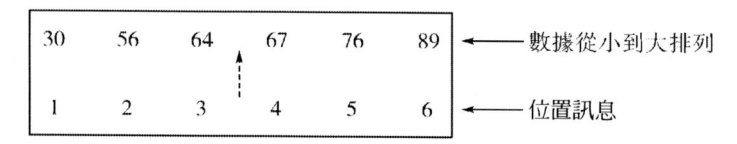

30	56	64	67	76	89	← 數據從小到大排列
1	2	3	4	5	6	← 位置訊息

六個數據的中位數位置在 3 號位與 4 號位的中間，即 (3 + 4)/2 = 3.5 號位，該位置對應的數值則是 64 與 67 的中間數值 (64 + 67)/2 = 65.5，所以中位數為 65.5。

3 數據的概括性度量

我們由此推出一般化的中間位置公式：$(n+1)/2$（其中 n 代表數據個數）。

2. 單項式分組數據的中位數如何確定？

①求中位數位置。分組數據中間位置的確定公式如下：

$$\text{中位數位置} = \frac{\sum f}{2}$$

其中，$\sum f$ 為總的數據個數。

②計算各組的累積頻數（向上累積和向下累積均可）。

③根據中位數位置找到中位數。

【例子 3-8】某學院 2017 年上學年共有 20 名學生學習成績突出，獲得獎學金金額如表 3-10 所示。

表 3-10　　　　　2017 年上學年學生獎學金獲得情況統計表

獎學金金額（元）	頻數（人）	向下累積（人）
500	4	4
1,000	9	13
1,500	6	19
2,000	1	20
合計	20	20

根據表 3-10 確定中位數的位置：$\sum f/2 = 20/2 = 10$。中位數的位置是第 10 人的位置，通過向下累積可知，中位數位於第二組，其標誌值為 1,000 元。所以標誌值 1,000 元就是中位數。

3. 組距式分組數列如何確定中位數？

先根據公式 $\sum f/2$ 確定中位數位置，確定中位數所在的組，然後再用比例插值法確定中位數的值。

【例子 3-9】某廠勞動生產率的資料如表 3-11 所示，據此計算中位數。

表 3-11　　　　　某廠勞動生產率頻數分佈表

勞動生產率（百元/人）	頻數（人）	向下累積
600 以下	8	8
600~800	12	20
800~1,000	30	50
1,000~1,200	25	75
1,200 以上	5	80
合計	80	80

[題目解析]

①向下累積，見表3-11。

②計算中間位置以及中位數所在的組。數據的中間位置為40號位，根據向下累積可知，中位數所在的組是800～1,000，即中位數的範圍在800至1,000之間。

③比例插值法確定中位數的值。

我們將表3-11用幾何圖形解析，如圖3-6所示。線段AE的長度表示總頻數，即數據總個數為80個。各組的分佈在線段上表示為：線段AB長度為20，表示前兩組的向下累積頻數；AD表示前三組的累積頻數50；線段BD長度為30，表示組800～1,000的頻數。AE的中點即C點，是中位數位置。可以推斷BC長度為20人，C點在線段BC三分之二處。B、D點上的箭頭高度表示該組的下限值800和上限值1,000。中間位置C所對應的標誌值就是中位數M_e，即從C點垂直向上引出線段與FG相交的點就是中位數M_e。中位數的大小就是線段CM_e的高度。$CM_e = CH + HM_e =$ $800 + HM_e$。

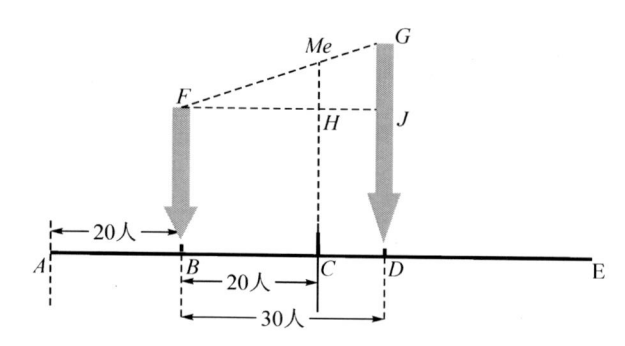

圖 3-6　組距式數列中位數幾何圖

$\because \Delta FHM_e \sim \Delta FJG$

$\therefore \dfrac{FH}{FJ} = \dfrac{HM_e}{JG}$

$\dfrac{20}{30} = \dfrac{HM_e}{200}$

$HM_e = 200 \times \dfrac{20}{30} = 133.3$

$CM_e = 933.3$（元/人）

將上例的計算過程推導出一般性的式子

$$M_e = L + \dfrac{\dfrac{\sum f}{2} - S_{m-1}}{f_m} \cdot d \qquad (3\text{-}7)$$

其中，M_e為中位數，L為中位數所在組的下組限，f_m為中位數所在組的頻數，

# 3 數據的概括性度量

S_{m-1}為中位數所在組以前的累積頻數，d為中位數所在組的組距。

3.3.6 分位數

中位數是從中間點將全部數據等分為兩部分。與中位數類似的還有四分位數、十分位數、百分位數等。它們分別是用3個點、9個點和99個點將數據等分為4個部分、10個部分和100個部分。而分位數指的就是這些點上的值。分位數的計算與中位數的計算類似。

四分位數是通過三個點將全部數據平均分成四個部分，每個部分包含25%的數據。處在25%位置上的數值成為下四分位數，處在50%位置上的數值是中位數，處在75%位置上的數值是上四分位數。

3.3.7 各類平均指標的關係

1. 算術平均數、調和平均數和幾何平均數之間的關係

算術平均數、調和平均數和幾何平均數都是數值平均數，都是利用所有的數據信息計算出來，都受極端值的影響。極端值對算術平均數的影響最大，對幾何平均數的影響次之，對調和平均數的影響最小。

利用同一種資料計算的三種平均數之間的關係為：算術平均數>幾何平均數>調和平均數。在實際應用中，採用何種平均數取決於現象的客觀性質和研究目的。也就是說，適用算術平均數計算的，就不能用調和平均數或幾何平均數，反之亦然。

算術平均數和調和平均數適用於靜態的總量指標、相對指標和平均指標，幾何平均數則主要用於計算時間上相互銜接的比率或速度的平均數。

2. 算術平均數、眾數、中位數的特點和應用場合

眾數是位置平均數，它的計算利用部分數據信息，是一組數據分佈的峰值，代表的是多數水準，不受極端值的影響。所有類型的數據都能計算眾數，主要適合作為分類數據的集中趨勢測度。眾數不具有唯一性，一組數據可能有一個眾數，也可能有兩個或多個眾數，也可以沒有眾數。眾數只有在數據量較多時才有意義，當數據量較少時，不宜適用眾數。

中位數是位置平均數，它的計算利用部分數據信息，是一組數據中間位置上的代表值，代表的是中間水準，不受極端值的影響。只有順序尺度和數值型數據可以計算中位數，主要適合作為順序數據的集中趨勢測度。中位數具有唯一性，如果有，則只有一個。當一組數據分佈偏斜程度較大時，適用中位數也許是一個不錯的選擇。

算術平均數是數值平均數，它的計算利用所有的數據信息，代表平均水準，受極端值的影響。只有數值型數據可以計算算術平均數，它是實際中應用最廣泛的集中趨勢測度值。由於受極值影響，對於偏態分佈的數據，算術平均數的代表性較差，當數據呈對稱分佈或接近對稱分佈時，其代表性較好。

3. 算術平均數、眾數、中位數之間的關係

算術平均數、中位數和眾數之間存在一定關係，這種關係取決於總體頻數分佈的狀況，相同數據計算的算術平均數、中位數和眾數之間的關係如下：①當總體分佈呈對稱狀態時，三者相等，即 $\bar{x}=M_e=M_o$。②當總體呈右偏時，則 $\bar{x}>M_e>M_o$。右偏分佈說明存在極大值，必然拉動算術平均數向極端值一方靠，而眾數和中位數不受極端值影響，所以，平均數最大。③當總體呈左偏時，則 $\bar{x}<M_e<M_o$。左偏分佈說明存在極小值，必然拉動算術平均數向極小值一方靠，所以，平均數最小。根據英國統計學家皮爾遜（Karl Person）的經驗，當分佈只是適當偏態時，三者之間數量關係為：$|\bar{x}-M_o|=3|\bar{x}-M_e|$。所以，如果 $\bar{x}-M_o>0$，則說明分佈右偏，如果 $\bar{x}-M_o<0$，則說明分佈左偏，如果 $\bar{x}-M_o=0$，則說明分佈對稱（見圖3-7）。

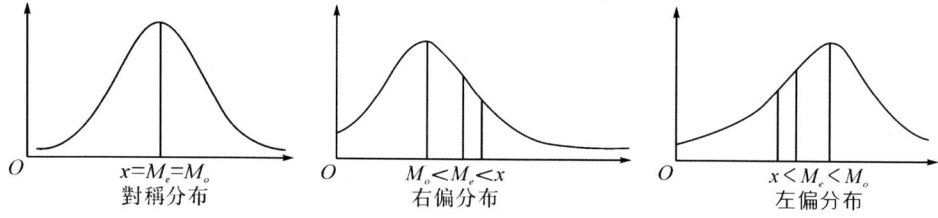

圖3-7 不同分佈的眾數、中位數和算術平均數

均值訪談

本次話題：平均數的各種形式

主持人：您好，平均數，很高興邀請你來參加節目。

均值：拜託，叫我均值。

主持人：均值？可我想你是平均數。我們搞錯來賓名單了嗎？

均值：完全沒有。要知道，統計中的平均數不止一種，我是其中一種，叫作均值。

主持人：平均數不止一種？聽起來有點兒複雜。

均值：其實不複雜，用習慣就好了。你看，我們都表示一批數字的典型值，但對於這個典型值是多少，我們各有各的看法。

主持人：那麼你們當中誰是真正的平均數呢？我說的是把所有數字加起來，然後除以數字個數所得到的那個？

均值：是我。不過請別叫我「真正」的平均數，其他兄弟可能會生氣。真實情況是，我的計算方法和學生們在基本算術中首次接觸平均數時用的計算方法相同。只有在統計學中，我才叫均值，以便和其他類型的平均數區別開來。

主持人：那麼你有其他名字嗎？

均值：說起來我確實有一個符號：μ。幾乎所有的搖滾歌星都有別名，我也有。

3 數據的概括性度量

這是個希臘名字,這讓我頗具異國情調。

主持人:那麼為什麼需要別的平均數呢?

均值:我討厭承認這一點:我有缺點。當我處理存在異常值的數據時,就會變得沒頭沒腦。沒有異常值的時候,我表現很好,但只要看到異常值,我就會失魂落魄地跟著這些異常值走。這會帶來不少問題。有時候我會遠遠偏離大部分數值所在的位置。這時就該請中位數出面了。

主持人:中位數?

均值:碰到異常值的時候,他真是太冷靜了。無論你砸給他什麼數據,他總是能端端正正地站在中間。

主持人:你們二位有數值相等的時候嗎?

均值:如果數值是對稱的,我們就會數值相同,否則我們往往不相同。一般規律是,如果存在異常值,那麼我往往朝著異常值移動,而中位數則待在原來的地方不動。

主持人:時間快到了,最後一個問題:會不會有這樣的情況,用你和中位數表示典型值都會出現問題?

均值:恐怕有這種情況。有時候我們需要稍微借助另一種類型的平均數。他露面不是太多,但認識認識他很有用,他就是眾數。

● 3.4 離散程度的測度———變異指標

平均指標反應現象向中心值聚集的程度,反應現象的一般水準,掩蓋了數據間的差異性。通過它只能看出被研究現象的共性,看不出差異性。要全面描述數據的分佈特徵,除了要對數據集中趨勢度量外,還要對數據的差異程度進行度量。

數據的差異程度就是各變量值遠離中心值的程度,也稱為離中程度或離散程度。變異指標就是對數據離散程度所做的描述。

平均指標和變異指標是一對相互聯繫的對應指標,從不同側面反應數據的特徵。平均指標的代表性取決於數據的離散水準。離散水準越大,平均指標對數據的代表性就越低,反之,變異指標值越小,數據分佈的離散度越低,平均指標的代表性越高。變異指標還是衡量社會經濟活動的穩定性、均衡程度以及風險程度的重要指標。

描述數據離散程度的測度值,根據所依據的數據類型不同,主要有異眾比率、四分位差、極差、平均差、方差和標準差、離散系數以及標準化值。

3.4.1 異眾比率

非眾數組的頻數占總頻數的比率稱為異眾比率,用 V_r 表示。計算公式為:

$$V_r = \frac{\sum f - f_m}{\sum f} = 1 - \frac{f_m}{\sum f}$$，f_m 為眾數組隊頻數，$\sum f$ 為總頻數。

異眾比率的作用是衡量眾數對一組數據的代表程度。異眾比率越大，說明非眾數組占總數據的比重越大，眾數的代表性越差；反之，異眾比率越小，眾數的代表性就越好。

【例子3-10】為研究廣告市場的狀況，一家廣告公司在某城市隨機抽取200人就城市居民比較關心的哪一類廣告進行了郵寄問卷調查。調查數據經分類整理形成頻數分佈表如表3-12所示。

表 3-12　　　　　　　　廣告類型頻數分佈表

廣告類型	人數（人）	頻率（%）
商品廣告	224	56
服務廣告	102	25.5
金融廣告	18	4.5
房地產廣告	32	8
招生招聘廣告	20	5
其他廣告	4	1
合計	400	100

資料表明，在所調查的400人中，關注商品廣告的人數最多，眾數為224人，關注非商品廣告的人數占100%-56%=44%，異眾比率比較大。因此，用「商品廣告」來反應城市居民對廣告關注的一般趨勢，其代表性不是很好。

此外，利用異眾比率還可以對不同總體或樣本的離散程度進行比較。假定我們在另一個城市對同一問題抽查了600人，關注商品廣告的人數為372人，則異眾比率為38%。通過比較可知，本次調查的異眾比率小於上一次調查，因此，用「商品廣告」作為該城市居民關注廣告的代表值比上一個城市要好些。

3.4.2　四分位差和極差

1. 四分位差

上四分位數與下四分位數之差稱為四分位差，亦稱內距，用 Q_d 表示。四分位差的公式：

$$Q_d = Q_U - Q_L \tag{3-8}$$

四分位差反應了中間50%數據的離散程度。Q_d 數值越小，說明中間的數據越集中，數據越大，說明中間的數據越分散。由於中位數處於數據的中間位置，因此，四分位差點大小在一定程度上也說明了中位數對一組數據的代表程度。四分位差不

受極端值的影響。

2. 極差

極差又稱全距，是一組數據的最大值與最小值之差，用 R 表示。計算公式為：
$$R = \max(x_1, x_2, \cdots x_n) - \min(x_1, x_2, \cdots x_n) \tag{3-9}$$

極差是根據一組數據的兩個極值表示的，所以極差表明了一組數據數值的變動範圍。R 越大，表明數據變動的範圍越大，即數列中各變量值差異大；反之，R 越小，表明數據變動的範圍越小，即數列中各變量值差異小。

極差是描述離散程度最簡單的度量值，計算簡單、直觀，只利用了兩段的數據，數值大小容易受極端值的影響。極差不反應中間變量值的差異，因此不能準確描述數據的分散程度。

3.4.3 方差和標準差

方差是各變量值與其算術平均數離差平方的算術平均數。標準差是方差的平方根。

從定義可知，方差利用了全部的數據信息，將每個數據點與中心值的距離加總後得到總距離，再求平均數，反應了數據與中心值的平均差異程度。方差是實際中應用最廣的離散程度測度指標。

總體方差的計算公式為：
$$\sigma^2 = \frac{1}{N} \sum_{i=1}^{N} (x_i - \bar{x})^2 \tag{3-10}$$

圖 3-8 為總體方差公式的幾何展開圖。

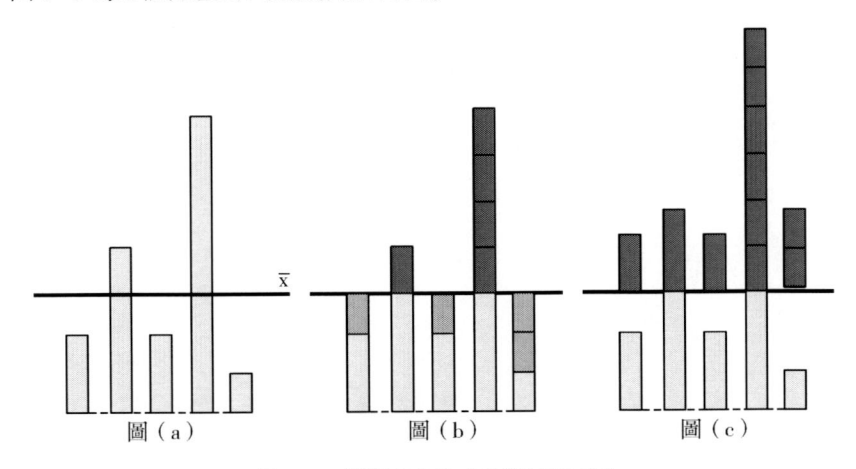

圖 3-8 總體方差公式的幾何展示圖

我們通過圖 3-8 對總體方差計算公式的幾何意義進行解釋：圖（a）五個柱體表示數據的五個變量值，柱體越高，則取值越大。其算術平均數在黑色實線處。各

個變量值與平均數的離差如圖（b）中綠色和紅色柱體表示，也就是式子（3-10）中的 $(x_i - \bar{x})$ 部分。綠色柱體表示離差為負數，紅色柱體表示離差為正值。數據離中心的偏離程度通過距離來測度，距離越大說明偏離度越高，距離小偏離度小。距離都是正數，為了使正負離差不相互抵消，通過對離差進行平方消去負號。這樣，就得到了圖（c）的紅色柱體，即式子（3-10）中的 $(x_i - \bar{x})^2$ 部分。數據離中心值的總距離 $\sum_{i=1}^{N} (x_i - \bar{x})^2$ 就是所有紅色柱體加總。對總距離求算術平均，就得到了方差。從圖3-7可知，方差的幾何意義指的是平均距離，它度量數據離中心值有多遠。當中心值一定時，方差數值越大，說明距離越遠，數據離散性越大。

1. 未分組數據總體方差的計算

【例子3-11】五種新型車的最高車速為100、125、115、175、120，單位：千米/小時。求車速的方差和標準差。

$$\bar{x} = \frac{1}{5} \sum x_i = \frac{1}{5}(100 + 125 + 115 + 175 + 120) = 127（千米/小時）$$

$$\sigma^2 = \frac{1}{N} \sum_{i=1}^{N} (x_i - \bar{x})^2 = \frac{1}{5} \sum_{i=1}^{5} (x_i - 127)^2$$

$$\sigma^2 = \frac{1}{N} \sum_{i=1}^{N} (x_i - \bar{x})^2$$

$$= \frac{1}{5} \sum_{i=1}^{5} (x_i - 127)^2$$

$$= \frac{1}{5}[(100 - 127)^2 + \cdots + (120 - 127)^2]$$

$$= 646(千米/小時)^2$$

$$\sigma = \sqrt{\sigma^2} = \sqrt{646} \approx 25.4(千米/小時)$$

2. 分組數據總體方差的計算

【例子3-12】某班成績頻數分佈表如表3-13，求成績的方差和標準差。

表3-13　　　　　　　　　　班級成績頻數分佈表

成績（分）	組中值 x	頻數 f	離差 $x - \bar{x}$	離差平方 $(x - \bar{x})^2$	離差平方乘頻數 $(x - \bar{x})^2 \cdot f$
60以下	55	2	-19.4	376.36	752.72
60~70	65	15	-9.4	88.36	1,325.4
70~80	75	19	0.6	0.36	6.84
80~90	85	12	10.6	112.36	1,348.32
90~100	95	2	20.6	424.36	848.72
合計	——	50	——	——	4,282

3 數據的概括性度量

第一步：計算組中值 x，見表 3-13。

第二步：計算平均數 $\bar{x}$。$\bar{x} = \dfrac{\sum x \cdot f}{\sum f} = \dfrac{3,720}{50} = 74.4(分)$

第三步：使用公式（4-11）計算總體方差

$$\sigma^2 = \dfrac{\sum (x - \bar{x})^2 \cdot f}{\sum f} \tag{4-11}$$

分數的總體方差 $\sigma^2 = 85.64(分^2)$

分數的總體標準差 $\sigma = 9.25(分)$

3. 樣本方差和樣本標準差的計算

樣本方差、標準差與總體方差、標準差在計算上的差別是，總體方差和標準差在對各個離差平方和平均時是除以數據個數 N 或總頻數 $\sum f$，而樣本方差或標準差在對各個離差平方和平均時是除以數據個數減 1 即 $N-1$ 或總頻數減 1，即 $\sum f - 1$。

未分組數據的樣本方差和標準差的公式為

$$S^2 = \dfrac{1}{N-1} \sum_{i=1}^{N} (x_i - \bar{x})^2 \tag{3-12}$$

$$S = \sqrt{\dfrac{1}{N-1} \sum_{i=1}^{N} (x_i - \bar{x})^2} \tag{3-13}$$

分組數據的樣本方差和標準差的公式為

$$S^2 = \dfrac{\sum (x - \bar{x})^2 \cdot f}{\sum f - 1} \tag{3-14}$$

$$S = \sqrt{\dfrac{\sum (x - \bar{x})^2 \cdot f}{\sum f - 1}} \tag{3-15}$$

我們用表 3-11 的數據計算樣本方差和標準差，結果如下：

$S^2 = \dfrac{4,282}{49} = 87.39(分^2)$，$S = \sqrt{87.39} = 9.34(分)$

當 n 很大時，樣本方差 S^2 與總體方差 σ^2 的計算結果相差很小，這時樣本方差也可以用總體方差的公式來計算。

為什麼樣本方差是用自由度 $n-1$ 去除呢？自由度指一組數據中可以自由取值的個數。當樣本數據的個數為 n 時，若樣本均值 $\bar{x}$ 確定後，只有 $n-1$ 個數據可以自由取值，其中必有一個數據不能自由取值。例如，假定樣本有 3 個數值 x_1，x_2，x_3，當 $\bar{x} = 5$ 確定後，當中只有兩個數據可以自由取值，而另外那個數據受制於均值的確定而不能自由取值。比如，$x_1 = 5$，$x_2 = 7$，那麼 x_3 必然取 3，而不能取其他值。從實

際應用的角度看，在抽樣估計中，當我們用樣本方差 S^2 去估計總體方差 σ^2 時，它是 σ^2 的無偏估計量。

4. 標準化值

對於來自不同均值和標準差的總體的個體數據，往往不能直接對比，需要將其轉化為同一規格、尺度的數據後再比較。這種轉換的方法常常是將數據進行標準化，其計算過程如下：

$$標準化值\ x_i^* = \frac{x_i - \bar{x}}{\sigma} \tag{3-16}$$

式中，x_i^*，x_i 分別為標準化後的變量值和原始數據的變量值。標準化後得到的新數列均值為 0，標準差為 1。標準化後不改變原變量值的相對位序，將各個個體數據轉換為在總體中的相對位置。

例如，一組數據為 25、28、31、34、37、40、43，其平均數為 34，標準差為 6。其標準分數變換圖如圖 3-9 所示。

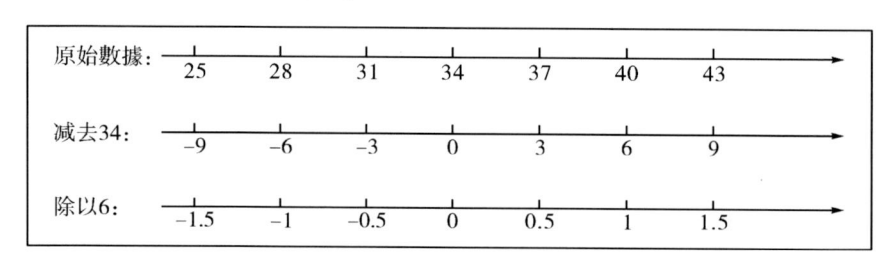

圖 3-9 標準化變換圖

3.4.4 離散系數

方差和標準差是反應數據離散程度的絕對值，其數值大小一方面與平均數的大小有關，變量值絕對水準高，離散程度的測度值自然就大，絕對水準低的離散程度的測度值自然就小；另一方面，採用不同計量單位的變量值，其離散程度的測度值也就不同，比如，同一現象，採用「厘米」計算的標準差值和採用「米」計算的標準差值是不同的，如果直接比較，則會得出離散度不同的結論，是錯誤的。因此，對於平均水準不同、計量單位不同的變量值，是不能用標準差直接來比較離散程度的。為消除變量值水準高低和計量單位不同對離散程度測度值的影響，應先對測度值做無量綱化處理，此時需要計算離散系數 V。

離散系數也稱變異系數，它是一組數據的標準差與其平均數之比。其計算公式為：

$$V = \frac{\sigma}{\mu} \tag{3-17}$$

離散系數是測度數據離散度的相對指標，從式子（3-17）可以看出，離散系數

是一個無名數即沒有量綱，表示每單位均值上的標準差大小，它的主要作用是對不同數據整體的變異程度進行直接比較。某組數據的離散系數數值越大，說明該組數據的分佈越離散，中心值的代表性越差；某組數據的離散系數數值越小，說明該組數據的分佈穩定，中心值的代表性越強。

【例子3-13】對10名成年人和10名幼兒的身高進行調查，結果如下：（單位：厘米），比較分析哪一個組的身高差異大。

成年： 166 169 172 177 180 170 172 174 168 173
幼兒： 68 69 68 70 71 73 72 73 74 75

對於平均水準不同或計量單位不同的兩組數據，要比較它們的離散性，採用離散系數指標，因為離散系數將數據無量綱化處理，表示每單位均值上的標準差大小，可以直接對比。

通過計算可知，

$\bar{x}_{成年}$ = 172.1 厘米，$\bar{x}_{幼兒}$ = 71.3 厘米

$\sigma_{成年}$ = 3.986 厘米，$\sigma_{幼兒}$ = 2.368 厘米

根據離散系數公式計算可得，

$V_{成年} = \dfrac{\sigma_{成年}}{\bar{x}_{成年}} = 0.023$，$V_{幼兒} = \dfrac{\sigma_{幼兒}}{\bar{x}_{幼兒}} = 0.033$

因此

$V_{幼兒} > V_{成年}$

幼兒組的身高差異大些。

上述測度離散程度的指標，適用於不同的數據類型。對於分類數據，主要用異眾比率來測度其離散程度；對於順序數據，雖然也可以計算異眾比率，但主要用四分位差來測度離散程度；對於數值型數據，主要用方差或標準差來測度離散程度。當需要對不同數據組的離散程度進行比較時，則用離散系數指標；當需要比較來自不同總體或樣本的單個數據時，可以進行標準變換，再比較。

3.5 偏態和峰度的測度

集中趨勢和離散程度是數據分佈的兩個重要特徵，但要全面瞭解數據分佈的特點，還需要知道數據分佈的形狀是否對稱、偏斜的程度以及分佈的扁平程度等。偏態和峰度就是對分佈形狀的測度。

3.5.1 偏態及其測度

偏態是對分佈偏斜方向及程度的度量。頻數分佈如果不對稱，即為偏態的。在

偏態分佈中，有左偏和右偏兩種類型。本章中提到過，利用眾數、中位數和算術平均數之間的關係可以大體判斷數據分佈是左偏還是右偏。當然，判別偏態的方向並不困難，但要度量分佈偏斜的程度，就需要計算偏態系數。

偏態系數的計算公式為：

$$SK = \frac{\sum (x - \bar{x})^3 \cdot f}{\sigma^3 \sum f} \qquad (3\text{-}18)$$

從式子（3-18）可以看到，偏態系數等於離差三次方的平均數除以標準差的三次方。當分佈對稱時，離差三次方後，正負離差可以相互抵消，分子結果為0，則$SK=0$；當分佈不對稱時，離差三次方後，正負離差不能相互抵消，就形成正的或負的偏態系數。$SK>0$說明為右偏分佈，$SK<0$說明為左偏分佈，如圖3-10所示。如果偏態系數大於1或小於-1，稱為高偏態分佈，如果偏態系數在0.5~1或-1~-0.5，則認為是中等偏態分佈。

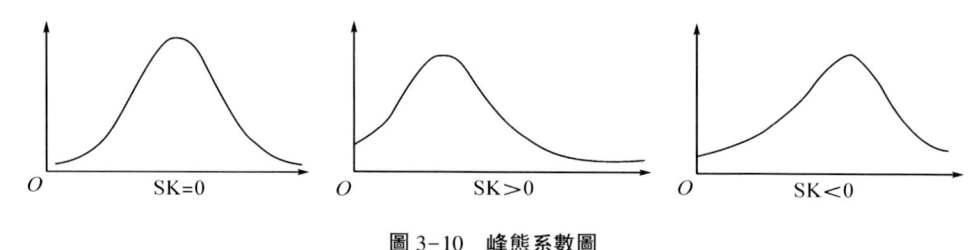

圖 3-10　峰態系數圖

3.5.2　峰度及其測度

峰度是指數據分佈的集中程度或分佈曲線的尖峭程度。對數據峰度的度量值叫峰度系數，記作K。計算公式為：

$$K = \frac{\sum (x_i - \bar{x})^4 \cdot f}{\sigma^4 \sum f} - 3 \qquad (3\text{-}19)$$

峰態通常是與標準整體分佈相比較而言的。如果一組數據服從標準正態分佈，則峰度系數$K=0$。當$K>0$時，表示分佈的形狀比標準正態分佈更瘦更高，意味著分佈比正態分佈更集中在平均數的周圍，這樣的分佈稱為尖峰分佈，如圖3-11（a）。當$K<0$，表示分佈的形狀看起來比標準正態分佈更矮更胖，意味著分佈更分散，如圖3-11（b）。

3 數據的概括性度量

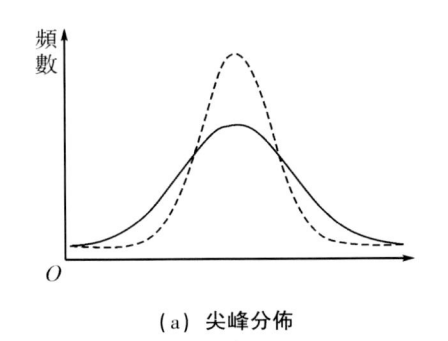

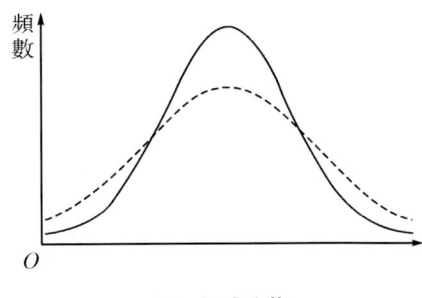

(a) 尖峰分佈 (b) 平峰分佈

圖 3-11 尖峰分佈與平峰分佈示意圖

標準差訪談

本次話題：度量標準差

主持人：嗨，標準差，見到你太好了。

標準差：您好，主持人。

主持人：首先，你能不能多給我們談談你自己和你的工作？

標準差：我無非就是度量數據的分散性。均值很擅長讓別人知道數據中心的情況，但這往往不夠。有時候均值需要有人幫忙給出更完整的情況，我就是為此而來的。均值體現了平均數，而我體現了數值的變異度。

主持人：恕我冒昧，我干嗎要管數據變異？這很重要嗎？我肯定，只要知道一批數據的平均數就夠了。

標準差：我來舉個例子吧。話說你從本地餐廳訂了一份快餐，當東西送到時，你發現食物一半燒焦一半全生，這時你感受如何？

主持人：我會覺得不開心，覺得餓，還打算投訴那家餐廳。

標準差：可能，在均值看來，你的食物是以最合適的溫度烹飪的——均值顯然沒有體現事情的全部真相。你真正需要知道的是變異，我就是為此而來的。我會根據均值體現的典型值，指出你該期望各個數值相對於典型值如何變化。

主持人：我想我明白了。均值給出了平均數，而你給出了分散程度。可你是怎麼辦到的呢？

標準差：這很簡單。我不過是指出數據與均值的距離——平均而言。假定有一批數據的標準差為 3 厘米，你可以當作這是在說，平均而言，這些數據與均值的距離是 3 厘米。其實標準差不止包含這些信息，不過，只要順著這個思路去思考，你就找對方向了。

主持人：說到你的數字，標準差，你是大一點好還是小一點好呢？

標準差：哦，這完全取決於你要用我做什麼。如果你正在生產機器零件，你會

61

希望我小一點好，這樣能盡可能確保所有的零件都一致；如果你正在研究一家大公司的工資，那麼我自然會比較大。

主持人：我明白了。告訴我，你和方差有什麼關係呢？

標準差：問得真好笑。方差就是另一個我——把我平方一下，我就變成方差；取方差的平方根，我就又回來了。我們兩個就像克拉克和超人，只是少了件披風而已。

主持人：再問一個問題：你有沒有在均值身邊自慚形穢的時候？畢竟他受到的關注比你多多了。

標準差：當然沒有，我們是鐵哥們，我們相互支持。再說，要是自慚形穢的話，會讓我顯得負面，我可從來不會是負的。

主持人：感謝你的參與，標準差。

標準差：很樂意效勞。

習題

一、選擇題

1. 下列指標屬於總量指標的是（　　）
   - A. 人均糧食產量
   - B. 國內生產總值
   - C. 產品合格率
   - D. 男女生比率

2. 下列指標屬於時期指標的是（　　）
   - A. 商品庫存額
   - B. 職工人數
   - C. 出生人口數
   - D. 商品銷售額

3. 下列指標中屬於時點指標的是（　　）
   - A. 死亡人口數
   - B. 人均利稅額
   - C. 商店總數
   - D. 國內生產總值

4. 某地區 2013 年年末居民儲蓄存款餘額已達到 280 億元，這個指標屬於（　　）
   - A. 時點指標
   - B. 平均指標
   - C. 相對指標
   - D. 時期指標

5. 一組數據是 23，27，20，18，12，x，它的中位數是 21，則數據 x 是（　　）
   - A. 23
   - B. 21
   - C. 不小於 23 的數
   - D. 以上都不是

6. 對於數據 3、3、2、6、3、10、3、6、3、2。(1) 眾數是 3；(2) 眾數與中位

3 數據的概括性度量

數的數值不等；(3) 中位數與平均數的數值相等；(4) 平均數與眾數相等，其中正確的結論是（ ）

　　A. (1)　　　　　　　　　　B. (1)(3)
　　C. (2)　　　　　　　　　　D. (2)(4)

7. 某班統計學成績平均 70 分，最高 96 分，最低 62 分，可計算的離散程度指標是（ ）

　　A. 方差　　　　　　　　　　B. 極差
　　C. 標準差　　　　　　　　　D. 變異係數

8. 甲乙兩人進行射擊比賽，他們在相同條件下各射擊 10 次，平均成績均為 7 環，10 次射擊成績的方差分別是：$S_甲^2 = 3$，$S_乙^2 = 1.2$。成績較為穩定的是（ ）。

　　A. 甲　　　　　　　　　　　B. 乙
　　C. 一樣穩定　　　　　　　　D. 不能確定

9. 已知一組數據 x_1、x_2、x_3、x_4、x_5 的平均數是 2，方差是 1，那麼另一組數據：$10x_1 - 2$、$10x_2 - 2$、$10x_3 - 2$、$10x_4 - 2$、$10x_5 - 2$ 的平均數和方差分別是（ ）

　　A. 2、1　　　　　　　　　　B. 18、1
　　C. 2、100　　　　　　　　　D. 18、100

10. 在某公司進行的計算機水準測試中，新員工的平均得分是 80 分，標準差是 5 分，中位數是 86 分，則新員工得分的分佈形狀是（ ）

　　A. 對稱的　　　　　　　　　B. 右偏的
　　C. 左偏的　　　　　　　　　D. 無法確定

二、計算題

1. 在某地區抽取 120 家企業，按利潤額進行分組，結果如下：

按利潤額分組（萬元）	企業數（個）
200～300	19
300～400	30
400～500	42
500～600	18
600 以上	11
合計	120

求：(1) 計算 120 家企業利潤的平均數；(2) 計算 120 家企業利潤的中位數；(3) 計算 120 家企業利潤的眾數；(4) 說明數據的分佈特徵。

2. 某企業 360 名工人生產某種產品的資料如下：

按日產量分組（件）	工人數	
	7月份	8月份
20 以下	30	18
20~30	78	30
30~40	108	72
40~50	90	120
50~60	42	90
60 以上	12	30
合計	360	360

試分別計算 7、8 月份平均每人日產量，並簡要說明 8 月份比 7 月份平均每人日產量變化的原因。

3. 某地區 2012—2013 年生產總值資料如下表所示：

單位：億元

	2012 年	2013 年
生產總值	36,405	44,470
其中：第一產業	8,157	8,679
第二產業	13,801	17,472
第三產業	14,447	18,319

根據上述資料：（1）計算 2012 年和 2013 年第一產業、第二產業、第三產業的結構相對指標和比例相對指標；（2）計算該地區生產總值、第一產業、第二產業、第三產業增加值的動態相對指標及增長百分數。

4. 對 10 明成年人和 10 名幼兒的身高進行抽樣調查，結果如下：

單位：厘米

成年組	166	169	172	177	180	170	172	174	168	173
幼兒組	68	69	68	70	71	73	72	73	74	75

要求：（1）如果比較成年組和幼兒組的身高差異，你會採用什麼樣的指標？為什麼？（2）比較分析哪一組的身高差異大？

4 抽樣推斷與分佈

學習目標

1. 理解抽樣推斷的特點和作用。
2. 掌握概率抽樣的種類,掌握簡單隨機抽樣、系統抽樣、分層抽樣、整群抽樣的含義、特點和使用場合;會辨別各類概率抽樣方法。
3. 掌握三種抽樣分佈,樣本均值的抽樣分佈、樣本方差的抽樣分佈以及樣本方差比的抽樣分佈。
4. 能夠根據實際情況辨別和運用不同的抽樣分佈。
5. 理解抽樣誤差的含義。
6. 理解抽樣平均誤差和抽樣極限誤差。
7. 會計算抽樣平均誤差和抽樣極限誤差。

統計研究的目的是分析和說明某一現象總體的數量特徵。如果能夠掌握總體的全部數據,就可以直接計算總體的均值、方差等指標來描述總體特徵。但是現實情況比較複雜,有些現象的範圍比較廣,不可能對總體的每個單位都進行測定。或者有些總體的個數很多,不可能也沒有必要進行一一測定,而只能按照隨機原則,以一定概率從總體中抽取一定容量的單位作為樣本進行調查,根據樣本統計量對總體參數做出具有一定可靠程度的估計與推斷。這一過程就是抽樣推斷或者抽樣調查。

4.1 抽樣推斷的概述

抽樣推斷是一種非全面調查，是按照隨機原則，從總體中抽取一部分單位進行調查，並運用數理統計的原理，以被抽取的那部分單位的數量特徵為代表，對總體做出數量上的推斷分析。

4.1.1 抽樣推斷的特點

（1）抽樣推斷的目的是由部分來推斷整體。

通過抽樣推斷，取得部分單位的完整資料，據以計算抽樣的綜合指標，然後對總體的規模、水準、結構等指標做出估計。抽樣調查能夠節約人力、費用和時間，且比較靈活。

（2）遵循隨機原則抽取樣本。

抽樣推斷的調查單位不受調查者的主觀意志的影響，也就是說，從總體中抽取部分單位時，必須非常客觀，毫無偏見，嚴格按照隨機原則抽取，最大限度地保證樣本與總體有相同的分佈與結構。否則，如果代入個人主觀意圖，挑中的那部分單位的標誌值可能偏高或偏低，失去對總體數量特徵的代表性。

（3）抽樣推斷會產生抽樣誤差，抽樣誤差可以計算，並且可以加以控制。

抽樣推斷必然會產生誤差，這是由抽樣方法本身所決定的。在非全面調查方式中，典型調查固然也有可能用它所取得的部分單位的數量特徵去推算全體的數量特徵，但這種推算誤差的範圍和保證程度，是無法事先計算並加以控制的。而抽樣推斷則是對一部分單位的統計調查，在實際觀察標誌值的基礎上，去推斷總體的綜合數量特徵。例如，根據百分之幾的農作物收穫面積的實際產量來推算全縣、全省仍至全國的產量。這種推算的抽樣誤差範圍可以事先加以計算並控制，以保證抽樣推斷的結果達到一定的可靠程度。

抽樣推斷是必不可少的調查方法，但抽樣調查也有它的弱點。例如，它只能提供說明整個總體情況的統計資料，而不能提供說明各級狀況的詳細的統計資料，這就難以滿足各級領導和管理部門的要求。抽樣推斷和全面調查是不能相互替代的。

4.1.2 抽樣推斷的作用

抽樣推斷的特點使它成為統計調查方法的主體，有廣泛的應用範圍，在社會經濟領域和自然科學領域中發揮著多方面的作用。

（1）對有些無法進行全面調查的現象採用抽樣推斷的方法。例如，對無限總體不能採用全面調查，有些產品的質量檢查具有破壞性，也不能進行全面調查。如輪

4 抽樣推斷與分佈

胎的里程試驗、燈泡的壽命檢查、罐頭的防腐期限檢測、棉紗的強力試驗、青磚的抗壓程度測試等。

（2）對有些理論上可以進行全面調查但實際上沒有必要或很難辦到的現象進行抽樣推斷。例如，要瞭解全國城鄉居民的家庭生活狀況，從理論上講可以挨家挨戶進行全面調查，但是調查範圍太大，調查單位太多，實際上很難辦到，也沒有必要。再比如，要瞭解一個面積為 2,000 平方千米的森林有多少棵樹，從理論上講，可以一顆一顆地數，但是實際上沒有必要，可以隨機抽取其中的部分面積，比方說對 10 平方千米的森林進行調查，計算每平方千米有多少棵樹，再推斷整個林區有多少棵樹。類似情況有很多，水庫的魚苗數、民意測驗等。採用抽樣推斷的方法可以起到事半功倍的效果。

（3）抽樣推斷的結果可以對全面調查的結果進行檢查和修正。全面調查涉及面廣，工作量大，參加人員多，調查結果容易出現差錯。因此，在全面調查之後進行抽樣復查，根據復查結果計算差錯率，並以此為依據檢查和修正全面調查結果，從而提高全面調查的質量。

（4）抽樣推斷可以用於工業生產過程的質量控制。在工業產品成批大量連續生產過程中，利用抽樣推斷可以檢查生產過程是否正常，是否存在某些系統性的偏差，及時提供有關信息，分析可能的原因，進行質量控制，保證生產質量的穩定。

（5）抽樣推斷可以用於對總體的某種假設進行檢驗，以判斷這種假設的真偽，決定行動的取捨。例如，新教學法的採用、新工藝技術的改革以及新醫療方法的使用等是否收到明顯的效果，需對未知的或不完全的總體做出一些假設，然後利用抽樣推斷的方法，根據實驗材料對所做的假設進行檢驗，做出判斷。

4.2 抽樣方法

樣本是按照一定的抽樣規則從總體中抽取的一部分單位的集合。根據抽取的原則不同，抽樣方法有概率抽樣和非概率抽樣兩種。

4.2.1 簡單隨機抽樣

簡單隨機抽樣又稱為純隨機抽樣，它對總體不做任何處理，不進行分類也不搞排隊，而是從總體的全部單位中隨機抽選樣本單位。

簡單隨機抽樣是其他抽樣方法的基礎，因為它在理論上最容易處理，並且總體包含的單位數 N 不太大時實施並不困難。但是當 N 很大時，則需要編製一個包含全部 N 個抽樣單元的抽樣框，這通常很不容易；另外，當 N 很大時所抽到的樣本單位往往很分散，使調查極不方便。因此，在大規模的抽樣調查中很少單獨採用簡單隨

機抽樣。

簡單隨機抽樣的具體方法有如下三種：

（1）抽籤法。先給每個單位編上序號，將號碼寫在紙上，摻和均勻後從中抽選，抽到哪一個單位就調查哪個單位，直到抽夠預先規定的數量為止，這種方法簡單易行，總體單位數目不多時也可以使用。如公司年會的抽獎活動往往採用抽籤法進行。

（2）直接抽選法。從調查對象中直接抽選樣本。如從倉庫中存放的所有同類產品中隨機指定若干箱產品進行質量檢查；從糧倉中不同的地點取出若干糧食樣本進行含雜量、含水量的檢驗等。

（3）隨機號碼表法。首先將總體中所有的單位加以編號，根據編號的位數確定選用隨機數碼表中若干欄數字，其次從任意一欄、任意一行的數字開始數，可以向任何方向數過去，碰上屬於編號範圍內的數字號碼就定下來作為樣本單位。如果不是重複抽樣，則碰上重複的數字時不要它，直到抽夠預定的數量為止。

4.2.2 系統抽樣

在抽樣中先將總體各單位按某種順序排列，並按某種規則確定一個隨機起點，然後，每隔一定的間隔抽取一個單位，直至抽取 n 個單位形成一個樣本。這樣的抽樣方式稱為系統抽樣，或機械抽樣。與其他幾種抽樣方法不同的是，這裡只有初始起點是隨機抽取的，其他樣本單位隨著起點的確定而確定。最簡單的系統抽樣是在取得一個初始單位後，按相同的間隔抽取後續樣本單元，這種系統抽樣稱為等距抽樣，如圖4-1所示。

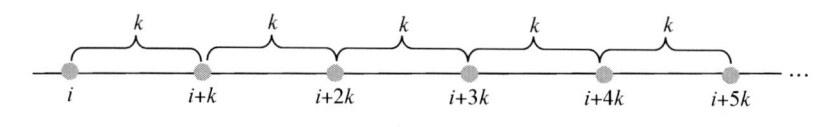

圖4-1 等距抽樣示意圖

系統抽樣具有以下優點：①簡便易行。當樣本量很大時，簡單隨機抽樣要逐個使用隨機數字表抽選也是相當麻煩的，而機械抽樣有了總體的排序，只要確定出抽樣的隨機起點和間隔後，樣本單位也就隨之確定，而且可以利用現有的排列順序，以便於操作。例如，抽選學生時利用學校的花名冊，抽選居民時可以利用居委會的戶口本，抽取企業時可以利用電話黃頁本，等等。因此系統抽樣常用來代替簡單隨機抽樣，在大規模抽樣調查中是一種比較常用的抽樣方法。②機械抽樣的樣本在總體中分佈一般也比較均勻，由此抽樣誤差通常要小於簡單隨機抽樣，如果掌握了總體的有關信息，將總體各單位按有關標誌排列，就可以提高估計的精度。例如，中國農產量調查就是先對一個地區按照過去三年的平均糧食產量從高到低排隊，然後從高產地塊隨機找到一個起點，按照一定的距離由高到低抽取地塊作為樣本。這

4 抽樣推斷與分佈

種方法能夠保證抽出的地塊產量由高到低均勻分佈，因而對總體估計與推斷的代表性較高。

4.2.3 分層抽樣

在抽樣之前將總體的單位劃分為若干層（類），然後按隨機抽樣原則從各個層中抽取一定數量的單位組成一個樣本，這樣的抽樣方式稱為分層抽樣。

在分層或分類時，應使層內各單位的差異盡可能小，而使層與層之間的差異盡可能大。各層的劃分可根據研究者的判斷或研究的需要進行。例如，研究的對象為人時，可按性別、年齡等分層；研究收入的差異時，可按城鎮、農村分層，等等。

分層抽樣是一種常見的抽樣方式。它具有以下幾個優點：①分層抽樣除了可以對總體進行估計外，還可以對各層的子總體進行估計。在總體中若干性質相近的單位的集合稱為子總體。有時抽樣調查不僅需要瞭解總體的相關信息，而且也要瞭解子總體的情況，這時可以按不同的子總體進行分層，然後再抽樣，這樣就可以滿足這方面的要求。②分層抽樣可以按自然區域或行政區域進行分層，使抽樣的組織和實施比較方便。③分層抽樣的樣本分佈在各個層內，從而使樣本在總體中的分佈比較均勻，大大降低了出現極端數值的風險。④如果分層抽樣做得好，可以提高估計的精度。

例如，假定某學院想對今年的畢業生進行一次調查，以便瞭解他們的就業傾向。該學院有5個專業：會計、金融、國貿、市場行銷、酒店管理。今年共有1,500名畢業生，其中會計專業500名，金融專業300名，國貿專業300名，市場行銷專業250名，信息系統專業150名。假定要選取180人作為樣本，各專業按比例應該抽取的人數分別為：會計專業60名，金融專業36名，國貿專業36名，市場行銷專業30名，信息系統專業18名。

分層抽樣實施和組織比較方便，樣本單元分佈比較均勻。當層內單元指標差異較小而層間單元指標差異較大時，採用分層抽樣可以大大提高估計的精度。例如，在居民收入調查中，按收入分佈情況將居民分為最高收入層、高收入層、中等偏上收入層、中等收入層、低收入層、最低收入層實施分層抽樣，估計精度就會比簡單隨機抽樣顯著提高。

4.2.4 整群抽樣

調查時先將總體劃分成若干群，然後再以群作為調查單位從中抽取部分群，進而對抽中的各個群中所包含的所有個體單位進行調查或觀察，這樣的抽樣方式稱為整群抽樣。

整群抽樣時，群的劃分可以是按自然的或行政的區域進行，也可以是人為地組成群。例如，在抽選地區時，可以將一個地區作為一群，然後對該地區全部單位進

69

行調查。想調查某個大學學生的身高，總體單位是每個學生，但抽樣單位可以是由學生組成的班級或系，對選中的班級或系的全部學生作為樣本進行觀察。

整群抽樣的作用如下：

（1）不需要有總體單位的具體名單，而只要有群的名單就可以進行抽樣，而群的名單比較容易得到。在抽樣調查之前必須有一個抽樣框，它是包括所有總體單位的名單或地圖，這樣才能編上號碼，利用隨機數碼表或其他方式抽取所需的樣本。例如，想調查昆明市大學生中近視眼的比例有多大，就需要全市大學生的名單，然後依照順序編號後才能進行抽選。顯然，這是一項繁重的工作。如果我們以大學作為抽樣單位，先抽樣出某一個大學，然後對抽中學校的全部學生進行調查，就要方便得多。

（2）比較方便、節約費用。有時即使具備必要的抽樣框，但由於總體單位很多，分佈很廣，若採用簡單隨機抽樣勢必使樣本的分佈十分分散，調查時所需的人力物力的耗費也比較大；如果整群抽樣時，群內名單比較集中，對樣本調查比較方便，節約費用。在上例中，假如我們具有全市中學生名單，要從數十萬中學生中抽取幾百人或幾千人的調查，其抽樣的過程相當麻煩，抽中的樣本單位可能遍布在全市的各個中學，調查起來也很費時費力。若能抽取幾個中學，對抽中學校的全部學生進行調查，這樣樣本單位比較集中，調查就方便得多，費用也可以大大節省。

當群內各單位存在差異時，整群抽樣可以得到較好的結果，理想的情況是每一群都是整個總體的一個縮影，在這種情況下，抽取很少的群就可以提供有關總體特徵的信息。

整群抽樣也有局限性，由於抽取的樣本比較集中，在一個群內單位之間的差異往往比較小，不同群之間的差異比較大。因此，在抽取相同樣本數的條件下，整群抽樣的抽樣誤差常常大於簡單隨機抽樣，效果也會較差。

圖 4-2 為整群抽樣和分層抽樣示意圖。

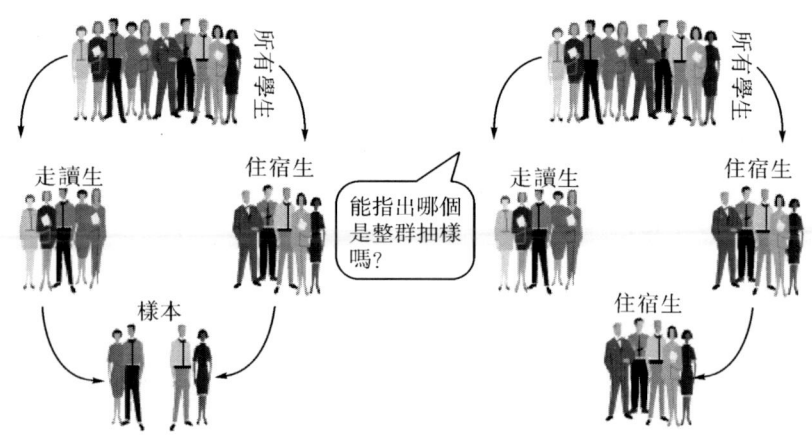

圖 4-2　整群抽樣和分層抽樣示意圖

4　抽樣推斷與分佈

4.3　抽樣分佈

　　近代統計學的創始人之一，英國統計學家費希爾曾把抽樣分佈、參數估計和假設檢驗看作推斷統計的三個中心內容。研究統計量的性質和評價一個統計推斷的優良性，完全取決於其抽樣分佈的性質。所以，抽樣分佈的研究是統計學中的重要內容，只有瞭解統計量的分佈，才能進行參數估計和假設檢驗。

　　假設想估計總體的一個參數，如總體均值 μ，可以用一個樣本統計量進行估計，如，用樣本均值 $\bar{x}$ 或者樣本中位數 m。你認為對於 μ 的估計，哪一個是較好的呢？在回答這個問題之前，先來考慮下面的例子：投一枚均勻的骰子，並且令 X 為投出的點數。假設骰子被投 3 次，產生了樣本觀察值 2，2，6。此樣本的均值是 $\bar{x} = (2 + 2 + 6)/3 = 3.33$。樣本的中位數是 $m = 2$。因為 X 的總體均值是 $\mu = (1 + 2 + 3 + 4 + 5 + 6)/6 = 3.5$，你能夠看到對於這個樣本的 3 個觀察值，樣本均值 $\bar{x}$ 比樣本中位數更接近 μ 的估計。現在假設再投骰子 3 次並且得到樣本觀察值 3，4，6。這個樣本的均值和中位數分別是 $\bar{x} = (3 + 4 + 6)/3 = 4.33$ 和 $m = 4$。在此次中位數 m 更接近 μ。

　　這個例子說明：樣本均值和樣本中位數並不總是落在離總體均值很近的位置，因此，不能僅僅根據一個樣本去比較這兩個樣本統計量以及任意兩個樣本統計量。相反，需要認識到樣本統計量本身是隨機變量，因為不同的樣本會導致樣本統計量取不同的值。作為隨機變量，判斷和比較樣本統計量必須要在其概率分佈的基礎上進行，即在大量重複抽樣試驗的基礎上得到統計量取值的集合以及相應的概率，進而進行判斷和比較。那麼什麼是樣本統計量的抽樣分佈呢？抽樣分佈就是由樣本 n 個觀察值計算的統計量的概率分佈。

　　在實際應用中，統計量的抽樣分佈是通過數學推導或在計算機上利用程序進行模擬而得到的。

4.3.1　樣本均值的抽樣分佈——正態分佈和 t 分佈

　　【例子 4-1】某班組 4 個工人是一個總體（$N = 4$），其月工資分別是：王某，$X_1 = 1,400$ 元；李某，$X_2 = 1,500$ 元；張某，$X_3 = 1,600$ 元；趙某，$X_4 = 1,700$ 元。現用有放回地重複抽樣方法從全部總體中抽選容量大小為 2 的樣本（$n = 2$），要求計算其平均工資，並研究其分佈。

　　總體分佈為均勻分佈，如圖 4-3 所示。

　　總體均值：$\mu = \bar{X} = (1,400 + 1,500 + 1,600 + 1,700)/4 = 1,550(元)$

　　總體方差：$\sigma^2 = \dfrac{1}{N} \sum (X - \bar{X})^2 = 12,500(元^2)$

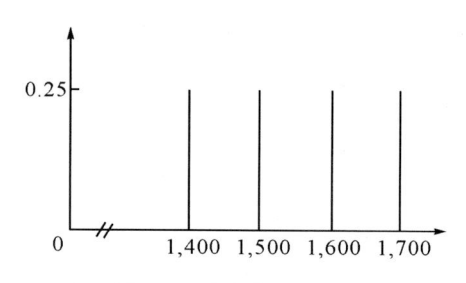

圖 4-3　總體為均勻分佈

若重複抽樣，$n=2$，則共有 P_4^2 個可能樣本，即樣本個數為 16，具體列示如表 4-1 所示。

表 4-1　　　　　　　　　可能的樣本及其均值

序號	樣本元素	樣本均值 $\bar{x}$	序號	樣本元素	樣本均值 $\bar{x}$
1	1,400，1,400	1,400	9	1,600，1,400	1,500
2	1,400，1,500	1,450	10	1,600，1,500	1,550
3	1,400，1,600	1,500	11	1,600，1,600	1,600
4	1,400，1,700	1,550	12	1,600，1,700	1,650
5	1,500，1,400	1,450	13	1,700，1,400	1,550
6	1,500，1,500	1,500	14	1,700，1,500	1,600
7	1,500，1,600	1,550	15	1,700，1,600	1,650
8	1,500，1,700	1,600	16	1,700，1,700	1,700

每個樣本被抽中的概率相同，為 $\frac{1}{16}$。

從表 4-1 可知，樣本均值可能的取值為：1,400、1,450、1,500、1,550、1,600、1,650、1,700。其中數值 1,400 出現的次數為 1 次，1,450 出現了 2 次，1,500 出現了 3 次，1,550 出現了 4 次，1,600 出現了 3 次，1,650 出現了 2 次，1,700 出現了 1 次。將樣本均值進行頻數分配，可得表 4-2，根據表 4-2 畫出其抽樣分佈如圖 4-4 所示。

表 4-2　樣本均值的抽樣分佈

樣本均值取值	頻數（次）f	頻率
1,400	1	1/16
1,450	2	2/16
1,500	3	3/16
1,550	4	4/16
1,600	3	3/16
1,650	2	2/16

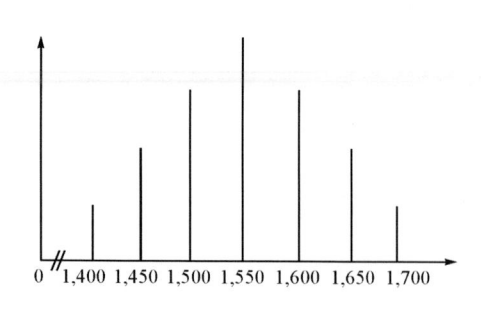

圖 4-4　抽樣分佈圖

表4-2(續)

樣本均值取值	頻數（次）f	頻率
1,700	1	1/16
合計	16	

由表 4-2 可知，樣本均值 $\bar{x}$ 的取值有的比總體均值 1,550 大，有的比總體均值 1,550 小，但是取 1,550 的概率是最大的，而且樣本均值的平均數恰好等於總體均值，即

$$E(\bar{X}) = \frac{1}{16}(\bar{x}_1 + \bar{x}_2 + \cdots + \bar{x}_{16}) = 1,550 = \mu$$

而且，樣本均均值的方差有如下的關係，即

$$D(\bar{X}) = E(\bar{X} - E(\bar{X}))^2 = E(\bar{X} - \mu)^2$$
$$= \frac{1}{16}[(\bar{x}_1 - \mu)^2 + (\bar{x}_2 - \mu)^2 + \cdots + (\bar{x}_{16} - \mu)^2] = 6,250 = \frac{\sigma^2}{n}$$

樣本均值的方差等於總體方差除以樣本容量，縮小為總體方差的 $\frac{1}{n}$。

從例子 4-1 中得出樣本均值的三條性質：

（1）樣本均值 $\bar{X}$ 是一個隨機變量。
（2）樣本均值的均值等於總體均值，$E(\bar{X}) = \mu$。
（3）樣本均值的方差等於總體方差除以樣本容量，$D(\bar{X}) = \sigma^2/n$。
以上三條性質不受樣本量 n 的大小的影響。

$\bar{X}$ 抽樣分佈的形式與原有總體的分佈和樣本量 n 的大小有關。

如果原有總體是正態分佈，那麼，無論樣本量是大是小，樣本均值的抽樣分佈都服從正態分佈。

如果原有總體的分佈是非正態分佈，就要看樣本量的大小。隨著樣本量 n 的增大（通常大於 30），不論原來總體是否服從正態分佈，樣本均值的抽樣分佈都將趨於正態分佈，其分佈的數學期望為總體均值 μ，方差為 σ^2/n，這就是著名的中心極限定理。這一定理的表述為：從均值為 μ、方差為 σ^2 的總體中，抽取容量為 n 的隨機樣本，當 n 充分大時（通常要求 $n \geq 30$），樣本均值 $\bar{x}$ 的抽樣分佈近似服從均值為 μ、方差為 σ^2/n 的正態分佈。

圖 4-5 為樣本均值的抽樣分佈與總體和樣本量的關係圖。

4.3.2　樣本方差的抽樣分佈——χ^2 分佈

要用樣本方差 S^2 去推斷總體的方差 σ^2，就必須知道樣本方差的抽樣分佈。

在重複選取容量為 n 的樣本時，由樣本方差的所有可能取值形成的相對頻數分

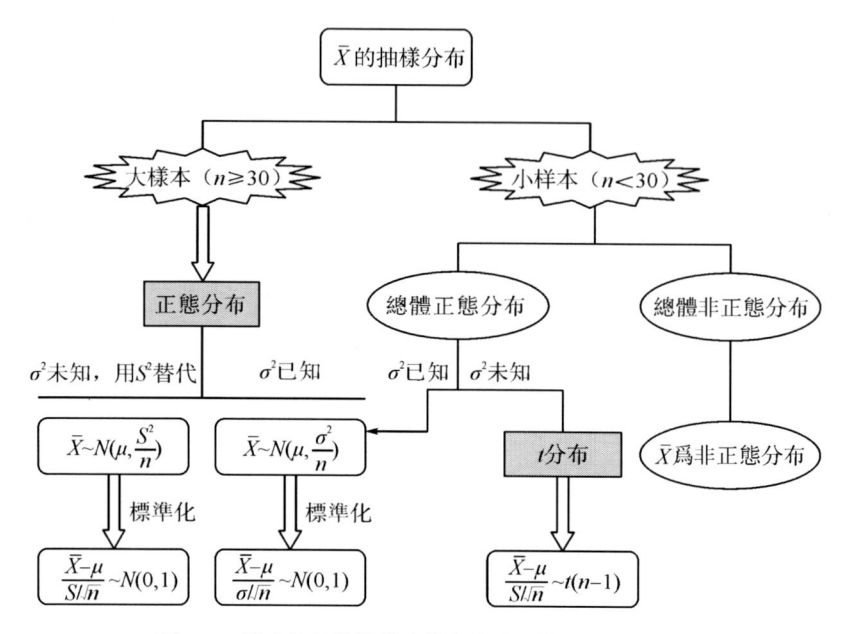

圖 4-5 樣本均值的抽樣分佈與總體和樣本量的關係圖

佈，稱為樣本方差的抽樣分佈。

作為估計量的樣本方差是如何分佈的呢？統計證明，對於來自正態總體的簡單隨機樣本，則比值 $\dfrac{(n-1)S^2}{\sigma^2}$ 的抽樣分佈服從自由度為 $(n-1)$ 的卡方分佈，即

$$\dfrac{(n-1)S^2}{\sigma^2} \sim \chi^2(n-1) \tag{4-1}$$

卡方分佈由阿貝（Abbe）於1863年首先提出，後來由海爾墨特（Hermert）和卡皮爾遜（K. Person）分別於1875年和1900年推導出來。

卡方分佈具有如下性質和特點：

（1）卡方分佈的變量值始終為正。

（2）$\chi^2(n)$ 分佈的形狀取決於自由度 n 的大小，通常為不對稱的右偏分佈，但隨著自由度的增大逐漸趨於對稱。

（3）卡方分佈的期望為 $E(\chi^2)=n$，方差為 $D(\chi^2)=2n$（n 為自由度）。

（4）卡方分佈具有可加性。若 U 和 V 為兩個獨立的卡方分佈隨機變量，$U \sim \chi^2(n_1)$，$V \sim \chi^2(n_2)$，則 $U+V$ 這一隨機變量服從自由度為 (n_1+n_2) 的卡方分佈。

圖4-6為不同自由度下的卡方分佈。

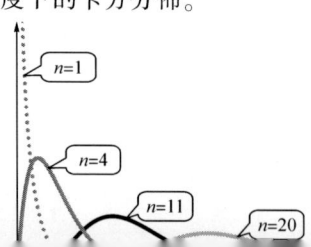

4 抽樣推斷與分佈

卡方分佈通常可用於總體方差的估計和非參數檢驗。

4.3.3 兩個樣本方差比的抽樣分佈——F分佈

從兩個正態總體中分別獨立地抽取容量為n_1和n_2的樣本，在重複選取容量為n_1和n_2的樣本時，由兩個樣本方差比的所有可能取值形成的相對頻數分佈，稱為兩個樣本方差比的抽樣分佈。

設兩個總體都為正態分佈，即$x_1 \sim N(\mu_1, \sigma_1^2)$，$x_2 \sim N(\mu_2, \sigma_2^2)$，分別從兩個總體中抽取容量為$n_1$和$n_2$的獨立樣本，兩個樣本方差比$S_1^2/S_2^2$的抽樣分佈，服從$F$分佈，即

$$\frac{S_1^2/\sigma_1^2}{S_2^2/\sigma_2^2} \sim F(n_1 - 1, n_2 - 1) \tag{4-2}$$

F分佈由統計學家費希爾提出，所以以其姓氏的第一個字母來命名。

定義4.1：設隨機變量Y與Z相互獨立，且Y和Z分別服從自由度為n_1和n_2的χ^2分佈，即$Y \sim \chi^2(n_1)$，$Z \sim \chi^2(n_2)$，則隨機變量

$$X = \frac{Y/n_1}{Z/n_2} \sim F(n_1, n_2)$$

我們稱X服從第一自由度為n_1，第二自由度為n_2的F分佈。記為$F(n_1, n_2)$。

由前面介紹的樣本方差的抽樣分佈可知，樣本方差的抽樣分佈服從$\chi^2(n-1)$分佈，即

$$\frac{(n_1 - 1)S_1^2}{\sigma_1^2} \sim \chi^2(n_1 - 1)$$

$$\frac{(n_2 - 1)S_2^2}{\sigma_2^2} \sim \chi^2(n_2 - 1)$$

根據定義4.1可知，兩個獨立的卡方分佈除以各自的自由度後相比即得到F分佈

$$\frac{\dfrac{(n_1 - 1)S_1^2}{\sigma_1^2}/(n_1 - 1)}{\dfrac{(n_2 - 1)S_2^2}{\sigma_2^2}/(n_2 - 1)} \sim F(n_1 - 1, n_2 - 1)$$

化簡後得到

$$\frac{S_1^2/\sigma_1^2}{S_2^2/\sigma_2^2} \sim F(n_1 - 1, n_2 - 1)$$

F分佈的概率密度圖形是右偏的。F分佈除了用於兩個總體方差比的估計外，還普遍應用於方差分析和迴歸分析。

圖4-7為不同自由度下的F分佈。

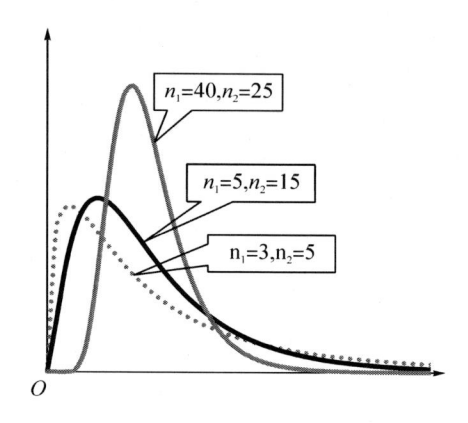

圖 4-7　不同自由度下的 F 分佈

4.3.4　中心極限定理的運用

中心極限定理：設均值為 μ、方差 σ^2 的任意一個總體中抽取樣本容量為 n 的樣本，當 n 充分大時，樣本均值的抽樣分佈近似服從均值為 μ、方差 σ^2/n 的正態分佈。

最早的中心極限定理是在 18 世紀初由德莫佛所證明，即二項式分佈以正態分佈為其極限分佈的定理。現在敘述的中心極限定理是 19 世紀 20 年代林德伯格和勒維證明的在任意分佈的總體中抽取樣本，其樣本均值的極限分佈為正態分佈的定理。

中心極限定理要求 n 充分大，在實際應用中，總體的分佈未知，我們常要求 $n \geq 30$。順便指出，大樣本、小樣本之間並不是以樣本量大小來區分的，在樣本量固定的條件下進行的統計推斷都稱為小樣本問題，而在樣本量 $\to \infty$ 的條件下進行的統計推斷則稱為大樣本問題。一般統計學中的 $n \geq 30$ 為大樣本，$n < 30$ 為小樣本是一種經驗說法。

【例子 4-2】一個汽車電池的製造商聲稱其電池壽命的分佈均值為 54 個月，標準差為 6 個月。假設某一消費者組織決定購買 50 個這種電池作為樣本來檢驗電池的壽命，以核實這一聲明。①假設這個製造商所言是真實的，試描述這 50 個電池樣本的平均壽命的抽樣分佈。②假設這個製造商所言是真實的，則消費者組織的樣本壽命均值小於或等於 52 個月的概率是多少？

解：（1）儘管沒有關於電池壽命的總體分佈形狀的信息，但我們仍能夠運用中心極限定理推斷：對於這 50 個電池的樣本來說，平均壽命的抽樣分佈是近似正態分佈的。因此，這個抽樣分佈的均值與抽樣總體均值是相同的。根據製造商的聲明，均值為 $\mu = 54$ 個月。抽樣分佈的標準差由下式給出：

$$\sigma_{\bar{x}} = \frac{\sigma}{\sqrt{n}} = \frac{6}{\sqrt{50}} = 0.85 \text{（個月）}$$

4 抽樣推斷與分佈

這一計算公式中利用了製造商所聲稱的總體標準差 $\sigma = 6$ 個月。這樣，假設此聲明是真實的，則這 50 個電池平均壽命的抽樣分佈為（見圖 4-8）。

$$\frac{\bar{X} - 54}{0.85} \sim N(0, 1)$$

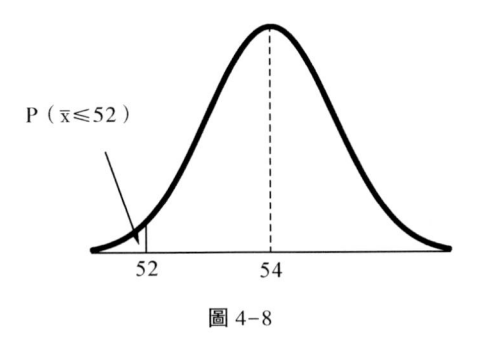

圖 4-8

（2）假設製造商所聲稱的是真實的，則對於其 50 個電池的樣本來說，消費者組織觀察到電池的平均壽命小於或等於 52 個的概率可以由下式表示：

$$\begin{aligned}
P(\bar{X} \leqslant 52) &= P(\bar{X} - 54 \leqslant -2) \\
&= P\left(\frac{\bar{X} - 54}{0.85} \leqslant -\frac{2}{0.85}\right) \\
&= P(Z \leqslant -2.35) \\
&= 1 - P(Z \leqslant 2.35) \\
&= 1 - 0.990,613 \\
&= 0.009,387
\end{aligned}$$

因此，製造商的聲明是真實的，則消費者組織觀察到的樣本均值小於或等於 52 個月的概率為 $0.009,387$。

最後，對於 $\bar{x}$ 的抽樣分佈再強調以下兩點：

第一，由公式 $\sigma_{\bar{x}} = \frac{\sigma}{\sqrt{n}}$ 可以看出，$\bar{x}$ 的抽樣分佈的標準差會隨著樣本量 n 的增大而變小。因此，樣本量越大，樣本統計量在估計總體參數時越準確。

第二，中心極限定理提供了一個非常有用的樣本均值的近似抽樣分佈，即不論總體分佈形狀如何，只要樣本量足夠大，就可以進行科學準確的推斷。

4.4 抽樣誤差

統計調查誤差是指調查收集到的數據與研究對象要度量的真實值之間的差異。不論何種形式的統計調查，都可能出現調查誤差，按調查誤差產生的原因和性質來

劃分，統計調查誤差通常分為抽樣誤差和非抽樣誤差。

抽樣誤差只產生於抽樣調查中，由於存在無法避免的隨機性原因致使樣本的結構無法充分或完全代表總體的特徵，換句話說，由於隨機性導致的前後抽取的一個又一個樣本，彼此不盡相同，在任何一個特定的樣本中研究總體的某些單位將被包含在內，而其他單位被排除在外，從而會有樣本統計量隨機而變，由此產生的誤差稱為抽樣誤差。抽樣誤差是一種隨機性誤差，也是一種代表性誤差。如，總體為10個男生，他們的身高（單位：厘米）分別為170、170、170、175、175、175、180、180、180。可以計算出平均身高即總體均值 μ = 175 厘米。假設抽樣抽了5個男生，測得身高分別為170、180、180、180、175。很明顯就存在誤差了。而這個誤差是在抽樣調查過程中由於隨機性的抽樣方法而導致的。不難看出，抽樣誤差是抽樣調查本身所固有的、無法避免的誤差，但是可以通過抽樣設計程序加以控制。

抽樣誤差的大小主要受樣本量大小、總體變異性、抽樣方式、抽樣組織形式等方面的影響。

在其他條件不變的情況下，抽樣單位的數目越多，抽樣誤差越小；抽樣單位數目越少，抽樣誤差越大。這是因為隨著樣本量的增多，樣本結構越接近總體。抽樣調查也就越接近全面調查。當樣本擴大到總體時，則為全面調查，也就不存在抽樣誤差了。

在其他條件不變的情況下，總體變異程度越小，抽樣誤差越小。總體變異程度越大，抽樣誤差越大。抽樣誤差和總體變異程度成正比。這是因為總體的變異程度小，表示總體各單位的數值之間的差異小。則樣本指標與總體指標之間的差異也可能小；如果總體各單位數值相等，則不存在抽樣誤差。

採用不重複抽樣比採用重複抽樣的抽樣誤差小。

採用不同的組織方式，會有不同的抽樣誤差，這是因為不同的抽樣組織所抽中的樣本，對於總體的代表性也不同。而對於概率抽樣，抽樣誤差是可以加以估算並進行控制的。

抽樣誤差不包括系統性誤差，即由於違反抽樣調查的隨機性原則，有意抽選較好單位或較壞單位進行調查，造成樣本的代表性不足所引起的誤差。這屬於思想、作風、技術問題，所以系統性誤差是可以防止和避免的，但是抽樣誤差是不可避免的但可以控制。

4.4.1 抽樣平均誤差

抽樣平均誤差是指抽樣平均數的標準差。從一個總體中我們可能抽取很多個樣本，因此樣本指標如樣本平均數將隨著不同的樣本而有不同的取值，它們對總體指標如總體平均數的離差有大有小，即抽樣誤差是個隨機變量。而抽樣平均誤差則是反應抽樣誤差的一般水準的一個指標，但由於所有可能樣本平均數的均值等於總體平均數，因此，我們不能用簡單算術平均的方法來求抽樣平均誤差，而應採取標準

4 抽樣推斷與分佈

差的方法來計算抽樣平均誤差。

在重複抽樣的情況下，抽樣平均數的抽樣平均誤差為：

$$AE_{\bar{x}} = \sqrt{\frac{\sum (\bar{x}_i - \mu)^2}{K}} \tag{4-3}$$

式子（4-3）實際上就是樣本平均數的標準差公式。

因此該式子可以寫成

$$AE_{\bar{x}} = \sqrt{D(\bar{X})} = \frac{\sigma}{\sqrt{n}} \tag{4-4}$$

4.4.2 抽樣極限誤差

抽樣極限誤差是指用絕對值形式表示的樣本指標與總體指標偏差的可允許的最大範圍，即在一定的把握程度（$1-\alpha$）下保證樣本指標與總體指標之間的抽樣誤差不超過某一給定的最大可能範圍，記作△，如式子（4-5）所示。

$$P(|\bar{x} - \mu| \leq \Delta) = 1 - \alpha \tag{4-5}$$

將絕對值打開，

$$P(-\Delta \leq \bar{x} - \mu \leq \Delta) = 1 - \alpha \tag{4-6}$$

不妨假設抽樣分佈為正態分佈，則式子（4-6）變換如下

$$P(-\frac{\Delta}{\sigma/\sqrt{n}} \leq \frac{\bar{x} - \mu}{\sigma/\sqrt{n}} \leq \frac{\Delta}{\sigma/\sqrt{n}}) = 1 - \alpha$$

$$P(-\frac{\Delta}{\sigma/\sqrt{n}} \leq Z \leq \frac{\Delta}{\sigma/\sqrt{n}}) = 1 - \alpha$$

由於

$$P(-Z_{\frac{\alpha}{2}} \leq Z \leq Z_{\frac{\alpha}{2}}) = 1 - \alpha$$

因此

$$Z_{\frac{\alpha}{2}} = \frac{\sigma/\sqrt{n}}{\Delta}$$

最終得到抽樣極限誤差為

$$\Delta = Z_{\frac{\alpha}{2}} \cdot \frac{\sigma}{\sqrt{n}} \tag{4-7}$$

習題

一、選擇題

1. 總體均值和樣本均值之間的關係是（　　）。

A. 前者是確定值，後者是隨機變量　　B. 前者是隨機變量，後者是確定值
C. 兩者都是隨機變量　　D. 兩者都是確定值

2. 某班級學生的年齡是右偏的，均值為 20 歲，標準差為 4.45。如果採用重複抽樣的方法從該班抽取容量為 100 的樣本，那麼樣本均值的分佈為（　　）

A. 均值為 20，標準差為 0.445 的正態分佈
B. 均值為 20，標準差為 4.45 的正態分佈
C. 均值為 20，標準差為 0.445 的右偏分佈
D. 均值為 20，標準差為 4.45 的右偏分佈

3. 有一批燈泡共 1,000 箱，每箱 200 個，現隨機抽取 20 箱並檢查這些箱中全部燈泡，此種檢驗屬於（　　）

A. 純隨機抽樣　　B. 分層抽樣
C. 整群抽樣　　D. 等距抽樣

4. 抽樣極限誤差是指抽樣指標和總體指標之間（　　）

A. 抽樣誤差的平均數　　B. 抽樣誤差的標準差
C. 抽樣誤差的可靠程度　　D. 抽樣誤差的最大可能範圍

5. 在其他條件不變的情況下，抽樣單位數越多，則（　　）

A. 系統誤差越大　　B. 系統誤差越小
C. 抽樣誤差越大　　D. 抽樣誤差越小

二、思考題

1. 抽樣推斷有什麼特點？
2. 抽樣誤差受什麼因素影響？這些因素是如何影響抽樣誤差的？
3. 概率抽樣的種類有哪些？各有什麼特點，適用於什麼場合？

5 參數估計

學習目標

1. 理解估計量與估計值的含義。
2. 掌握區間估計的含義和原理。
3. 掌握衡量估計量好壞的三個標準：無偏、有效和一致性。
4. 會進行單個總體均值的區間估計。
5. 會進行單個總體方差的區間估計。
6. 會進行總體方差比的區間估計。
7. 會確定抽樣的樣本容量。

參數估計是推斷統計的重要內容之一。參數估計專門研究由樣本估計總體的未知分佈或分佈中的未知參數。如果能夠掌握總體的全部數據，那麼只需要做一些簡單的統計描述，就可以得到所關心的總體特徵，比如，加總全部數據信息後除以數據個數計算總體均值，利用全部數據信息計算總體方差等。但是實際情況比較複雜，有些現象範圍比較廣，對每個單位進行測定費時費力，不可能一一收集，有些現象的變量取值是無窮多個的，就不可能對總體單位進行窮盡。這就需要從總體中抽取一部分個體構成樣本，利用樣本信息來推斷總體的特徵。這個過程即是參數估計。本章節假定抽樣方法為有放回簡單隨機抽樣。

5.1 參數估計的基本問題

5.1.1 估計量與估計值

參數估計就是用樣本統計量去估計總體的參數。比如用樣本均值 $\bar{x} = \frac{1}{n}\sum x_i$ 估

計總體均值 μ，用樣本方差 $s^2 = \dfrac{1}{n}\sum(x_i - \bar{x})^2$ 估計總體方差 σ^2，等等。如果將總體參數如 μ、σ^2 籠統地用一個符號 θ 表示，而用於估計總體參數的統計量用 $\hat{\theta}$ 表示，參數估計也就是用如何用 $\hat{\theta}$ 來估計 θ 的過程。

在參數估計中，用來估計總體參數的統計量稱為估計量，用符號 $\hat{\theta}$ 表示。樣本均值、樣本方差都可以是一個估計量，稍微複雜一些的估計量有：$\dfrac{\bar{x} - \mu}{s/\sqrt{n}}$、$\dfrac{(n-1)s^2}{\sigma^2}$ 等。估計量是一個表達式，從這個表達式計算得到的數值稱為估計值。比如，要估計某班學生統計學考試的平均分數，從中抽取一個容量為 20 的隨機樣本，全班的平均分數是未知的，稱為參數，可以用 θ 表示。我們可以用樣本均值 $\bar{x} = \dfrac{1}{n}\sum x_i$ 來估計，則 $\bar{x}$ 就是一個估計量，可以用 $\hat{\theta}$ 進行表示，假設這 20 個數據的取值即 x_1、x_2、…x_{20} 代入估計量的表達式，計算出一個樣本平均分數 75.6 分，這個 75.6 分就是估計值。

5.1.2 點估計與區間估計

參數估計的方法有點估計和區間估計兩種。

1. 點估計

點估計就是用估計量 $\hat{\theta}$ 的某個取值直接作為總體參數 θ 的估計值。比如，用樣本均值 $\bar{x}$ 直接作為總體均值 μ 的估計。所以，點估計得到的結果是一個確定的數，反應在數軸上則是一個點，點估計的名字由此而來。例如，在某城市居民家庭中隨機抽取 2,500 戶進行調查，得出他們的年人均收入為 3 萬元，則認為該城市居民家庭的年人均收入為 3 萬元。又比如，調查數字顯示，全世界大約有 10 億人收看了 2008 年北京奧運會開幕式，收視率為 15%，然後認為，全球 2008 年北京奧運會開幕式的收視率為 15%。

雖然在重複抽樣條件下，點估計的均值可望等於總體真值，比如 $E(\bar{x}) = \mu$，但是某個具體的樣本下得到的點估計值極有可能不同於總體真值。在用點估計代表總體參數的同時，還必須給出點估計值的可靠性，也就是說，須能說出點估計值與總體參數的真實值接近的程度。但一個點估計量的可靠性是由它的抽樣標準誤差衡量的，這表明一個具體的點估計值無法給出估計的可靠性的度量，因此就不能完全依賴於點估計值，而是圍繞點估計值構造總體參數的一個區間，這就是區間估計。

2. 區間估計

在點估計的基礎上，給出總體參數的一個範圍稱為區間估計。該區間稱為置信區間（見圖 5-1），通常由樣本估計值加減估計誤差得到。該區間下限的最小值稱為置信下限，該區間的最大值稱為置信上限。

與點估計不同，進行區間估計時，根據樣本統計量的抽樣分佈可以對樣本統計

5 參數估計

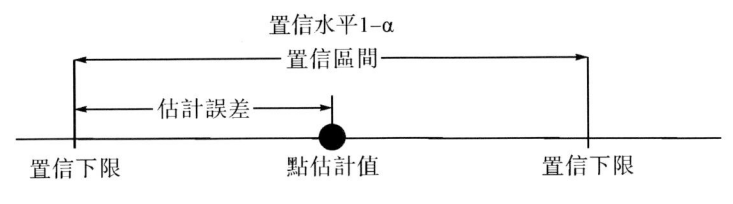

圖 5-1 置信區間示意圖

量與總體參數的接近程度給出一個概率度量。下面將以總體均值的區間估計為例來說明區間估計的基本原理。

由樣本均值的抽樣分佈可知，在重複抽樣情況下，樣本均值的數學期望等於總體均值，即 $E(\bar{X}) = \mu$，樣本均值的標準誤差為 $\sigma_{\bar{x}} = \sigma/\sqrt{n}$，由此可知，樣本均值落在總體均值的兩側各為 1 個抽樣標準差範圍內的概率為 0.682,7，落在兩個標準差範圍內的概率為 0.954,5；落在 3 個抽樣標準差範圍內的概率為 0.997,3，等等。

實際上，可以求出樣本均值落在總體均值的兩側任何一個抽樣標準差範圍內的概率。但實際估計中，情況恰好相反。$\bar{x}$ 是已知的，而 μ 是未知的，也正是將要估計的。由於 $\bar{x}$ 與 μ 的距離是對稱的，如果某個樣本的平均值落在 μ 的兩個標準差範圍之內，反過來，μ 也就被包括在以 $\bar{x}$ 為中心左右兩個標準差的範圍內。因此，約有95%的樣本均值會落在 μ 的兩個標準差的範圍之內。也就是說，約有 95%的樣本均值所構造的兩個標準差的區間會包括 μ。圖 5-2 給出了區間估計的示意圖。通俗地說，如果抽取 100 個樣本估計總體的均值，由 100 個樣本所構造的 100 個區間中，有 95 個區間包含總體均值，而另外 5 個區間不包含總體均值。也就是說，有95%的區間包含了總體參數的真值，而 5%則沒有包含。95%這個值稱為置信水準。一般地，將構造置信區間的步驟重複多次，置信區間中包含總體參數真值的次數所占的比例稱為置信水準，也稱置信度或置信系數。

從圖 5-1 和圖 5-2 不難看出，在樣本容量給定時，置信區間的寬度隨著置信水準的增加而增大，從直覺上說，區間比較寬時，才會使這一區間有更大的可能性包含參數的真值；當置信水準固定時，置信區間的寬度隨樣本量的增大而減小，換言之，較大的樣本所提供的有關總體的信息要比較小的樣本多，估計的精確度會增加。

在構造置信區間時，可以用所希望的任意值作為置信水準，即置信水準是人為設定的。比較常見的置信水準及標準正態分佈曲線上側分位數的 z 值（$Z_{\alpha/2}$）如表 5-1 所示。

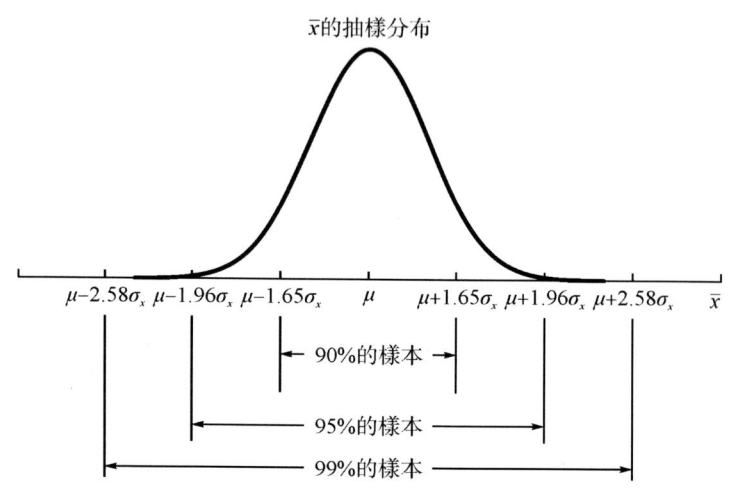

図 5-2　區間估計示意圖

表 5-1　　　　　　　　　常用置信水準的 $Z_{\alpha/2}$ 值

置信水準 $1-\alpha$	α	$\alpha/2$	$Z_{\alpha/2}$
90%	10%	5%	1.645
95%	5%	2.5%	1.96
99%	1%	0.5%	2.58

對置信區間的理解，有以下幾點需要注意：

（1）如果用某種方法構造的所有區間中有 95% 的區間包含總體參數的真值，5% 的區間不包含總體參數的真值，那麼，用該方法構造的區間稱為置信水準為 95% 的置信區間。

（2）總體參數的真值是固定的、未知的，而用樣本構造的區間則是不固定的。若抽取不同的樣本，用該方法可以得到不同的區間，從這個意義上說，置信區間是一個隨機區間，它會因樣本的不同而不同，而且不是所有的區間都包含總體參數的真值。

（3）在實際問題中，進行估計時往往只抽取一個樣本，此時所構造的是與該樣本相聯繫的一定置信水準下的置信區間。該區間是一個特定的區間，不再是隨機區間，所以無法知道這個樣本所產生的區間是否包含真值。我們只能希望這個區間是大量包含總體參數真值的區間中的一個，但它也可能是少數幾個包含參數真值的區間中的一個。比如，我們用 95% 的置信水準得到某班學生考試成績的置信區間為 60~80 分，我們不能說 60~80 分這個區間以 95% 的概率包含全班學生平均考試成績的真值，或者表述為全班學生的平均考試成績以 95% 的概率落在 60~80 分，這類表述

是錯誤的。因為總體均值是一個常數，而不是一個隨機變量。μ 要麼落在這個範圍內，要麼不落在這個範圍內，這裡並不涉及概率。我們只是知道在多次抽樣中有 95% 的樣本得到的區間包含全部學生平均考試成績的真值。它的真正意義是如果做了 100 次抽樣，大概有 95 次找到的區間包含真值，有 5 次找到的區間不包含真值。假定全班考試成績平均數的真值為 70 分，60~80 這個區間一定包含真值，如果全班考試成績平均數的真值為 50 分，那麼區間 60~80 分就絕對不包含真值。因此，置信水準的含義不是用來描述某個特定的區間包含總體參數真值的可能性，而是針對隨機區間而言的。一個特定的區間「包含」或「不包含」參數的真值，不存在「以多大的概率包含總體參數」的問題。

5.1.3 評價估計量的標準

在對總體參數做出估計時，用於估計 θ 的估計量有很多，並非所有的估計量都是優良的。比如，可以用樣本均值作為總體均值的估計量，也可以用樣本中位數作為總體均值的估計量，等等。那麼，究竟用哪種估計量進行總體參數的估計呢？當然使用效果最好的那個估計量。什麼樣的估計量才算是一個好的估計量呢？這就需要一定的評判標準。一個估計量如果滿足如下三個標準，即無偏性、有效性、一致性，就稱該估計量是最優估計量。

1. 無偏性

無偏性指估計量抽樣分佈的數學期望等於總體參數。設總體參數為 θ，所選擇的估計量為 $\hat{\theta}$，如果 $E(\hat{\theta}) = \theta$，則稱 $\hat{\theta}$ 為 θ 的無偏估計量。如圖 5-3 所示。

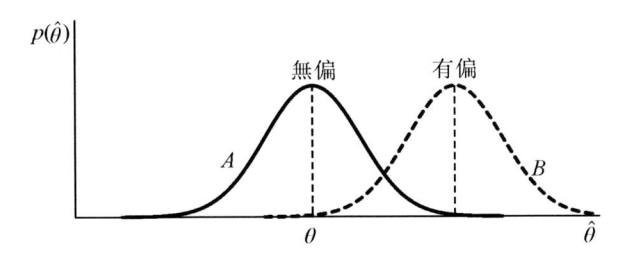

圖 5-3　無偏和有偏估計量的示意圖

圖 5-3 顯示，兩個估計量 $\hat{\theta}_A$ 和 $\hat{\theta}_B$ 都用於估計總體參數 θ。分別用兩個估計量做多次抽樣，得到的估計值的分佈特徵如圖 5-3 中的兩條曲線。A 曲線反應的是從 $\hat{\theta}_A$ 得到的估計值的均值等於總體參數 θ，即 $E(\hat{\theta}_A) = \theta$，B 曲線反應的是從 $\hat{\theta}_B$ 得到的估計值的均值不等於總體參數 θ，$E(\hat{\theta}_B) \neq \theta$，其均值與真值間存在偏差。$\hat{\theta}_A$ 優於 $\hat{\theta}_B$，因為 $\hat{\theta}_A$ 得到的估計值的中心值是真值，向真值靠攏，而 $\hat{\theta}_B$ 得到的估計值並不向真值靠攏。

2. 有效性

一個無偏的估計量並不意味著它就非常接近被估計的參數，它還必須與總體參數的離散程度比較小。當離散度較小，說明該估計量的分佈比較集中，都聚集在總體參數的周圍，某次抽樣計算得到的估計值雖然不一定等於真值，但是離真值也不會太遠，用它去代表真值是比較可信的。

有效性是指對同一總體參數的兩個無偏估計量，有更小標準差的估計量更有效。設 $\hat{\theta}_1$ 和 $\hat{\theta}_2$ 是總體參數 θ 的兩個無偏估計量，$D(\hat{\theta}_1)$ 和 $D(\hat{\theta}_2)$ 分別表示兩個估計量的抽樣分佈的方差，如果 $D(\hat{\theta}_1) < D(\hat{\theta}_2)$，就稱 $\hat{\theta}_1$ 比 $\hat{\theta}_2$ 更有效。在滿足無偏估計量的條件下，估計量的方差越小，估計就越有效。

圖5-4是兩個無偏估計量 $\hat{\theta}_1$ 和 $\hat{\theta}_2$ 的抽樣分佈。可以看到，$\hat{\theta}_1$ 的方差比 $\hat{\theta}_2$ 的方差小，說明用 $\hat{\theta}_1$ 計算的估計值比用 $\hat{\theta}_2$ 計算的估計值更多地集中在真值周圍，某次抽樣而言，$\hat{\theta}_1$ 比 $\hat{\theta}_2$ 得到的估計量更有可能接近總體的參數，即 $\hat{\theta}_1$ 比 $\hat{\theta}_2$ 更有效，是一個更好的估計量。

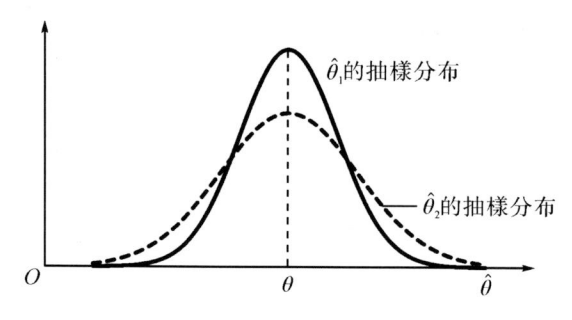

圖5-4　兩個無偏估計量的抽樣分佈

3. 一致性

一致性指隨著樣本容量的增大，估計量的值越來越接近被估計總體的參數。換言之，一個大樣本給出的統計量比一個小樣本給出的統計量更接近總體的參數。根據樣本均值的抽樣分佈可知，樣本均值抽樣分佈的標準差 $\sigma_{\bar{x}} = \sigma/\sqrt{n}$，由於 $\sigma_{\bar{x}}$ 與樣本容量大小有關，樣本量越大，$\sigma_{\bar{x}}$ 的值越小，可以說，大樣本量得到的估計量更接近總體均值 μ。對於一致性，可以用圖5-5直觀說明它的含義。

樣本均值是總體均值的一個無偏、有效、一致估計量。樣本方差 $S^2 = \dfrac{1}{n-1}\sum_{i=1}^{n}(X_i - \bar{X})^2$ 是總體方差的無偏估計量。

5　參數估計

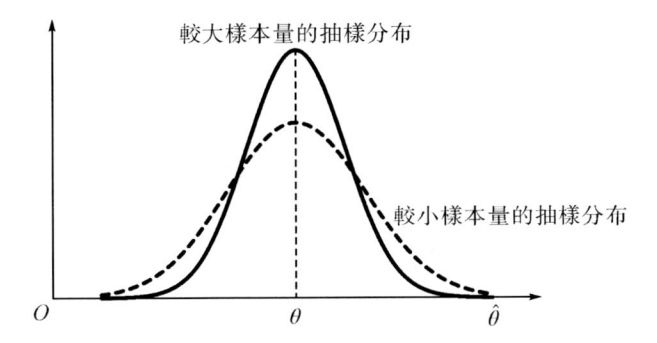

圖 5-5　兩個不同樣本容量的估計量的抽樣分佈

5.2　總體均值的區間估計

對總體均值進行區間估計時，需要考慮總體是否為正態分佈，總體方差是否已知，用於構造估計量的樣本是大樣本還是小樣本等情況。下面我們就不同情況舉例說明。

1. 大樣本的情況

當樣本容量 $n \geq 30$ 時，不論總體是否正態，不論總體方差是否已知，樣本均值的抽樣分佈服從正態分佈，其數學期望為總體均值 μ，方差為 σ^2/n（當 σ^2 已知時用 σ^2/n；當 σ^2 未知時，用 S^2/n）。而樣本均值經過標準化以後的隨機變量則服從標準正態分佈，即

$$Z = \frac{\bar{X} - \mu}{\sigma/\sqrt{n}} \sim N(0, 1) \tag{5-1}$$

欲求置信水準為 $1 - \alpha$ 的置信區間，我們不妨先假設置信區間為 $[\hat{\mu}_1, \hat{\mu}_2]$，只要求出置信下限 $\hat{\mu}_1$ 和置信上限 $\hat{\mu}_2$ 的值，區間就求出來了。根據置信區間的含義，真值 μ 落在該區間的概率為 $1 - \alpha$，翻譯成如下的式子

$P(\hat{\mu}_1 \leq \mu \leq \hat{\mu}_2) = 1 - \alpha$，然後進行變換，不等式左右兩邊同乘以-1，得到

$P(-\hat{\mu}_2 \leq -\mu \leq -\hat{\mu}_1) = 1 - \alpha$，然後不等式左右兩邊同時加上 $\bar{X}$，得到

$P(\bar{X} - \hat{\mu}_2 \leq \bar{X} - \mu \leq \bar{X} - \hat{\mu}_1) = 1 - \alpha$，然後不等式左右兩邊同時除以 $\sigma/\sqrt{n}$，得到

$$P(\frac{\bar{X} - \hat{\mu}_2}{\sigma/\sqrt{n}} \leq \frac{\bar{X} - \mu}{\sigma/\sqrt{n}} \leq \frac{\bar{X} - \hat{\mu}_1}{\sigma/\sqrt{n}}) = 1 - \alpha$$

$$P(\frac{\bar{X} - \hat{\mu}_2}{\sigma/\sqrt{n}} \leq Z \leq \frac{\bar{X} - \hat{\mu}_1}{\sigma/\sqrt{n}}) = 1 - \alpha \tag{5-2}$$

同時查表可知，$P(-Z_{\alpha/2} \leq Z \leq Z_{\alpha/2}) = 1 - \alpha$ \tag{5-3}

式子（5-2）和式子（5-3）是等價的，所以，

$$-Z_{\alpha/2} = \frac{\bar{X} - \hat{\mu}_2}{\sigma/\sqrt{n}}$$

$$Z_{\alpha/2} = \frac{\bar{X} - \hat{\mu}_1}{\sigma/\sqrt{n}}$$

計算得出 $\hat{\mu}_1 = \bar{X} - Z_{\alpha/2} \cdot \frac{\sigma}{\sqrt{n}}$，$\hat{\mu}_2 = \bar{X} + Z_{\alpha/2} \cdot \frac{\sigma}{\sqrt{n}}$

則總體均值 μ 的置信水準 $1-\alpha$ 的置信區間為

$$\left[\bar{X} - Z_{\alpha/2} \cdot \frac{\sigma}{\sqrt{n}},\ \bar{X} + Z_{\alpha/2} \cdot \frac{\sigma}{\sqrt{n}} \right] \tag{5-4}$$

或寫成

$$\mu = \bar{X} \pm Z_{\alpha/2} \cdot \frac{\sigma}{\sqrt{n}} \tag{5-5}$$

【例子 5-1】保險公司從投保人中隨機抽取 36 人，計算得到這 36 人的平均年齡 $\bar{X} = 39.5$ 歲。已知投保人平均年齡近似服從正態分佈，標準差為 7.2 歲。試求全體投保人平均年齡的置信水準為 99% 的置信區間。

解：樣本容量 $n = 36$，屬於大樣本情況。所以，樣本均值的抽樣分佈是正態分佈，採用式子（5-1）進行解題。從題目已知條件可知，$\bar{X} = 39.5$，$\sigma = 7.2$，$1 - \alpha = 99\%$，查表可知 $Z_{0.5\%} = 2.58$。

求得總體均值 $\mu = \bar{X} \pm Z_{\alpha/2} \cdot \frac{\sigma}{\sqrt{n}} = 39.5 \pm 2.58 \times \frac{7.2}{36}$

故全體投保人平均年齡的置信水準為 99% 的置信區間為 [36.41, 42.59]。

【例子 5-2】一家保險公司收集到由 36 位投保人組成的隨機樣本，得到每位投保人的年齡數據如下：

23	35	39	27	36	44	34	28	39	36	44	40
36	42	46	43	31	33	39	49	38	34	48	50
42	53	45	54	47	24	34	39	45	48	45	32

試建立投保人年齡的 99% 的置信區間。

解：樣本容量 $n = 36$，屬於大樣本情況。所以，樣本均值的抽樣分佈是正態分佈，採用式子（5-1）進行解題。由於本題中總體方差 σ^2 未知，因此用樣本方差 s^2 代替，抽樣分佈則變為 $Z = \frac{\bar{X} - \mu}{s/\sqrt{n}} \sim N(0, 1)$。置信區間為

$$\left[\bar{X} - Z_{\alpha/2} \cdot \frac{s}{\sqrt{n}},\ \bar{X} + Z_{\alpha/2} \cdot \frac{s}{\sqrt{n}} \right]。$$

根據樣本數據計算的樣本均值和標準差如下

5 參數估計

$$\bar{x} = \frac{1}{n}\sum x_i = 39.5$$

$$s = \sqrt{\frac{\sum_{i=1}^{n}(x_i - \bar{x})^2}{n}} = 7.77$$

計算得到的置信區間為 [37.4, 41.6]

2. 小樣本，且總體方差未知（總體為正態分佈）

總體為正態分佈，在小樣本且總體方差未知的情況下，需要用樣本方差 s^2 替代 σ^2，這時，樣本均值經過標準化以後的隨機變量則服從自由度為 $(n-1)$ 的 t 分佈，即

$$t = \frac{\bar{X} - \mu}{s/\sqrt{n}} \sim t(n-1) \tag{5-6}$$

欲求置信水準為 $1-\alpha$ 的置信區間，我們不妨先假設置信區間為 $[\hat{\mu}_1, \hat{\mu}_2]$，只要求出置信下限 $\hat{\mu}_1$ 和置信上限 $\hat{\mu}_2$ 的值，區間就求出來了。根據置信區間的含義，真值 μ 落在該區間的概率為 $1-\alpha$，翻譯成如下的式子：

$P(\hat{\mu}_1 \leq \mu \leq \hat{\mu}_2) = 1-\alpha$，然後進行變換，不等式左右兩邊同乘以-1，得到

$P(-\hat{\mu}_2 \leq -\mu \leq -\hat{\mu}_1) = 1-\alpha$，然後不等式左右兩邊同時加上 $\bar{X}$，得到

$P(\bar{X} - \hat{\mu}_2 \leq \bar{X} - \mu \leq \bar{X} - \hat{\mu}_1) = 1-\alpha$，然後不等式左右兩邊同時除以 $s/\sqrt{n}$，得到

$$P(\frac{\bar{X} - \hat{\mu}_2}{s/\sqrt{n}} \leq \frac{\bar{X} - \mu}{s/\sqrt{n}} \leq \frac{\bar{X} - \hat{\mu}_1}{s/\sqrt{n}}) = 1-\alpha$$

$$P(\frac{\bar{X} - \hat{\mu}_2}{s/\sqrt{n}} \leq t \leq \frac{\bar{X} - \hat{\mu}_1}{s/\sqrt{n}}) = 1-\alpha \tag{5-7}$$

同時查表可知，$P(-t_{\alpha/2}(n-1) \leq t \leq t_{\alpha/2}(n-1)) = 1-\alpha$ \tag{5-8}

式子（5-7）和式子（5-8）是等價的，所以，

$$-t_{\alpha/2}(n-1) = \frac{\bar{X} - \hat{\mu}_2}{s/\sqrt{n}}$$

$$t_{\alpha/2}(n-1) = \frac{\bar{X} - \hat{\mu}_1}{s/\sqrt{n}}$$

計算得出 $\hat{\mu}_1 = \bar{X} - t_{\alpha/2}(n-1) \cdot \frac{s}{\sqrt{n}}$，$\hat{\mu}_2 = \bar{X} + t_{\alpha/2}(n-1) \cdot \frac{\sigma}{\sqrt{n}}$

則總體均值 μ 的置信水準 $1-\alpha$ 的置信區間為

$$\left[\bar{X} - t_{\alpha/2}(n-1) \cdot \frac{s}{\sqrt{n}},\ \bar{X} + t_{\alpha/2}(n-1) \cdot \frac{s}{\sqrt{n}}\right] \tag{5-9}$$

或寫成

$$\mu = \bar{X} \pm t_{\alpha/2}(n-1) \cdot \frac{s}{\sqrt{n}} \qquad (5\text{-}10)$$

【例子 5-3】隨機抽取某大學 16 名在校大學生，瞭解到他們每月的生活費平均為 800 元，標準差 S 為 300 元。假定該大學的學生每月平均生活費服從正態分佈。試以 95% 的置信水準估計該大學學生的月平均生活費的置信區間。

解：由於是小樣本而且總體方差未知，所以我們將採用 t 分佈，如式子 (5-6)。同時，已知 $n = 16, \bar{X} = 800, s = 300$，查表可知 $t_{2.5\%}(15) = 2.131$。根據上述方法計算的置信區間為 $[800 - 2.131 \times \frac{300}{\sqrt{16}}, 800 + 2.131 \times \frac{300}{\sqrt{16}}]$，即 [640.175, 959.825]。

3. 小樣本，但總體方差已知（總體為正態分佈）

總體服從正態分佈，在小樣本且總體方差已知的情況下，樣本均值 $\bar{X}$ 的抽樣分佈服從正態分佈，可以按式子 (5-1) 建立總體均值的置信區間。置信區間為式子 (5-4) 和 (5-5)。

【例子 5-4】某製造廠質量管理部門負責人希望估計原材料的平均重量。一個 25 包原材料組成的隨機樣本所給出的平均值 $\bar{x} = 65$ 千克。總體服從正態分佈，且標準差為 15 千克。假定 90% 的置信區間已能令人滿意，試構造總體均值 μ 的置信區間。

解：在總體服從正態分佈時，小樣本且總體方差已知的情況下，抽樣分佈使用正態分佈，如式子 (5-1)。已知 $n = 25, \bar{x} = 65, \sigma = 15$，查表可知，$Z_{5\%} = 1.645$。根據式子 (5-4) 計算的置信區間為 $[65 - 1.645 \times \frac{15}{\sqrt{25}}, 65 + 1.645 \times \frac{15}{\sqrt{25}}]$，即 [60.065, 69.935]。

5.3 總體方差的區間估計

在現實問題中，時常會遇到需對作為衡量偏離總體平均數尺幅的方差進行估計。例如，雖然一批電池的平均使用壽命合乎要求，但若各電池壽命相差很大，即方差很大，那麼這些電池的質量還是有問題的。因此，經常要知道總體方差或標準差的大小。

對於總體方差的區間估計，我們將用到卡方分佈，即

$$\chi^2 = \frac{(n-1)S^2}{\sigma^2} \sim \chi^2(n-1) \qquad (5\text{-}11)$$

欲求置信水準為 $1-\alpha$ 的置信區間，我們不妨先假設信區間為 $[\hat{\sigma}_L^2, \hat{\sigma}_U^2]$，根

據置信區間的含義，真值 σ^2 落在該區間的概率為 $1-\alpha$，翻譯成如下的式子

$P(\hat{\sigma}_L^2 \leq \sigma^2 \leq \hat{\sigma}_U^2) = 1-\alpha$，然後進行變換，不等式左右兩邊同時做倒數變換，得到

$P(\dfrac{1}{\hat{\sigma}_U^2} \leq \dfrac{1}{\sigma^2} \leq \dfrac{1}{\hat{\sigma}_L^2}) = 1-\alpha$，然後不等式左右兩邊同時乘以 $(n-1)S^2$，得到

$P(\dfrac{(n-1)S^2}{\hat{\sigma}_U^2} \leq \dfrac{(n-1)S^2}{\sigma^2} \leq \dfrac{(n-1)S^2}{\hat{\sigma}_L^2}) = 1-\alpha$

$$P(\dfrac{(n-1)S^2}{\hat{\sigma}_U^2} \leq \chi^2 \leq \dfrac{(n-1)S^2}{\hat{\sigma}_L^2}) = 1-\alpha \tag{5-12}$$

同時查表可知，$P(\chi^2_{1-\frac{\alpha}{2}} \leq \chi^2 \leq \chi^2_{\frac{\alpha}{2}}) = 1-\alpha$ $\tag{5-13}$

式子（5-12）和式子（5-13）是等價的，所以，

$\chi^2_{1-\frac{\alpha}{2}} = \dfrac{(n-1)S^2}{\hat{\sigma}_U^2}$

$\chi^2_{\alpha/2} = \dfrac{(n-1)S^2}{\hat{\sigma}_L^2}$

計算得出 $\hat{\sigma}_U^2 = \dfrac{(n-1)S^2}{\chi^2_{1-\frac{\alpha}{2}}}$，$\hat{\sigma}_L^2 = \dfrac{(n-1)S^2}{\chi^2_{\alpha/2}}$

則總體方差 σ^2 的置信水準 $1-\alpha$ 的置信區間為

$$\left[\dfrac{(n-1)S^2}{\chi^2_{\alpha/2}}, \dfrac{(n-1)S^2}{\chi^2_{1-\frac{\alpha}{2}}}\right] \tag{5-14}$$

【例子 5-5】某食品廠從生產的罐頭中抽取 15 個稱量其重量，得樣本方差 $s^2 = 1.65^2$（克^2），設罐頭重量服從正態分佈，試求其方差的置信水準為 90% 的置信區間。

解：$n=15$，$s^2=1.65^2$，$1-\alpha=90\%$，查表可知，$\chi^2_{5\%}(14)=23.685$，$\chi^2_{95\%}(14)=6.571$。根據式子（5-14），置信下限為 $\dfrac{(n-1)S^2}{\chi^2_{\alpha/2}} = \dfrac{14 \times 1.65^2}{23.685}$，置信上限為 $\dfrac{(n-1)S^2}{\chi^2_{1-\frac{\alpha}{2}}} = \dfrac{14 \times 1.65^2}{6.571}$，總體方差的置信區間為 [1.61, 5.8]。

5.4 兩個總體方差比的區間估計

在實際中，經常會遇到比較兩個總體的方差的問題，比如，希望比較用兩種不同方法生產的產品性能的穩定性，比較不同測量工具的精度，等等。

設兩個總體方差分別為 σ_1^2 和 σ_2^2，分別從兩個總體各隨機抽取容量為 n_1 和 n_2

的兩個樣本，計算出兩個樣本的方差分別為 S_1^2 和 S_2^2，通常假定 $S_1^2 > S_2^2$。當兩個總體均值服從正態分佈，且相互獨立時，有

$$F = \frac{S_1^2/\sigma_1^2}{S_2^2/\sigma_2^2} \sim F(n_1 - 1, n_2 - 1) \tag{5-15}$$

建立兩個總體方差比的置信區間，也就是要找到一個 F 值，使得滿足
$P(F_{1-\frac{\alpha}{2}} \leq F \leq F_{\alpha/2}) = 1 - \alpha$

由於 $F = \frac{S_1^2/\sigma_1^2}{S_2^2/\sigma_2^2} \sim F(n_1 - 1, n_2 - 1)$，故可用它來代替 F，於是有

$$P(F_{1-\frac{\alpha}{2}}(n_1 - 1, n_2 - 1) \leq \frac{S_1^2/\sigma_1^2}{S_2^2/\sigma_2^2} \leq F_{\alpha/2}(n_1 - 1, n_2 - 1)) = 1 - \alpha \tag{5-16}$$

根據式子（5-16），可以推導出兩個總體方差比 σ_1^2/σ_2^2 在 $1-\alpha$ 置信水準的置信區間為

$$\frac{S_1^2/S_2^2}{F_{\alpha/2}(n_1 - 1, n_2 - 1)} \leq \frac{\sigma_1^2}{\sigma_2^2} \leq \frac{S_1^2/S_2^2}{F_{1-\frac{\alpha}{2}}(n_1 - 1, n_2 - 1)} \tag{5-17}$$

F 分佈存在以下的關係

$$F_{1-\alpha/2}(n_1 - 1, n_2 - 1) = \frac{1}{F_{\alpha/2}(n_2 - 1, n_1 - 1)}$$

因此式子（5-17）變換為

$$\frac{S_1^2/S_2^2}{F_{\alpha/2}(n_1 - 1, n_2 - 1)} \leq \frac{\sigma_1^2}{\sigma_2^2} \leq F_{\alpha/2}(n_2 - 1, n_1 - 1) \cdot \frac{S_1^2}{S_2^2} \tag{5-18}$$

【例子 5-6】為研究男女學生在生活費支出（單位：元）上的差異，在某大學各隨機抽取 25 名男學生和 26 名女學生，得到下面的結果：

男學生：$\bar{X}_1 = 520$，$S_1^2 = 260$；女學生：$\bar{X}_2 = 480$，$S_2^2 = 280$

試以 90%置信水準估計男女學生生活費支出方差比的置信區間。

解：根據自由度 $n_1 - 1 = 25-1 = 24$，$n_2 - 1 = 26-1 = 25$，查得
$F_{5\%}(24, 25) = 1.96$，$F_{95\%}(24, 25) = 1/F_{5\%}(25, 24) = 1/1.97 = 0.51$

σ_1^2/σ_2^2 置信水準為 90%的置信區間為：$\frac{260/280}{1.96} \leq \frac{\sigma_1^2}{\sigma_2^2} \leq \frac{260/280}{0.51}$

因此，男女學生生活費支出方差比的置信區間為 [0.47, 1.83]。

5.5 樣本容量的確定

在進行參數估計之前，首先應確定一個適當的樣本量，也就是應該抽取一個多大的樣本來估計總體參數。在進行估計時，總是希望提高估計的精確度和可靠度。

5 參數估計

但在一定的樣本量下,要提高估計的可靠程度,就會擴大置信區間,而過寬的置信區間在實際估計中往往沒有意義。比如,我們有100%的把握程度斷定某學生期末考試成績在[0,100],把握度雖然很高,但是置信區間太寬,沒有意義。如果想要縮小置信區間的寬度,勢必造成可靠程度的下降。所以,想要縮小置信區間,又不降低置信程度,就需要增加樣本量。樣本容量大,收集的信息多,但是,樣本量的增加也受到很多限制,比如會增加調查的費用和工作量。通常,樣本量的確定與可以容忍的置信區間的寬度以及對此區間設置的置信水準有一定關係。因此,如何確定一個適當的樣本量,使得精確度得到保證,同時調查費用最省,也是抽樣估計中需要考慮的問題。本小節只關注估計總體均值時樣本容量的確定。

在簡單隨機重複抽樣下,允許誤差為 $E = Z_{\alpha/2} \cdot \dfrac{\sigma}{\sqrt{n}}$。$Z_{\alpha/2}$ 的值和樣本容量 n 共同確定了誤差的大小。一旦確定了置信水準,則 $Z_{\alpha/2}$ 的值也確定了。對於給定的 $Z_{\alpha/2}$ 和總體標準差 σ 的值,就可以確定任一希望的估計誤差所需要的樣本量。即

$$E = Z_{\alpha/2} \cdot \frac{\sigma}{\sqrt{n}}$$

由此推導出確定樣本量的公式如下

$$n = \frac{(Z_{\frac{\alpha}{2}})^2 \cdot \sigma^2}{E^2} \tag{5-19}$$

在實際運用中,如果 σ 的值未知,可以用以前相同或類似的樣本的標準差來替代,也可以用試驗調查的方法,選擇一個初始樣本,以該樣本的標準差作為 σ 的估計值。

從式子(5-19)可以看出,樣本量與置信水準成正比,在其他條件不變的情況下,置信水準越大,所需的樣本量也越大;樣本量與總體方差成正比,總體的差異越大,所要求的樣本量也越大;樣本量與允許誤差成反比,欲增加估計的精確度,即估計誤差需變小,則必須有大容量的樣本作為支撐。

需要說明的是,根據式子(5-19)算出的樣本容量不一定是整數,統計向上取整,如24.6取25,24.1也取25。

【例子5-7】某企業採用簡單隨機抽樣調查職工月平均獎金額,設職工月獎金額服從標準差為10元的正態分佈,要求估計的絕對誤差不大於3元,可靠度為95%,試問最少應抽取多少職工?

解:已知 $\sigma = 10$,$E \leqslant 3$,查表可知 $z_{\alpha/2} = 1.96$

$$E = Z_{\alpha/2} \cdot \frac{\sigma}{\sqrt{n}} \leqslant 3,\text{把已知條件代入,得到}$$

$$\frac{1.96 \times 10}{\sqrt{n}} \leqslant 3,\text{計算得到}$$

$$n \geqslant \frac{1.96^2 \times 10^2}{3^2}$$

$n \geqslant 42.68$

因此，最少應該抽取 43 名職工作為樣本進行調查。

習題

一、選擇題

1. 在其他條件不變的情形下，未知參數的 $1-\alpha$ 置信區間，（　　）
   A. α 越大區間越窄　　B. α 越大區間越寬
   C. α 越小區間越寬　　D. 區間寬度與 α 大小沒有關係

2. 甲乙是兩個無偏估計量，如果甲估計量的方差小於乙估計量的方差，則稱（　　）
   A. 甲是充分估計量　　B. 甲乙一樣有效
   C. 乙比甲有效　　D. 甲比乙有效

3. 在其他條件不變的前提下，若要求誤差範圍縮小 1/3，則樣本容量（　　）
   A. 增加 9 倍　　B. 增加 8 倍
   C. 為原來的 2.25 倍　　D. 增加 2.25 倍

4. 設樣本容量為 16 人的簡單隨機樣本，平均完成工作時間 13 分鐘，總體服從正態分佈且標準差為 3 分鐘。若想對完成工作所需時間構造一個 90% 置信區間，則（　　）
   A. 應用標準正態概率表查出 z 值　　B. 應用 t-分佈表查出 t 值
   C. 應用二項分佈表查出 p 值　　D. 應用泊松分佈表查出 λ 值

5. 設總體服從正態分佈，方差已知，在樣本容量和置信度保持不變的情形下，根據不同的樣本值得到總體均值的置信區間長度將（　　）
   A. 增加　　B. 不變
   C. 減少　　D. 以上都對

6. 區間估計表明的是一個（　　）
   A. 絕對可靠的範圍　　B. 可能的範圍
   C. 絕對不可靠的範圍　　D. 不可能的範圍

二、應用題

1. 某超市想要估計每個顧客平均每次購物花費的金額。根據過去的經驗，標準差大約為 120 元，現要求以 95% 的置信水準估計每個購物金額的置信區間，並且極

5 參數估計

限誤差不超過 20 元，應抽取多少個顧客作為樣本？

2. 某大學為了瞭解學生每天上網的時間，在全校 7,500 名學生中採取重複抽樣方法隨機抽取 36 人，調查他們每天上網的時間，得到下面的數據（單位：小時）。

3.3	3.1	6.2	5.8	2.3	4.1	5.4	4.5	3.2
4.4	2.0	5.4	2.6	1.8	1.8	3.5	5.7	2.3
2.1	1.9	1.2	5.1	4.2	4.2	3.6	0.8	1.5
4.7	1.4	1.2	2.9	2.4	2.4	0.5	3.6	2.5

求該校大學生平均上網時間的置信區間，置信水準分別為 90% 和 99%。

3. 隨機抽取某大學 16 名在校大學生，瞭解到他們每月的生活費平均為 800 元，標準差 S 為 300 元。假定該大學學生的每月平均生活費服從正態分佈，試以 95% 的置信度估計該大學學生的月平均生活費及其標準差的置信區間。

4. 某製造廠質量管理部門的負責人希望估計移交給接收部門的 5,000 包原材料的平均重量。一個由 3,600 包原材料組成的隨機樣本給出的平均值為 65 千克，標準差為 15 千克，求總體重量平均值 90% 的置信區間。

5. 隨機從某車間加工的同類零件中抽取 16 件，測得其平均長度為 12.8 厘米，方差為 0.002,3 平方厘米，假設零件長度服從正態分佈，求方差以及標準差的置信區間（置信度為 95%）。

6. 某手錶廠的精益牌手錶走時誤差為正態分佈（單位：秒/日），檢驗員從裝配線上隨機抽出 9 只進行檢驗，檢測的結果如下：-4.0、3.1、2.5、-2.9、0.9、1.1、2.0、3.0、2.8。取置信度為 0.90，求該品牌手錶的走時誤差的均值和方差的置信區間。

7. 下表是兩部機器生產的袋裝茶的重量數據（單位：克）。

機器 1			機器 2		
3.45	3.22	3.90	3.22	3.28	3.35
3.20	2.98	3.70	3.38	3.19	3.30
3.22	3.75	3.28	3.30	3.20	3.05
3.50	3.38	3.35	3.30	3.29	3.33
2.95	3.45	3.20	3.34	3.16	3.27
3.16	3.48	3.12	3.28	3.34	3.28
3.20	3.18	3.25	3.30	3.35	3.25

構造兩個總體方差比的 95% 的置信區間。

8. 從一個正態總體中隨機抽取容量為 8 的樣本，各樣本取值分別為：10，8，

12，15，6，13，5，11。求總體均值99%的置信區間。

三、思考題

1. 簡述評價估計量好壞的標準。
2. 說明區間估計的基本原理。
3. 解釋置信水準的含義。
4. 簡述樣本容量與置信水準、總體方差、極限誤差的關係。

6 假設檢驗

學習目標

1. 掌握假設檢驗的原理。
2. 掌握提出假設的原則，並能夠根據不同情境提出相應的假設。
3. 掌握檢驗的形式、兩類錯誤的含義和關係。
4. 理解統計量。
5. 掌握拒絕域的形式和範圍、P 值法的含義。
6. 能夠使用拒絕域法和 P 值法進行假設檢驗，並得到一致結論。
7. 掌握單個總體均值的假設檢驗。
8. 掌握單個總體方差的假設檢驗。
9. 掌握兩個總體方差比的假設檢驗。

　　參數估計和假設檢驗是統計推斷的兩個組成部分，它們利用樣本對總體進行某種推斷，但推斷的角度不同。參數估計是利用樣本信息推斷未知的總體參數，而假設檢驗則是先對未知的總體參數提出一個假設值，然後利用樣本信息判斷這一假設是否成立。本章討論的內容是如何利用樣本信息，對假設成立與否做出判斷的一套程序。

6.1 假設檢驗的基本原理

6.1.1 假設的陳述

　　在現實生活中，人們經常要對某個「假設」做出判斷，確定它是真的還是假

的。在研究領域，研究者檢驗一種新的理論時，首先要提出看法，即假設。「假設」是對總體參數的具體數值所做的陳述。假設檢驗也就是利用樣本信息判斷假設是否成立的過程，它先對總體參數提出某種假設，然後利用樣本信息判斷假設是否成立。比如，在某種新藥的開發研究中，研究人員需要判斷新藥是否比原有藥物更有效；在對某一品牌洗衣粉的抽檢中，抽檢人員需要判斷其淨含量是否達到了說明書中所聲明的重量；公司在收到一批貨物時，質檢人員需要判斷該批貨物的屬性是否與合同中規定的一致，等等。

在假設檢驗中，首先提出假設，有幾點需要注意：

（1）假設由原假設和備擇假設組成。原假設用 H_0 表示，也稱零假設；備擇假設用 H_1 表示。

（2）原假設和備擇假設是一個完備事件組，而且相互獨立。提出原假設和備擇假設時，既不重複也不遺漏。這意味著，在檢驗時原假設和備擇假設必有一個成立，而且只有一個成立。如果對總體均值 μ 的原假設為 $H_0: \mu = 3$，則備擇假設一定是 $H_1: \mu \neq 3$。

（3）在假設檢驗中，等號「=」總是放在原假設 H_0 上。比如，原假設總是 $H_0: \mu = \mu_0$ 或 $H_0: \mu \geq \mu_0$ 或 $H_0: \mu \leq \mu_0$。而相應的備擇假設為 $H_1: \mu \neq \mu_0$、$H_1: \mu < \mu_0$ 以及 $H_1: \mu > \mu_0$。將「=」放在原假設上是因為研究者想涵蓋備擇假設不出現的情況。

（4）假設檢驗的目的主要是收集證據拒絕原假設。原假設最初被設定是成立的，之後就是要根據樣本數據，確定是否有足夠的不符合原假設的證據以拒絕原假設。這與法庭上對被告的定罪類似：先要假定被告無罪，直到有足夠證據證明他是有罪的。被告人在審判前被認定是無罪的（原假設 H_0：被告是無罪的），審判中需要提供證據。如果有足夠的證據與原假設不符，則拒絕原假設（即認為被告有罪）。如果沒有足夠的證據證明被告有罪，就不能拒絕原假設，不能認定被告有罪，但這裡也沒有證明被告就是無辜的。假設檢驗得出的統計結論都是根據原假設進行闡述的，要麼拒絕原假設，要麼不拒絕原假設。當不能拒絕原假設時，我們從來不說「接受原假設」，因為沒有證據證據原假設是真的。原假設在開始進行檢驗時被認定是真的，沒有足夠證據拒絕原假設時，並不等於證明了原假設是真的。它僅僅意味著沒有足夠證據拒絕，因此不能拒絕，並沒有說原假設就是真的。當「拒絕」原假設時，得出的結論是明確而清楚的。拒絕則意味著一定不成立。

（5）在提出假設時，把想要得到的結論或想收集證據予以支持的假設放在 H_1 上。比如，你開發了一種新藥以提高療效，那麼你應該把想要支持的說法（如：新藥的療效得到了提高）作為備擇假設。為什麼我們應該把想要得到的結論放在 H_1 上呢？我們先不妨把想要得到的結論放在 H_0 上，如果最終我們得到「不拒絕 H_0」，我們也無法證明我們想要得到的結論是成立的，如果得出「拒絕 H_0」，則我們想要得到的結論一定是不成立的。如此說來，無論檢驗的結論如何，我們都占不到半點便

宜。因此，我們應該把想要收集證據予以支持的陳述放在 H_1 上。

【例子6-1】某樂器廠以往生產的樂器採用的是一種鎳合金弦線，這種選線的評價抗拉強度不超過 1,035Mpa，現產品開發小組研究了一種新型弦線，他們認為其抗拉強度得到了提高並想尋找證據予以支持。在對研究小組開發的產品進行檢驗時，應該如何提出假設？

解：設鎳合金新型弦線平均抗拉強度的真值為 μ。如果 $\mu > 1,035$，表明新型弦線的抗拉強度得到了提高，如果 $\mu \leq 1,035$，表明新型弦線抗拉強度沒有得到提高。研究者想收集證據予以證明的假設應該是「新型弦線的抗拉強度得到了提高」，所以 $\mu > 1,035$ 應該放在 H_1 上。根據既不重複也不遺漏的原則，H_0 上應該放置 $\mu \leq 1,035$。所以建立的原假設和備擇假設為

H_0：$\mu \leq 1,035$

H_1：$\mu > 1,035$

【例子6-2】一種零件的生產標準是直徑應為 10 厘米，為對生產過程進行控制，質量檢測人員定期對一臺加工機床檢查，確定這臺機床生產的零件是否符合標準表求。如果零件的平均直徑大於或小於 10 厘米，則表明生產過程不正常，必須進行調整。試陳述用來檢驗生產過程是否正常的原假設和備擇假設。

解：設這臺機床生產的所有零件平均直徑的真值為 μ。如果 $\mu = 10$，表明生產過程正常。如果 $\mu \neq 10$，則表明機床的生產過程不正常。根據「=」位於 H_0 的原則，我們提出的假設為

H_0：$\mu = 10$

H_1：$\mu \neq 10$

（6）儘管前面已經給出了原假設和備擇假設的一些原則，但它們本質上是帶有一定的主觀色彩的，因為所謂的「收集證據予以支持的假設」仍然取決於研究者的意志。因此，對於同一個問題，不同的研究者提出截然不同的原假設和備擇假設，這是十分正常的。很多時候，研究者可能沒有主觀立場，此時提出假設需滿足形式上的正確性。

6.1.2 檢驗的形式

在假設檢驗中，研究者感興趣的備擇假設 H_1 的內容，可以是某一特定方向的變化，如「>」或「<」，也可以是沒有特定方向的變化，如「≠」。在例子6-1中，H_1 具有特定的方向性，含有「>」符號，稱這樣的檢驗為單側檢驗或單尾檢驗；在例子6-2中，H_1 不具有特定的方向性，並不關心是大於還是小於，含有「≠」符號，稱這樣的檢驗為雙側檢驗或雙尾檢驗。

在單側檢驗中，又可以分為左側檢驗和右側檢驗。如果研究者感興趣的備擇假設的方向為「>」，稱為右側檢驗；如果研究者感興趣的備擇假設的方向為「<」，

稱為左側檢驗。例子 6-1 就屬於右側檢驗。

設 μ 為總體參數，μ_0 為假設的參數具體數值，可以將假設檢驗的基本形式總結如表 6-1 所示。

表 6-1　　　　　　　　　　假設檢驗的基本形式

假設	雙側檢驗	單側檢驗	
		左側檢驗	右側檢測
原假設	$H_0: \mu = \mu_0$	$H_0: \mu \geq \mu_0$	$H_0: \mu \leq \mu_0$
備擇假設	$H_1: \mu \neq \mu_0$	$H_1: \mu < \mu_0$	$H_1: \mu > \mu_0$

6.1.3　假設檢驗的原理

假設檢驗的思想是反證思想，先假定「H_0為真」，如果檢驗中出現不合理現象，則表明「H_0為真」的假設是錯誤的，應該拒絕 H_0。如果檢驗中未出現不合理現象，則不拒絕 H_0。

假設檢驗利用的是小概率原理。大數法則告訴我們，就大量觀察而言，事件發生仍是有規律性的。這種規律性的數量表示被稱為概率。在大量觀察中頻頻出現的事件具有較大概率，出現次數較少的事件，具有較小概率。根據概率大小，人們對它的態度和處理方式會不一樣。在日常生活中，人們習慣於把小概率事件當作在一次觀察中不可能出現的事件。如飛機失事、火車出軌等都是小概率事件，但是人們不會因為有過這類事故就不坐飛機或火車。因為這些事故發生的概率很小，大家都認為它不可能發生。

假設檢驗中所依據的小概率原理，就是指發生概率小的隨機事件在某一次抽樣中幾乎不可能發生。英國統計學家費希爾把小概率的標準定為 5%，後來人們把 5% 或比 5% 更小的概率看成小概率。假定「H_0為真」並抽樣，卻發現檢驗過程中小概率事件發生了（只有 5% 或更小可能性的事件發生了），我們有理由認為這並非偶然現象，表明「H_0為真」的假設是錯誤的，則可以拒絕 H_0，從而選擇 H_1。

6.1.4　兩類錯誤

假設檢驗的目的是要根據樣本信息做出決策。顯然，研究者總是希望能做出正確的決策，也就是當原假設正確時沒有拒絕它，當原假設不正確時拒絕它。但是由於決策是建立在樣本提供的信息基礎上，而樣本又是隨機的，因而就有可能犯錯誤。假設檢驗過程中可能發生以下兩類錯誤，如表 6-2 所示。

當原假設為真時拒絕原假設，所犯的錯誤稱為 I 類錯誤，也稱棄真錯誤。犯 I 類錯誤的概率通常用 α 表示。

6 假設檢驗

當原假設不成立時沒有拒絕原假設，所犯的錯誤稱為 II 類錯誤，也稱納偽錯誤或取偽錯誤。犯 II 類錯誤的概率通常用 β 表示。

表 6-2　　　　　　　　　　兩類錯誤表

真實情況＼所做判斷	拒絕 H_0	不拒絕 H_0
H_0 成立	I 類錯誤	——
H_0 不成立	——	II 類錯誤

I 類錯誤：原假設 $H_0:\mu = 300$（元）是正確的，但我們做出了錯誤的判斷，認為 $H_1:\mu \neq 300$，即在假設檢驗中拒絕了本來正確的原假設，這是犯了棄真錯誤。

II 類錯誤：原假設 $H_0:\mu = 300$（元）是不成立的、錯誤的，但我們做出了錯誤的判斷，認為 $H_0:\mu = 300$，即在假設檢驗中沒有拒絕本來錯誤的原假設，這是犯了納偽錯誤。

假設檢驗中各種可能結果的概率見表 6-3。

表 6-3　　　　　　假設檢驗中各種可能結果的概率

真實情況＼所做判斷	拒絕 H_0	不拒絕 H_0
H_0 成立	α（棄真錯誤）	$1-\alpha$（正確決策）
H_0 不成立	$1-\beta$（正確決策）	β（納偽錯誤）

自然，我們希望犯這兩類錯誤的概率越小越好。但對於給定的樣本容量 n，不能同時做到犯這兩類錯誤的概率都很小。如果減小了 α，就會增大 β 概率；如果減小了 β，就會增大 α。這兩類錯誤就像一個蹺蹺板，如圖 6-1 所示。要使 α 和 β 同時減小的唯一辦法就是增加樣本量。當然，樣本量的增加不是那麼容易的，受很多因素的制約，人們只能在兩類錯誤的發生概率之間進行平衡，以使 α 和 β 控制在可以接受的範圍內。

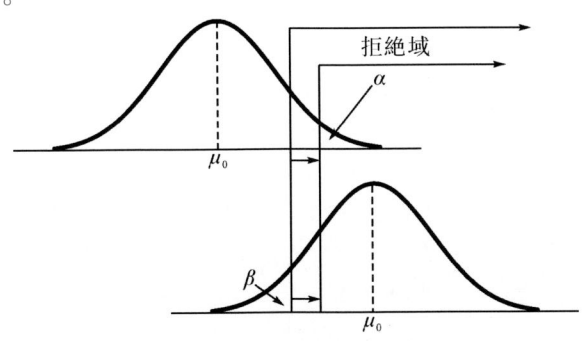

圖 6-1　假設檢驗中犯兩類錯誤的圖示

一般來說，發生哪一類錯誤的後果更為嚴重，危害更大，就應該首要控制哪類錯誤發生的概率，由於犯 I 類錯誤的概率是可以由研究者控制的，因此在假設檢驗中，人們往往先控制 I 類錯誤的發生概率。

發生 I 類錯誤的概率也常用於檢驗結論的可靠性度量，假設檢驗中犯 I 類錯誤的概率被稱為顯著性水準，記為 α。

顯著性水準是指當原假設 H_0 實際上是正確的時候，檢驗統計量落在拒絕域的概率。它是人們事先制定的犯 I 類錯誤概率 α 的最大允許值。實際應用中，人們認為犯 I 類錯誤的後果更嚴重，通常會取一個較小的 α 值。常用的顯著性水準有 $\alpha = 1\%$、$\alpha = 5\%$、$\alpha = 10\%$。

確定了顯著性水準 α 就等於控制了犯 I 類錯誤的概率，但犯 II 類錯誤的概率 β 卻是不確定的。在拒絕原假設 H_0 時，人們犯錯誤的概率不超過給定的顯著性水準 α，但當樣本觀測顯示沒有充分的理由拒絕原假設時，便難以確切知道 II 類錯誤發生的概率，因此，在假設檢驗中採用「不拒絕 H_0」而不採用「接受 H_0」的表述方法，這種說法實質上並未做出明確結論，因為「接受 H_0」所得結論的可靠性將由 II 類錯誤的概率 β 來測量，而 β 的控制又相對複雜。

6.1.5 檢驗統計量和拒絕域

在提出具體的假設之後，我們需要提供可靠的證據來支持所提出的備擇假設。實際操作過程中，提出證據的信息主要來自所抽取的樣本，假設檢驗也就是要憑藉可能獲得的樣本觀測幫助我們做出最後的判斷和決策。一個很自然的想法是，如果樣本提供的證據能夠證明原假設是不真實的，我們就有理由拒絕它，而傾向於選擇備擇假設。在一般的假設檢驗中，都是通過樣本信息提供對 H_1 的支持，做出「拒絕原假設 H_0」的結論。

通常，樣本提供的信息十分豐富和繁雜，針對特定的研究問題，往往需要對這些信息壓縮和提煉，檢驗統計量就是對樣本信息進行壓縮和概括的結果。

根據樣本觀測結果計算得到的、並據以對原假設和備擇假設做出決策的某個樣本統計量，稱為檢驗統計量。

檢驗統計量實際上就是標準化後的估計量。如 z 統計量、t 統計量、χ^2 統計量、F 統計量，等等。檢驗統計量是一個隨機變量，隨著樣本觀測結果的不同，它的具體數值也是不同的。如果已知一組特定的樣本觀測結果，檢驗統計量的值也就唯一確定了。根據這個檢驗統計量的值，我們可以決定是否拒絕原假設。那麼，統計量的哪些值將導致人們拒絕原假設而傾向於備擇假設呢？這就需要找出能夠拒絕原假設的所有可能檢驗統計值，這些值的集合則稱為拒絕域。

拒絕域是由顯著性水準 α 所圍成的區域。如果利用觀測結果計算出來的檢驗統計量的具體數值落在了拒絕域，就拒絕原假設，否則不拒絕。

6 假設檢驗

　　拒絕域的大小與我們事先選定的顯著性水準和檢驗的形式有一定關係。在確定了顯著性水準 α 後，就可以根據 α 值的大小和檢驗形式確定拒絕域的具體邊界值。這個邊界值稱為臨界值。

　　當樣本量固定時，拒絕域的寬度隨 α 的減小而變窄。α 越小，為拒絕原假設所需要的檢驗統計量的臨界值與原假設的參數值越遠，將越不容易拒絕。

　　當檢驗形式為雙側檢驗時，拒絕域的形式也為雙側；當檢驗形式為左側檢驗時，拒絕域的形式也為左側；當檢驗形式為右側檢驗時，拒絕域的形式也為右側。如圖 6-2 所示。

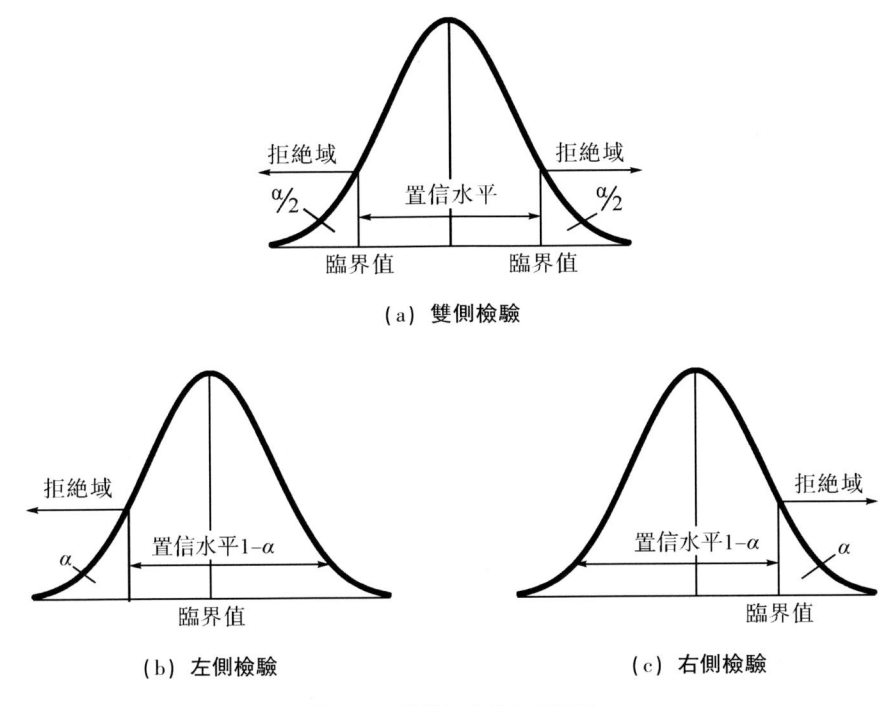

（a）雙側檢驗

（b）左側檢驗　　　　　　　　　（c）右側檢驗

圖 6-2　顯著性水準和拒絕域

6.1.6　P 值法

　　顯著性水準 α 是在檢驗之前確定的，這也意味著事先確定了拒絕域。不論檢驗統計量的值是大是小，只要它的值落入拒絕域就拒絕原假設 H_0。這種固定的顯著性水準 α 對檢驗結果的可靠性起一種度量作用。但不足的是，α 是犯 I 類錯誤的最大概率值，它只能提供檢驗結論可靠性的一個大致範圍。對於一個特定的假設檢驗問題，卻無法給出觀測數據與原假設之間不一致程度的精確度量。也就是說，僅從顯著性水準來比較，如果選擇的 α 值相同，所有檢驗結論的可靠性都一樣。比如，當計算的檢驗統計值 $z_0 = 2.5$ 落在了拒絕域，我們拒絕原假設；如果計算的檢驗統計值

103

$z_0 = 2.0$ 同樣也落在了拒絕域，也得出拒絕原假設的結論。但是，根據不同的樣本結果進行決策，面臨的風險事實上是有差別的，為了精確地反應決策的風險度，則需要計算 P 值。

如果原假設 H_0 為真，所得到的樣本結果會像實際觀測結果那麼極端或更極端的概率，稱為 P 值，也稱為觀察到的顯著性水準。P 值與原假設的對或錯的概率無關，它是關於數據的概率。P 值是當原假設正確時，得到所觀測到數據的概率。如果 P 值很小，則說明，當原假設為真的情況下，得到所觀測數據的概率也很小，此類數據的出現純屬偶然，屬於小概率事件，不足以證明 H_0 的正確性，應該拒絕 H_0；如果 P 值很大，則說明，當原假設為真的情況下，得到所觀測數據的概率也很大，此類數據的出現不是偶然事件，足以證明 H_0 的正確性，不拒絕 H_0。所以，P 值反應實際觀測到的數據與原假設 H_0 之間不一致程度的一個概率值。P 越小，說明實際觀測到的數據與 H_0 之間不一致的程度就越大，檢驗的結果就越顯著。

P 也是用於確定是否拒絕原假設的另一個重要工具，它有效地補充了 α 提供的關於檢驗可靠性的有限信息。對於 P 值，可以用圖 6-3 來表示。

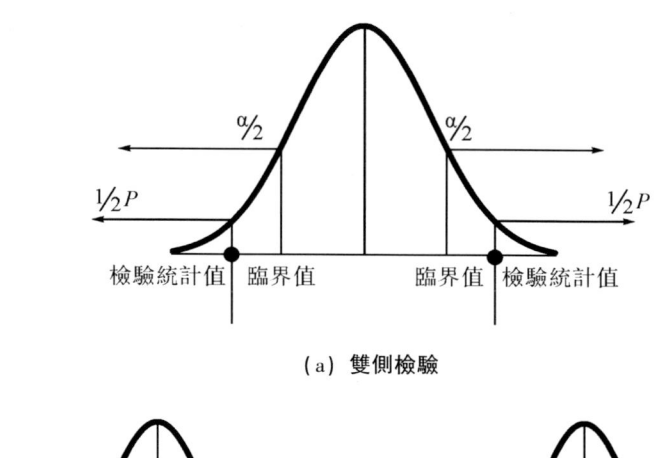

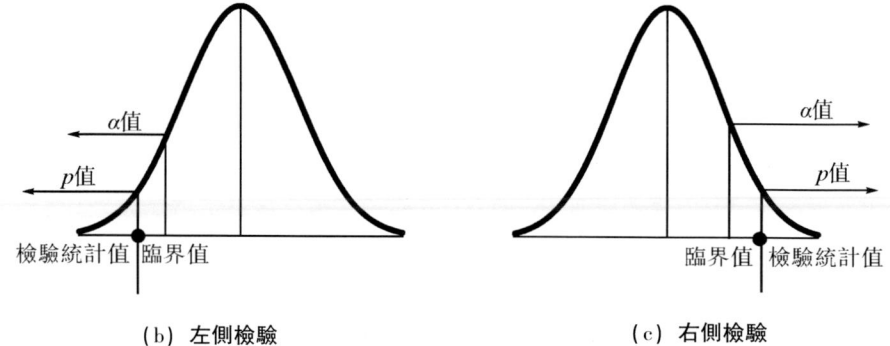

(a) 雙側檢驗

(b) 左側檢驗　　　(c) 右側檢驗

圖 6-3　P 值示意圖

6.2 假設檢驗的流程

假設檢驗的一般流程如下：

第一步：提出原假設和備擇假設。

例如，不妨設為

$H_0: \mu = 3,190$；$H_1: \mu \neq 3,190$

第二步：確定適當的檢驗統計量，並計算其數值。選擇哪個統計量作為檢驗統計量需要結合抽樣分佈進行分析。對於總體均值的假設檢驗，如果樣本量多（大於30），則可以採用 Z 統計量，如下式：

$$Z = \frac{\bar{X} - \mu_0}{\sigma/\sqrt{n}} \sim N(0, 1)$$

或

$$Z = \frac{\bar{X} - \mu_0}{s/\sqrt{n}} \sim N(0, 1) \text{（當 } \sigma \text{ 未知，用 } s \text{ 替代）}$$

然後，將 $\bar{x}$、σ、n 以及 $\mu_0 = 3,190$ 代入上式，計算出檢驗統計量的值 $z_0 = \frac{\bar{x} - \mu_0}{\sigma/\sqrt{n}}$。

不妨假設上述第一步中的假設提出後，需要採用 Z 統計量，則可計算檢驗統計量的數值。不妨假設，$n = 100$，$\sigma = 80$，同時樣本均值 $\bar{x} = 3,120$。

計算得到檢驗統計值 $z_0 = \frac{\bar{x} - \mu_0}{\sigma/\sqrt{n}} = \frac{3,210 - 3,190}{80/\sqrt{100}} = 2.5$

確定檢驗統計量的方式與參數估計中確定統計量的標準一致。

對於總體均值的假設檢驗，如果樣本量小，但是總體方差已知，採用 Z 統計量，即

$$Z = \frac{\bar{X} - \mu_0}{\sigma/\sqrt{n}} \sim N(0, 1)$$

如果樣本量小且總體方差未知，則採用 t 統計量，即

$$t = \frac{\bar{X} - \mu_0}{s/\sqrt{n}} \sim t(n-1)$$

對於總體方差的假設檢驗，在總體服從正態分佈的前提下，採用 χ^2 統計量，即

$$\chi^2 = \frac{(n-1) \cdot S^2}{\sigma^2} \sim \chi^2(n-1)$$

第三步：確定決策標準。如拒絕域法、P 值法、置信區間法。

當採用拒絕域法進行決策，首先找到拒絕域（具體方法將在隨後例題中體現），

然後判斷檢驗統計值與拒絕域的關係：當檢驗統計值落入拒絕域，則拒絕 H_0；當檢驗統計值沒有落入拒絕域則不拒絕 H_0。

採用 P 值法作為決策標準的話，則判斷求出的 p 值與 α 的大小，如果 $p < \alpha$ 則結論為「拒絕 H_0」；如果 $p > \alpha$，則結論為「不拒絕 H_0」。

從第一步中提出的假設可知，檢驗的形式為雙側檢驗，所以拒絕域圖形如圖 6-2 中的（a）圖所示。如果顯著性水準 $\alpha = 5\%$，則具體的拒絕域為 $(-\infty, -1.96) \cup (1.96, +\infty)$，如圖 6-4 所示。

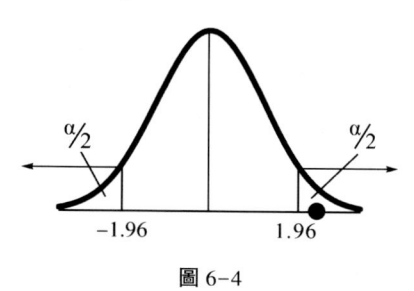

圖 6-4

第四步：得出結論。我們比較第二步計算出的 z_0 以及第三步得出的拒絕域，發現 z_0 落入了拒絕域，因此拒絕 H_0。

● 6.3 總體均值的假設檢驗

1. 大樣本的情況、小樣本（總體服從正態分佈）且總體方差已知的情況

【例子 6-3】某工廠加工一種零件，根據經驗，該廠加工零件的橢圓度漸進服從正態分佈，其總體均值為 0.081 毫米，標準差為 0.025 毫米。今另換一種新機床進行加工希望能夠增加零件的橢圓度，現取 200 個零件進行檢驗，得到橢圓度均值為 0.087 毫米，取顯著性水準為 5%，問新機床加工零件的橢圓度總體均值是否比以前的大？

解：這是一個對總體均值的假設檢驗問題。已知 $n = 200$，為大樣本，所以，抽樣分佈是正態分佈，採用的檢驗統計量為 Z 統計量。

第一步：提出假設。題目需要檢驗「橢圓度是否比以前大」。檢驗的形式有特定的方向性。工廠希望加工的零件橢圓度能增加，因此，H_1 上應該體現想要得到的結論「橢圓度增加了」。提出的假設為：$H_0: \mu \leq 0.081$；$H_1: \mu > 0.081$。

第二步：根據題目分析，我們應採用正態分佈，檢驗統計量為 Z 統計量，如下：

$$Z = \frac{\bar{X} - \mu_0}{\sigma/\sqrt{n}} \sim N(0, 1)$$

6 假設檢驗

將 $\bar{x} = 0.087$, $\mu_0 = 0.081$, $\sigma = 0.025$, $n = 200$ 代入上式，計算得到 $z_0 = 3.394$

第三步：決策標準——拒絕域法。從提出的假設檢驗可知，本題的檢驗形式為右側檢驗，因此拒絕域為 $(Z_\alpha, +\infty) = (1.645, +\infty)$。比較檢驗統計量的數值以及拒絕域在數軸的位置關係，統計值落在了拒絕域，因此拒絕 H_0（見圖6-5）。

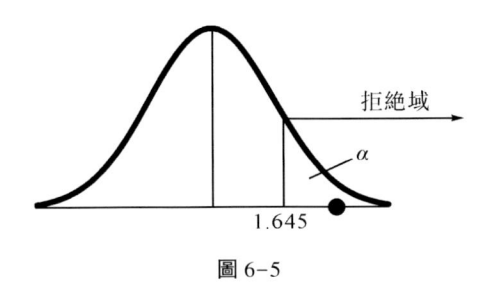

圖 6-5

第四步：得出結論。拒絕 H_0，認為新機床加工的零件的橢圓度總體均值比以前增大了。

表 6-4 為大樣本、小樣本且總體方差已知情況下單個總體均值的檢驗方法。

表 6-4　大樣本、小樣本且總體方差已知情況下單個總體均值的檢驗方法

	雙側檢驗	左側檢驗	右側檢驗
提出的假設	$H_0: \mu = \mu_0$ $H_1: \mu \neq \mu_0$	$H_0: \mu \geq \mu_0$ $H_1: \mu < \mu_0$	$H_0: \mu \leq \mu_0$ $H_1: \mu > \mu_0$
檢驗統計量	$Z = \dfrac{\bar{X} - \mu_0}{\sigma/\sqrt{n}}$（當 σ 未知時，用 s 代替）		
檢驗統計量的值	$z_0 = \dfrac{\bar{x} - \mu_0}{\sigma/\sqrt{n}}$		
拒絕域	$(-\infty, -Z_{\frac{\alpha}{2}}) \cup (Z_{\frac{\alpha}{2}}, +\infty)$	$(-\infty, -Z_\alpha)$	$(Z_\alpha, +\infty)$
	當 z_0 落在拒絕域則拒絕 H_0		
p 值	$p = 2P(Z \geq |z_0|)$	$p = P(Z < z_0)$	$p = P(Z > z_0)$
	當 $p < \alpha$，拒絕 H_0		

2. 小樣本且總體方差未知的情況（總體服從正態分佈）

【例子6-4】某種電子元件的壽命 X（單位：小時）服從正態分佈。現測得16只元件的壽命如下：

| 159 | 280 | 101 | 212 | 224 | 379 | 179 | 264 |
| 222 | 362 | 168 | 250 | 149 | 260 | 485 | 170 |

是否有理由認為元件的平均壽命等於 225 小時（$\alpha = 0.01$）？

解：在總體服從正態分佈的情況下，抽得的樣本量為 16，屬於小樣本，同時總體方差未知，因此本題的抽樣分佈是學生分佈。

第一步：提出假設。$H_0: \mu = 225$；$H_1: \mu \neq 225$

第二步：確定檢驗統計量並計算其數值。本題採用 t 統計量，如下：

$$t = \frac{\bar{X} - \mu_0}{s/\sqrt{n}} \sim t(n-1)$$

根據題意計算得知，$\bar{x} = 241.5$，$s = 98.73$，$\mu_0 = 225$，$n = 16$，代入上式，計算出檢驗統計值 $t_0 = 0.668,5$。

第三步：決策標準——拒絕域法。從提出的假設可知，本題中檢驗形式為雙側檢驗。拒絕域為 $(-\infty, -Z_{\alpha/2}) \cup (Z_{\alpha/2}, +\infty)$，即 $(-\infty, -2.58) \cup (2.58, +\infty)$（見圖 6-6）。檢驗統計值與拒絕域的位置比較可知，檢驗統計值沒有落在拒絕域，因此不拒絕 H_0。

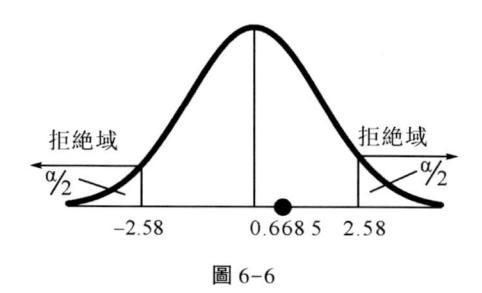

圖 6-6

第四步：得出結論。不拒絕 H_0，認為元件的平均壽命等於 225 小時。

表 6-5 為小樣本且總體方差未知情況下單個總體均值的檢驗方法。

表 6-5　　小樣本且總體方差未知情況下單個總體均值的檢驗方法

	雙側檢驗	左側檢驗	右側檢驗
提出的假設	$H_0: \mu = \mu_0$ $H_1: \mu \neq \mu_0$	$H_0: \mu \geq \mu_0$ $H_1: \mu < \mu_0$	$H_0: \mu \leq \mu_0$ $H_1: \mu > \mu_0$
檢驗統計量	\multicolumn{3}{c}{$t = \dfrac{\bar{X} - \mu_0}{s/\sqrt{n}}$}
檢驗統計量的值	\multicolumn{3}{c}{$t_0 = \dfrac{\bar{x} - \mu_0}{s/\sqrt{n}}$}
拒絕域	$(-\infty, -t_{\frac{\alpha}{2}}(n-1)) \cup (t_{\frac{\alpha}{2}}(n-1), +\infty)$	$(-\infty, -t_{\alpha}(n-1))$	$(t_{\alpha}(n-1), +\infty)$
	當 t_0 落在拒絕域則拒絕 H_0		
p 值	$p = 2P(t \geq |t_0|)$	$p = P(t < t_0)$	$p = P(t > t_0)$
	當 $p < \alpha$，拒絕 H_0		

6 假設檢驗

6.4 總體方差的假設檢驗

在假設檢驗中，有時不僅需要檢驗正態總體的均值、比例，而且需要檢驗正態總體的方差。例如，在產品質量檢驗中，質量標準是通過不同類型的指標反應的，如尺寸、質量、抗拉強度等，有些屬於方差類型，如尺寸的方差、重量的方差、抗拉強度的方差等。方差反應著產品的穩定性。方差大，說明產品的性能不穩定，波動大。凡與均值有關的指標，通常也與方差有關，方差從另一個方面說明研究現象的狀況。在經濟現象方面，對方差關注的例子比比皆是。例如，居民的平均收入說明了收入達到的一般水準，是衡量經濟發展的一個重要指標，而收入的方差則反應了收入分配差異的情況，可以用於評價收入的合理性。在投資方面，收益率的方差是評價投資風險的重要依據。

方差檢驗使用的是 χ^2 統計量。對一個方差為 σ^2 的正態總體反覆抽樣，計算每一個樣本方差 s^2，則 s^2 的分佈服從

$$\frac{(n-1) \cdot S^2}{\sigma^2} \sim \chi^2(n-1)$$

χ^2 與 z 統計量、t 統計量一樣，在確定的 α 水準下，也有其固定的拒絕域。若進行雙側檢驗，拒絕域分佈在 χ^2 統計量分佈曲線的兩邊；若是單側檢驗，拒絕域分佈在 χ^2 統計量分佈曲線的一邊，如果是左側檢驗則分佈在曲線左邊，如果是右側檢驗則分佈在曲線的右邊。

【例子6-5】某廠商生產一件新型的飲料瓶裝機器，按設計要求，該機器裝一瓶1,000毫升的飲料誤差上下不超過1毫升。如果達到設計要求，表明機器的穩定性非常好。現從該機器裝完的產品中隨機抽取 25 瓶，分別進行測定（用樣本觀測值分別減1,000毫升），得到表 6-6 所示的數據。

表 6-6　　　　　25 瓶飲料容量測試結果　　　　　單位：毫升

0.3	-0.4	-0.7	1.4	-0.6
-0.3	-1.5	0.6	-0.9	1.3
-1.3	0.7	1	-0.5	0
-0.6	0.7	-1.5	-0.2	-1.9
-0.5	1	-0.2	-0.6	1.1

試以 5%的顯著性水準檢驗該機器的性能是否達到設計要求。

解：本題對總體方差進行檢驗，採用 χ^2 統計量，而且根據題意，採用單側檢驗。

第一步：提出假設。$H_0: \sigma^2 \geq 1$；$H_1: \sigma^2 < 1$

第二步：確定檢驗統計量，並計算其數值。χ^2 統計量如下：

$$\frac{(n-1) \cdot S^2}{\sigma_0^2} \sim \chi^2(n-1)$$

通過計算，本次抽樣的樣本方差 s^2 乘以 $(n-1)$ 等於

$$(n-1) \cdot s^2 = \sum_{i=1}^{25}(x_i - \bar{x})^2$$
$$= 0.3^2 + (^-0.4)2 + \cdots + 1.1^2$$
$$= 21.3$$

由此計算出的檢驗統計值為 $\chi_0^2 = 21.3$。

第三步：決策標準——拒絕域法。由提出的假設可知，此題是左側檢驗，拒絕域為 $(0, \chi_{1-\alpha}^2(24))$。在顯著性水準為 5% 條件下，查表可知，$\chi_{95\%}^2(24) = 13.848\,4$，具體的拒絕域範圍是 $(0, 13.848\,4)$（見圖 6-7）。將計算出的檢驗統計值與拒絕域進行比較，數值沒有落入拒絕域，因此不拒絕 H_0。

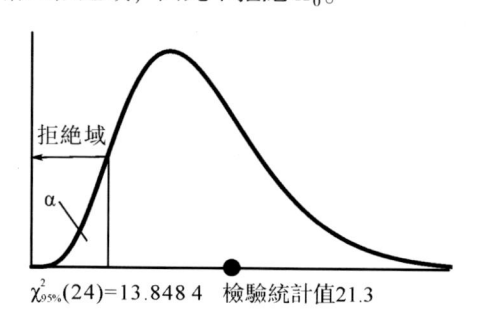

圖 6-7

第四步：結論。不拒絕 H_0，說明該機器的性能並沒有達到要求。

表 6-7 為單個總體方差的檢驗方法。

表 6-7　　　　　　　　　　　　單個總體方差的檢驗方法

	雙側檢驗	左側檢驗	右側檢驗
提出的假設	$H_0: \sigma^2 = \sigma_0^2$ $H_1: \sigma^2 \neq \sigma_0^2$	$H_0: \sigma^2 \geq \sigma_0^2$ $H_1: \sigma^2 < \sigma_0^2$	$H_0: \sigma^2 \leq \sigma_0^2$ $H_1: \sigma^2 > \sigma_0^2$
檢驗統計量	$\chi^2 = \dfrac{(n-1)S^2}{\sigma_0^2}$		
檢驗統計量的值	$\chi_0^2 = \dfrac{(n-1)s^2}{\sigma_0^2}$		
拒絕域	$< \chi_{1-\frac{\alpha}{2}}^2(n-1) \cup > \chi_{1-\frac{\alpha}{2}}^2(n-1)$	$< \chi_{1-\alpha}^2(n-1)$	$> \chi_\alpha^2(n-1)$
α 與拒絕域	當 χ_0^2 落在拒絕域則拒絕 H_0		

6.5 兩個總體方差比的假設檢驗

在實際中會遇到關注兩個總體方差是否相等的問題，如比較兩個生產過程的穩定性，比較兩種投資方案的風險等。

【例子6-6】大多數科學家認為，食用含有高纖維的谷類食物有助於降低癌症發生的可能性。然而一個科學家指出，如果人們在早餐中使用高纖維的谷類食物，那麼平均而言，與早餐沒有食用穀物的人群相比，食用穀物者在午餐中攝取的熱量（大卡）將會減少。如果這個觀點成立，穀物食品的生產商又將獲得一個很好的機會，他們會宣傳說，多吃穀物，早上也吃，這樣有助於減肥。為了驗證這個假設，我們隨機抽取了37人，詢問他們早餐和午餐的通常食譜，根據他們的食譜，將其分為兩類，一類為經常穀物食用者，一類為非經常谷類食用者，然後測度每人午餐的大卡攝取量。經過一段時間的實驗，得到的結果如表6-8所示。

表6-8　　　　　　　實驗人員的大卡攝取量

總體1	568	681	636	607	555
	496	540	539	529	562
	589	646	596	617	584
	600				
總體2	650	569	622	630	596
	637	628	706	617	624
	563	580	711	480	688
	723	651	569	709	632
	680				

試以 $\alpha = 0.05$ 的顯著性水準檢驗兩個總體的方差是否相等。

解：第一步，提出假設。由於是檢驗 σ_1^2 和 σ_2^2 是否相等，故採用雙側檢驗

$$H_0: \frac{\sigma_1^2}{\sigma_2^2} = 1 \text{；} H_1: \frac{\sigma_1^2}{\sigma_2^2} \neq 1$$

第二步，確定檢驗統計量並計算數值。我們採用 F 統計量

$$F = \frac{S_1^2/\sigma_1^2}{S_2^2/\sigma_2^2} \sim F(15, 20)$$

根據提供的數據計算得到 $s_1^2 = 2,287.396$，$s_2^2 = 3,614.333$

代入檢驗統計量計算其數值，得到 $F_0 = 0.633$（見圖6-8）。

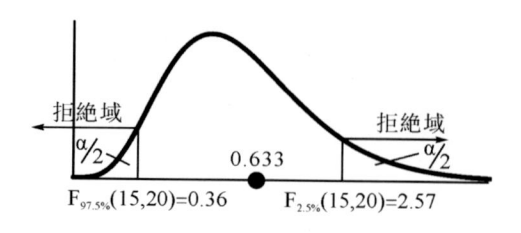

圖 6-8

第三步，確定決策標準——拒絕域法。由於是雙側檢驗，拒絕域也是雙側的形式；同時，已知 $\alpha = 0.05$，就固定了拒絕域的臨界值。因此拒絕域為 $(0, F_{97.5\%}(15, 20)) \cup (F_{2.5\%}(15, 20), +\infty)$，其中

$$F_{97.5\%}(15, 20) = \frac{1}{F_{2.5\%}(20, 15)} = \frac{1}{2.76} = 0.362,3$$

$F_{2.5\%}(15, 20) = 2.57$。

第四步，得出結論。將統計值與拒絕域進行比較，發現統計值沒有落入拒絕域，因此不拒絕 H_0，可以認為這兩個總體的方差沒有顯著差異。

表 6-9 為兩個總體方差比的檢驗方法。

表 6-9　　　　　　　　兩個總體方差比的檢驗方法

	雙側檢驗	左側檢驗	右側檢驗
提出的假設	$H_0: \sigma_1^2/\sigma_2^2 = 1$ $H_1: \sigma_1^2/\sigma_2^2 \neq 1$	$H_0: \sigma_1^2/\sigma_2^2 \geq 1$ $H_1: \sigma_1^2/\sigma_2^2 < 1$	$H_0: \sigma_1^2/\sigma_2^2 \leq 1$ $H_1: \sigma_1^2/\sigma_2^2 > 1$
檢驗統計量	$F = \dfrac{S_1^2/\sigma_1^2}{S_2^2/\sigma_2^2} \sim F(n_1 - 1, n_2 - 1)$		
檢驗統計量的值	$F = \dfrac{較大樣本方差}{較小樣本方差}$	$f_0 = \dfrac{s_1^2}{s_2^2}$	
拒絕域	$> F_{\frac{\alpha}{2}}(n_1 - 1, n_2 - 1)$	$< F_{1-\alpha}(n_1 - 1, n_2 - 1)$	$> F_\alpha(n_1 - 1, n_2 - 1)$
α 與拒絕域	當 f_0 落在拒絕域則拒絕 H_0		

兩個總體方差比的雙側檢驗是用較大的樣本方差除以較小的樣本方差，這樣做是為了保證拒絕域總發生在抽樣分佈的右側，只需要檢驗統計量的值與右側的 $\alpha/2$ 分位數進行比較即可。

6 假設檢驗

習題

一、選擇題

1. 要假設檢驗中，用 α 和 β 分別表示犯第 I 類錯誤和第 II 類錯誤的概率，則當樣本容量一定時，下列說法正確的是（　　）

   A. α 減少，β 也減少

   B. α 與 β 不能同時減少，一個減少，另一個往往會增大

   C. α 增大，β 也增大

   D. A 和 B 同時成立

2. 設 $\bar{X}$ 和 S^2 是來自正態分佈 $N(\mu, \sigma^2)$ 的樣本均值和樣本方差，樣本容量為 n，$|\bar{x} - \mu_0| \geq t_{0.05}(n-1)\dfrac{S}{\sqrt{n}}$ 為（　　）

   A. $H_0: \mu = \mu_0$ 的拒絕域　　　　B. $H_0: \mu = \mu_0$ 的接受域

   C. μ 的一個置信區間　　　　　　D. σ^2 的一個置信區間

3. 在假設檢驗中，不能拒絕原假設意味著（　　）

   A. 原假設肯定是正確的　　　　B. 原假設肯定是錯誤的

   C. 沒有證據證明原假設是正確的　　D. 沒有證據證明原假設是錯誤的

4. 在假設檢驗中，「=」一般放在（　　）

   A. 原假設上

   B. 備擇假設上

   C. 可以放在原假設上，也可以放在備擇假設上

   D. 有時放在原假設上，有時放在備擇假設上

5. 從一批零件中隨機抽出 10 個測量其直徑，測得平均直徑為 5.2 厘米，標準差為 1.6 厘米，想知道這批零件的直徑是否服從標準直徑 5 厘米，因此採用 t 檢驗法，那麼在顯著性水準 α 下，接受域為（　　）

   A. $|t| \geq t_{\frac{\alpha}{2}}(19)$　　　　　　B. $|t| \leq t_\alpha(10)$

   C. $|t| \geq t_\alpha(10)$　　　　　　D. $|t| \leq t_{\frac{\alpha}{2}}(19)$

6. 顯著性水準 α 增大，假設檢驗計算出的檢驗統計量的值將（　　）

   A. 變大　　　　　　　　　　B. 變小

   C. 不變　　　　　　　　　　D. 都有可能

7. 若總體服從正態分佈，且總體方差已知，則通常選用統計量（　　）對總體平均數進行檢驗。

   A. $Z = \dfrac{\bar{x} - \mu_0}{S/\sqrt{n}}$　　　　　　B. $Z = \dfrac{\bar{x} - \mu_0}{\sigma/\sqrt{n}}$

113

C. $t = \dfrac{\bar{x} - \mu_0}{S/\sqrt{n}}$ D. $t = \dfrac{\bar{x} - \mu_0}{\sigma/\sqrt{n}}$

8. 自動包裝機包裝出的產品每包重量要服從正態分佈，規定每包重量的方差不超過 A，為了檢查包裝機的工作是否正常，對它生產的產品進行抽樣檢驗，取原假設為 $\sigma^2 \leq A$，檢驗水準為 0.05，則下列陳述中正確的是（　　）

　　A. 如果生產正常，則檢驗結果也認為正常的概率為 95%
　　B. 如果生產不正常，則檢驗結果也認為不正常的概率為 95%
　　C. 如果檢驗結果認為正常，則生產確實正常的概率為 95%
　　D. 如果檢驗結果認為不正常，則生產確實不正常的概率為 95%

二、計算題

1. 一家超市的袋裝土豆片的淨含量為 100 克，有消費者向消費者協會反應，該超市的這款土豆片重量不足。消費者協會要求這家超市對袋裝土豆片進行自檢，同時從這家超市中抽取了 20 袋土豆片進行檢查。問：（1）如果超市自檢，應該提出什麼樣的假設檢驗？（3）如果消費者協會抽檢，他們會提出什麼樣的假設檢驗呢？

2. 某種纖維原有的評價強度不超過 6 克，現希望通過改進工藝來提高其平均強度。研究人員測得了 100 個關於新纖維的強度數據，發現其均值為 6.35。假定纖維強度的標準差仍保持為 1.19 不變，在 5% 的顯著性水準下對該問題進行假設檢驗。（1）選擇檢驗統計量並說明其抽樣的分佈是什麼？（2）檢驗的拒絕規則是什麼？（3）計算檢驗統計量的值，你的結論是什麼？

3. 一種混雜的小麥品種，株高的標準差 σ 為 14 厘米，經過提純後隨機抽取 10 株，它們的株高（以厘米計）為：

　　90　105　101　95　100, 100　101　105　93　97

考察提純後群體是否比原群體整齊？取顯著性水準 0.01，並設小麥株高服從正態分佈。

4. 某酒廠用自動裝瓶機裝酒，每瓶規定重 500 克，標準差不超過 10 克，每天定時檢查。某天抽取 9 瓶，測得平均重量 $\bar{x} = 499$ 克，標準差為 16.03 克，假設瓶裝酒的重量 X 服從正態分佈。問這臺機器是否工作正常？（$\alpha = 5\%$）【提示：對均值和方差均進行檢驗】

7　相關與迴歸分析

學習目標

1. 瞭解迴歸方程中的變量名稱，如自變量、因變量。
2. 掌握相關係數的計算和顯著性檢驗。
3. 理解最小二乘估計的原理和思想。
4. 掌握判定系數的含義。
5. 掌握迴歸係數、迴歸模型的顯著性檢驗。
6. 能夠對原始數據進行一元線性迴歸操作，能夠對迴歸結果進行解釋，包括迴歸係數的符號、數值、統計顯著性、迴歸模型的好壞。
7. 能夠將一元線性迴歸操作遷移到對多元線性迴歸模型，能夠進行多元線性迴歸操作，對偏迴歸係數能夠解釋，模型統計顯著等。

　　描述統計分析了變量以及變量之間的形式，接下來需要考慮變量與變量之間是否存在關係，如果存在關係將怎麼處理？相關與迴歸分析就是處理變量與變量之間關係的方法之一。本章討論的內容是研究變量與變量之間的關係，進而利用這種關係建立迴歸方程進行分析。研究兩個變量之間的迴歸分析稱為簡單迴歸分析，其中比較特殊的是一元線性迴歸；研究兩個以上變量之間的關係，稱為多元迴歸分析。

　　【例子7-1】身高與體重的關係。在美國，曾經有人研究了3,537名成年美國人的身高與體重之間的關係，研究者想知道身高的變化是否能夠影響體重的變化，如果有影響，那麼身高變化一個單位，體重要增加多少？從直觀來看，我們知道一般而言，身高越高體重也越重，但是身高相同的兩個人，體重基本不相同。怎麼來度量這種相關關係，並利用這種相關關係在估計已知身高的體重是多少？體重除了與

身高有關係，是否還跟其他因素有關呢，本章將利用這個例題逐步展開。

7.1 變量名稱及其關係

在例子 7-1 中我們要分析身高與體重的關係；在企業生產經營中，需要分析利潤與銷量之間的關係；在農業生產中，需要研究化肥施用量與產量之間的關係；在學習中，老師需要研究期末考試卷面成績與出勤、男女比例等之間關係。在實踐中，人們發現變量之間的關係可分為兩種類型，即函數關係和相關關係。

7.1.1 變量名稱

確定性現象之間的關係常常表現為函數關係，即一種現象的數量確定以後，另一種現象的數量也隨之完全確定，表現為一種嚴格的函數關係。當一個或幾個變量取一定的值時，另一個變量有確定值與之對應，則稱這種一對一的關係為確定性的函數關係，記為 $y = f(x)$，其中 x 稱為自變量，y 稱為因變量。函數關係的例子有：

【例子 7-2】圓的面積 S 與半徑 R 之間的關係，可以確定性的表示為 $S = \pi R^2$。

【例子 7-3】企業的原材料消耗額（y）與產品產量 x_1、單位產品消耗 x_2、原材料價格 x_3 之間的關係可表示為 $y = x_1 \times x_2 \times x_3$；這裡 y 與 x_1、x_2、x_3 之間是一種確定的函數關係，但是這種關係不能用一條直線表示，因而不是線性函數關係。

從例子 7-2 和例子 7-3 可以看出，待分析和研究的變量被稱為因變量（一般用 y 表示），因變量只有一個；而引起因變量變化的因素被稱為自變量（一般用 x_1，x_2，…，x_n 表示），自變量可以有若干個。

7.1.2 相關關係及其分類

在現實生活中，這種變量之間一一對應的函數關係往往並不多見。相反，變量與變量之間的關係通常不能用簡單的函數關係來完全確定。例子 7-1 中，體重相同的人，身高往往不同；反之，身高相同的兩個人，體重也可能不同。在研究企業規模與企業盈利水準之間的關係時，兩個企業規模相同，而企業的盈利可能差異非常大；反之，兩個企業盈利水準相同，但是規模可能也有較大差異。這說明企業盈利水準不僅僅與規模有關，還與企業所處地域、企業的成本控制、企業的銷售區域等有關係。正是這種影響一個變量的因素非常多，無法完全量化，才造成了兩個或多個變量之間關係存在不確定性。我們把這種變量之間的不確定性關係，稱為相關關係。

相關關係可以分為以下幾類：

（1）單相關與復相關。

單相關又叫一元相關，是指兩個變量之間的相關關係，例如例子 7-1 中身高與

7 相關與迴歸分析

體重之間的關係；復相關也叫多元相關，是指兩個（不含）以上變量之間的關係。例如商品銷售量與居民收入和商品價格之間的相關關係等。

（2）線性相關與非線性相關。

線性相關又稱為直線相關，是指當自變量發生變動時，因變量隨之發生大致相等的變動，從圖形上看，自變量與因變量在平面坐標系中的分佈圖（散點圖）大致表現為一條直線；非線性相關是指當一個變量變動時，另一個變量也發生變動，但是這種變動不是均等的，從圖形上看，其分佈點近似表現為一條曲線，如指數曲線、二次曲線等。

（3）正相關與負相關。

正相關是指當一個變量增大或者減小，另一個變量的值也隨之增大或者減小，兩者表現為同向變動。負相關是指一個變量增大或者減少，另一個變量的值反而隨之減少或者增長，呈現反向變動。

（4）完全相關、不完全相關與不相關。

完全相關、不完全相關與不相關是從相關關係的程度上進行度量。完全相關，諸如例子 7-2、例子 7-3 中提到的函數關係，即一個（或幾個）變量值變動時，另一個變量有唯一確定的值與之對應；不相關，是指一個變量數值的變化，不受另一個（或幾個）變量數值影響，他們之間彼此相互獨立、互不相關。不完全相關是介於完全相關與不完全相關之間的一種狀態。

7.2 相關關係的描述與度量

相關關係是兩個變量之間關係的度量，對於相關關係的描述有兩種方法，一是定性分析，二是定量分析。定性分析是依據相關經濟理論知識、實踐經驗等，對客觀現象之間是否存在相關關係，以及有何種相關關係做出判斷，這時可以通過編製相關表、繪製散點圖，來直觀判斷變量之間的相關關係是正相關還是負相關，相關關係的密切程度等。

7.2.1 散點圖

散點圖又稱相關圖，是指在迴歸分析中，數據點在直角坐標系平面上的分佈圖，散點圖表示因變量隨自變量而變化的大致趨勢，據此可以選擇合適的函數對數據點進行擬合。從圖 7-1 可以大致看出，圖 A 沒有相關關係，圖 B 正相關，圖 C 負相關，圖 D 非線性相關。

A

B

C

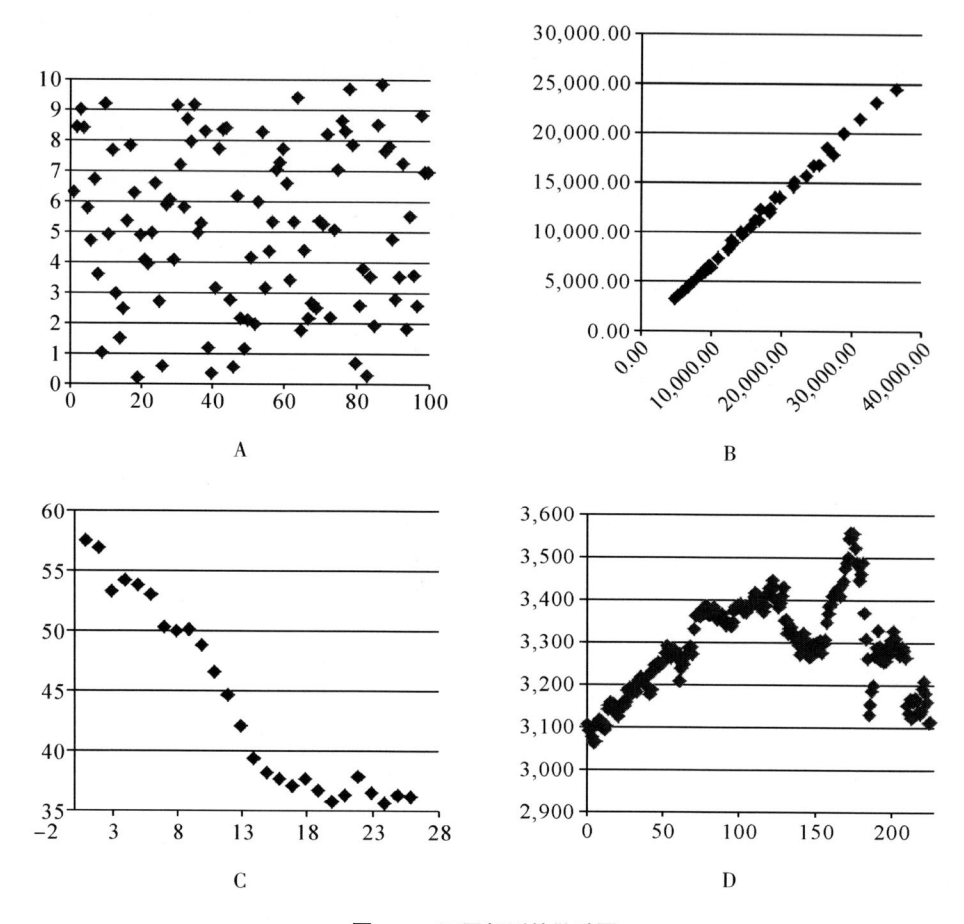

D

圖 7-1　不同類型的散點圖

7.2.2　相關係數

　　從圖 7-1 可以看出，部分變量之間的線性相關關係比較密切，部分變量之間的關係非常分散。怎麼定量分析這種相關關係呢？下面引入相關係數的概念。

　　相關係數是最早由統計學家卡爾・皮爾遜設計的統計指標，是研究變量之間線性相關程度的量，一般用字母 r 表示。由於研究對象的不同，相關係數有多種定義方式，較為常用的是皮爾遜相關係數。相關係數是用以反應變量之間相關關係密切程度的統計指標，它是按積差方法計算，同樣以兩變量與各自平均值的離差為基礎，通過兩個離差相乘來反應兩變量之間相關程度。這裡著重研究線性單相關係數。具體形式如下：

7 相關與迴歸分析

$$r = \frac{S_{xy}}{S_x S_y} = \frac{\sum (x-\bar{x})(y-\bar{y})/n}{\sqrt{\sum(x-\bar{x})^2/n}\sqrt{\sum(y-\bar{y})^2/n}} \tag{7-1}$$

其中：S_{xy} 是變量 x、y 的樣本協方差；S_x、S_y 分別為變量 x、y 的樣本標準差。上述公式經轉化，可以簡化為：

$$r = \frac{S_{xy}}{S_x S_y} = \frac{n\sum xy - \sum x \sum y}{\sqrt{n\sum x^2 - (\sum x)^2}\sqrt{n\sum y^2 - (\sum y)^2}} \tag{7-2}$$

相關係數的值介於 -1 與 +1 之間。r 為正表示正相關，r 為負表示復相關；當 r 的絕對值越接近 1，說明兩個變量之間的相關性越密切，r 的絕對值越接近 0，說明兩變量之間的相關關係越弱。特殊情況是，$r=1$ 或 $r=-1$，表示兩個變量之間為完全正或負的線性相關，即為函數關係；如果 $r=0$，表示兩個變量之間無線性相關關係。

對於相關關係的強弱，一般使用三級劃分法：$|r| < 0.4$ 為低度線性相關；$0.4 \leq |r| < 0.7$ 為顯著線性相關；$0.7 \leq |r| < 1$ 為高度線性相關。

7.2.3 相關係數的顯著性檢驗

從研究思路來看，要分析兩個變量之間的關係，受限於樣本容量太大，或者數據的可得性等，一般首先從總體中抽出一些樣本，比如在本章例子 7-1 中，要分析美國成年人身高與體重之間的關係，並不是調查所有的美國成年人，而是在美國成年人中選擇 3,537 人進行調查。試想如果抽樣樣本框不同，那麼所估算出的樣本相關係數 r 也很可能不同，這裡的 r 是一個隨機變量。一個問題自然產生了，能否通過樣本的相關係數 r 來說明美國成年人這個總體的相關係數（ρ）呢？要解決這個問題這就需要檢驗樣本相關係數的可靠性，即對相關係數的顯著性進行檢驗。

具體檢驗步驟如下：

第一步：提出零假設。

H_0：$\rho = 0$（總體相關係數為零，表示總體的兩個變量間線性相關性不顯著）。
H_1：$\rho \neq 0$（總體相關係數不為零，表示總體的兩個變量間線性相關性顯著）。

第二步：引入統計量

$$t = |r|\sqrt{\frac{n-2}{1-r^2}} \sim t(n-2)$$

第三步：進行決策。根據所給的顯著性水準 α 和自由度 $df = n-2$ 查 t 分佈表，得到 $t_{\alpha/2}(n-2)$ 的臨界值。如果 $|t| > t_{\alpha/2}$，則拒絕原假設，表明總體的兩個變量之間存在顯著的線性關係。

7.3 一元線性迴歸

一個簡單的線性關係，並不足以得出一個因素對另一個因素有影響的結論，如在例子 7-1 中，我們僅憑身高與體重的相關係數高，並不能得出身高決定體重，我們知道，除了身高外，還有性別、是否經常體育鍛煉、飲食習慣等都對體重有影響。一般說來，如果數據中有太多的影響因素，這樣會掩蓋那些真正值得關注的重要關係。

迴歸分析就是幫助我們處理這類問題的統計學工具。具體來講，迴歸分析是能夠在控制其他因素不變的前提下，對某個（或某幾個）變量（自變量）對某個特點結果（因變量）之間的關係進行量化。也就是說，在保持其他變量效果不變的情況下，可以將某個變量效果分離出來，進而對這個變量對結果的影響進行量化。

迴歸分析按照自變量的個數分，可以分為一元迴歸和多元迴歸。只有一個自變量的叫一元迴歸，而有兩個或兩個以上自變量的叫多元迴歸，本節僅討論一元線性迴歸分析。多元線性迴歸在下一節討論。

7.3.1 迴歸分析的引入及迴歸模型的建立

1. 迴歸分析的引入

在開始進行計算並展示如何進行迴歸分析之前，我們先討論如何進行估計。

【例子 7-4】在考察大學生成績的時候，我們的一個直觀想法是能否通過高中成績來估計大學一年級的成績，根據抽樣，選擇了十名同學的高中及大學一年級成績（統一換算成五分制）進行分析。我們首先需要計算兩個變量之間的相關係數，同時畫出散點圖。相關成績數據見表 7-1。

表 7-1　　　　　　　　高中成績和大學第一年成績數據

高中成績（五分制）	大學第一年成績（五分制）
3.50	3.30
2.50	2.20
4.00	3.50
3.80	2.70
2.80	3.50
1.90	2.00
3.20	3.10
3.70	3.40

7 相關與迴歸分析

表7-1(續)

高中成績（五分制）	大學第一年成績（五分制）
2.70	1.90
3.30	3.70

要以高中成績估計大學成績，可以建立迴歸方程，並用這個方程建立迴歸線。這個迴歸線將使得迴歸線和被估計變量 Y 的數據點之間的距離最小化。

我們利用 EXCEL 可以很容易畫出高中成績與大學成績之間的散點圖（見圖7-2），另外通過在散點圖中，我們也可以利用畫出相關散點的趨勢線，也叫迴歸線（見圖7-3）。這條迴歸線叫作最優擬合線。迴歸線最好地擬合了數據，因為這條線將每個數據點與迴歸線的距離最小化。

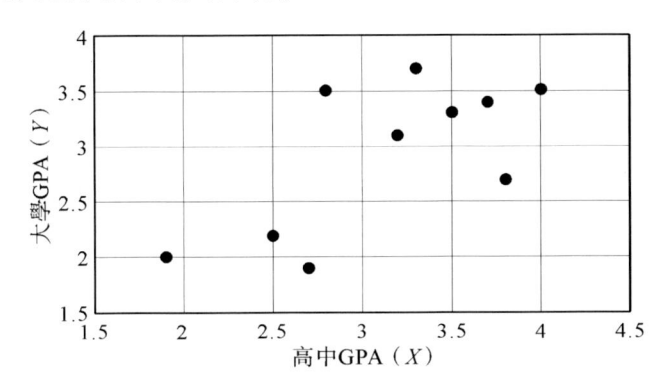

圖7-2 高中成績與大學成績的散點圖

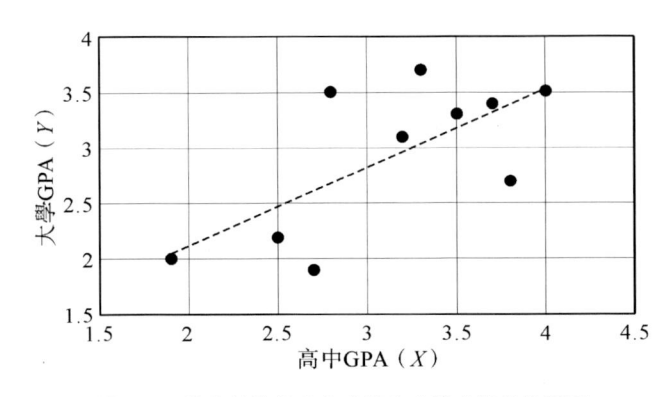

圖7-3 帶趨勢線的高中成績與大學成績的散點圖

這條直線在滿足相關條件下，還可以用於預測（已知高中成績的情況下對大學成績進行估計）。例如，如果一個學生高中成績是3.0，那麼我們可以通過迴歸線大致估計大學成績是2.8。從圖7-4中，可以先在 x 軸定位估計值（3.0），然後繪製

從 x 軸到迴歸線的垂線，接著繪製水準線到 y 軸並估計對應值的大小。

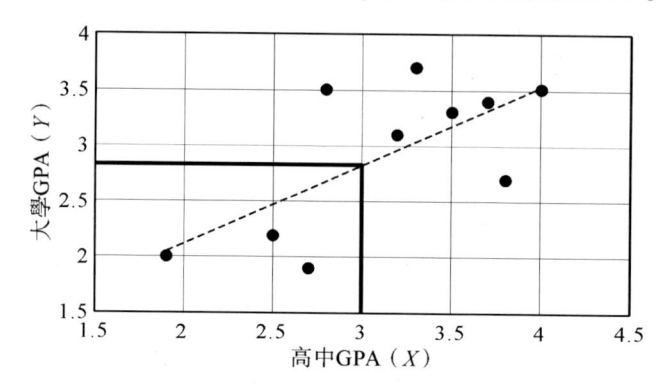

圖 7-4 利用高中成績估計大學成績

從圖 7-4，我們可以計算出每一個具體數據點和迴歸線的距離就是估計誤差，如圖 7-5 所示。

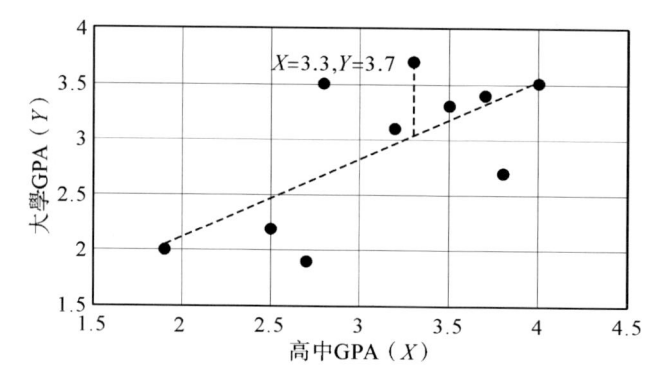

圖 7-5 計算估計誤差

如果我們給定了迴歸線的具體形式，我們將可以使用迴歸線來估計給定 X 的任何 Y 值。下面我們將介紹怎麼建立迴歸線，然後利用迴歸線進行估計。

2. 估計迴歸線的直接估算

我們在高中和大學的數學課程中都已經學過，在平面直角坐標系中直線的方程為：

$$\hat{Y} = a + bX \tag{7-3}$$

其中：$\hat{Y}$ 表示已知 X 值的 Y 的估計值；

b 表示直線的斜率或者方向；

a 表示直線與 y 軸相交的點，又叫截距；

X 表示用於估計的數值。

下面我們直接給出用於計算迴歸線的斜率公式：

7 相關與迴歸分析

$$b = \frac{\sum XY - (\sum X \sum Y/n)}{\sum X^2 - [(\sum X)^2/n]} \tag{7-4}$$

我們可以用數據表格加以計算，見圖 7-2。

表 7-2　　　　　　　　　　迴歸直線參數計算表

樣本	X	Y	X^2	Y^2	XY
樣本 1	2.5	2.2	6.25	4.84	5.50
樣本 2	4.0	3.5	16.00	12.25	14.00
樣本 3	3.8	2.7	14.44	7.29	10.26
樣本 4	2.8	3.5	7.84	12.25	9.80
樣本 5	1.9	2.0	3.61	4.00	3.80
樣本 6	3.2	3.1	10.24	9.61	9.92
樣本 7	3.7	3.4	13.69	11.56	12.58
樣本 8	2.7	1.9	7.29	3.61	5.13
樣本 9	3.3	3.7	10.89	13.69	12.21
總計	31.4	29.3	102.5	89.99	94.75

利用表 7-2 的計算，我們可以計算出直線的斜率 b 的計算值。

$$b = \frac{94.75 - [(31.4 \times 29.3)/10]}{102.5 - [(31.4)^2/10]}$$

$$b = \frac{2.748}{3.904} = 0.704$$

接下來，給出截距 a 的計算公式：

$$a = \frac{\sum Y - b \sum X}{n}$$

代入上面計算表可以得出直線截距 a 的計算值：

$$a = \frac{7.19}{10} = 0.719$$

現在，把 a 和 b 代入等式 8.3，那麼迴歸直線就表示為：

$$\hat{Y} = 0.719 + 0.704X$$

註：這裡的 $\hat{Y}$ 是估計值，而不是實際的 Y 值。

我們將 $X = 3$ 代入，可以得到 $\hat{Y} = 0.719 + 0.704 \times 3 = 2.831$，與之前從散點圖（圖 7-4）上估計的 2.8，差距不大。

特別提醒，並不是所有的最優擬合數據點的迴歸線都是直線，迴歸線還可能是曲線。有研究表明，焦慮與成績之間的關係就是曲線關係，即當一個學生完全不焦

慮或者非常焦慮的時候，他們的成績都不好，只有焦慮適度，成績才能最大化。

3. 迴歸模型的建立

根據這條迴歸線，可以建立一個簡單通用的方程來刻畫 y 和 x 的關係。方程形式如下：

$$y = \beta_0 + \beta_1 x + \varepsilon$$

在這個方程中：

y 被稱為因變量（也叫：被解釋變量、回應變量、迴歸子等）；

x 被稱為自變量（也叫：解釋變量、控制變量、迴歸元等）；

ε 被稱為誤差項（也叫：干擾項）表示除 x 之外其他影響 y 的因素，在一元線性迴歸中，我們把除 x 之外的其他所有影響 y 的因素都看成無法觀測的因素；

β_1 被稱為斜率參數；

β_0 被稱為截距參數；

對於上述迴歸模型，主要有以下幾個假定：①因變量 y 與自變量 x 之間具有線性關係；②誤差項 ε 是一個期望值為 0 的隨機變量，即 $E(\varepsilon) = 0$，由於 β_0 和 β_1 為常數，因此，可以得到：$E(y) = \beta_0 + \beta_1 x$；③對於所有的 x 值，ε 的方差 δ^2 都是相等的；④誤差項 ε 是獨立且一個服從正態分佈的隨機變量，即 $\varepsilon \sim N(0, \delta^2)$。

4. 迴歸方程

根據迴歸模型中的假定，我們可以求出 y 的期望值 $E(y) = \beta_0 + \beta_1 x$，即 y 的期望值是 x 的線性函數。我們把描述因變量 y 的期望值受到自變量 x 的影響的方程稱為迴歸方程，一元線性迴歸方程的形式如下：

$$E(y) = \beta_0 + \beta_1 x$$

一元線性迴歸方程在平面坐標系中是一條直線，其中 β_0 是迴歸直線在 y 軸上的截距，表示當 $x = 0$ 時 y 的期望值；β_1 是直線的斜率，表示 x 每變動一個單位時 y 的平均變動值。

5. 估計迴歸方程

由於總體中的迴歸參數 β_0 和 β_1 未知，要估計總體參數，需要利用樣本數據去估計，通過抽樣確定樣本後，我們利用樣本統計量 $\hat{\beta}_0$ 和 $\hat{\beta}_1$ 代替迴歸方程中的未知參數 β_0 和 β_1，這樣就得到了估計的迴歸方程。方程的基本形式變為：

$$\hat{y} = \hat{\beta}_0 + \hat{\beta}_1 x$$

7.3.2 最小二乘估計

1. 最小二乘估計

最小二乘法是德國著名的數學家高斯發明的，由於此方法簡單、使用方便，因而成為迴歸分析中最為普遍的方法。

在上一節對兩組數據建立了一個線性方程，建立了 $y = \beta_0 + \beta_1 x + \varepsilon$。我們希望

7 相關與迴歸分析

這個迴歸估計方程最精確，誤差最小。在散點圖中，我們試圖找到這樣一條直線，它到每一實際落點的距離的總和最小。但是，實際落點到直線的距離有正有負，我們用誤差項的平方來定義其絕對距離，即 ε_i^2。這樣誤差平方值的總和就是 $\sum_n \varepsilon_i^2$，尋求實際數據距離總和最小，就轉化為尋求 $\sum_n \varepsilon_i^2$ 的最小值。在微積分中，我們可以按照以下步驟求值：

$$\sum_n \varepsilon_i^2 = \sum_n (Y_i - \beta_0 - \beta_1 X_i)^2$$

$$\sum_n \varepsilon_i^2 = \sum_n (Y_i^2 + \beta_0^2 + \beta_1^2 X_i^2 - 2\beta_0 Y_i - 2\beta_1 X_i Y_i + 2\beta_0 \beta_1 X_i)$$

設上式一階導數為零，

$$\frac{\partial (\sum_n \varepsilon_i^2)}{\partial \beta_0} = \sum_n (2\beta_0 - 2Y_i + 2\beta_1 X_i) = 0$$

$$\frac{\partial (\sum_n \varepsilon_i^2)}{\partial \beta_1} = \sum_n (2\beta_1 X_i^2 - 2X_i Y_i + 2\beta_0 X_i) = 0$$

上述兩式化簡：

$$\beta_1 = \frac{\sum_n (X_i - \bar{X})(Y_i - \bar{Y})}{\sum_n (X_i - \bar{X})^2}$$

或 $\beta_1 = \dfrac{n\sum X_i Y_i - (\sum X_i)(\sum Y_i)}{n\sum X_i^2 - (\sum X_i)^2}$

$$\beta_0 = (\sum_n Y_i)/n - \beta_1 (\sum_n X_i)/n$$

最後，求二階偏導，

$$\frac{\partial^2 \varepsilon}{\partial \beta_0^2} = 2 > 0$$

$$\frac{\partial^2 \varepsilon}{\partial \beta_1^2} = 2\sum X_i^2 > 0$$

二階偏導大於零，可以確定所求結果是最小值。這就是最小二乘法。

最小二乘法的假設：迴歸模型 $Y = \beta_0 + \beta_1 X + \varepsilon$ 中的每一個誤差項 ε 是隨機的，且其誤差項的期望值必須等於零；誤差項 ε 的方差相等，且其變化量是有限的；誤差項與自變量之間必須是無關的，即 $\text{cov}(x_i, \varepsilon_i) = 0$。

只有全部具備上述三項假設，用最小二乘法估計出來的參數方程就應該是最優、線性、無偏的估計值。

2. 用 EXCEL 進行迴歸分析

我們利用例子 7-4 的數據，建立高中成績與大一成績之間的迴歸模型。

第 1 步，在 EXCEL2007 版中選擇【數據】，再選擇【數據分析】選項。

第 2 步，在分析工具中選擇【迴歸】，再點擊【確定】。

第 3 步，在彈出對話框中：

在【Y 值輸入區域】，選擇或者輸入數據區域。

在【X 值輸入區域】，選擇或者輸入數據區域。

在【置信度】選項中給出所需的數值（默認為 95%）。

在【輸出選項】中選擇輸出區域（這裡選擇新工作表組）。

在【殘差】中選擇所需的選項，這裡不選。

點擊確定後，得到如表 7-3 所示結果。

表 7-3　　　　　　　　用 EXCEL 進行迴歸分析的結果

	A	B	C	D	E	F	G	H	I
1	SUMMARY OUTPUT								
2									
3	回归统计								
4	Multiple	0.683454							
5	R Square	0.467109							
6	Adjusted	0.400498							
7	标准误差	0.525202							
8	观测值	10							
9									
10	方差分析								
11		df	SS	MS	F	gnificance F			
12	回归分析	1	1.934299	1.934299	7.012456	0.029342			
13	残差	8	2.206701	0.275838					
14	总计	9	4.141						
15									
16		Coefficien	标准误差	t Stat	P-value	Lower 95%	Upper 95%	下限 95.0%	上限 95.0%
17	Intercept	0.719775	0.851008	0.84579	0.422245	-1.242654	2.682203	-1.24265	2.682203
18	X Variabl	0.703893	0.26581	2.648104	0.029342	0.0909338	1.316853	0.090934	1.316853

表 7-3 的輸出結果包含了以下三個部分：

第一部分是「迴歸統計」，這部分中包含了迴歸分析中幾個常用的統計量，如：相關係數（Multiple R）、判定係數（R Square）、調整的判定係數（Adjusted R Square）、標準誤差和觀測值個數。

第二部分是「方差分析」，給出了迴歸分析的方差分析表，包括迴歸分析和殘差的自由度、總平方和（SS）、均方誤差（MS）、檢驗統計量（F），以及 F 檢驗的顯著性水準，這部分結果主要用於判斷迴歸方程的線性關係進行顯著性檢驗。

第三部分是迴歸參數估計部分，結果包括迴歸方程的截距（Intercept）和斜率（X Variable 1）的係數、標準誤差、t 統計量值、P 值，以及截距和斜率的置信區間等。

7.3.3 迴歸方程的評價

從表 7-3 的 EXCEL 計算結果中,可以從擬合優度和顯著性水準兩個角度來判斷判定迴歸方程的「好壞」,具體如下:

1. 迴歸直線的擬合優度

(1) 判定系數。

迴歸直線在一定程度上描述了變量 x 和 y 之間的數量關係,根據這一方程,可以用自變量 x 的值來估計(預測)因變量 y 的取值。直觀來看,估計的精度與迴歸直線與各觀測點的擬合程度相關。各觀測點越是緊密圍繞直線,說明估計的直線對觀測點的擬合程度越好,反之則越差。迴歸直線與各觀測點的接近程度稱為迴歸直線對數據的擬合優度。擬合優度的判定指標是判定系數。判定系數是相關系數的平方,用 r^2 表示。

判定系數的值介於 0 與 1 之間,r^2 越接近 1,說明 x 與 y 之間的相關性越強;r^2 越接近 0,表明兩個變量之間沒有相關關係。判定系數的具體形式如下:

$$R^2 = \frac{SSR}{SST} = \frac{\sum (\hat{y}_i - \bar{y})^2}{\sum (y_i - \bar{y})^2}$$

在上例中,可以從表 7-3 中直接得到,判定系數 r^2 為 0.467,1,表示高中成績的變化說明了大學一年級成績變化的 46.71%,大學一年級成績變化中還有 52.29% 取決於其他因素。

(2) 估計標準誤差。

判定系數用於度量迴歸直線的擬合程度,是一個百分比概念。這裡再引入一個統計量指標估計標準誤差,用 s_e 來表示,估計標準誤差直接給出了偏離距離的數值。其計算公式為:

$$s_e = \sqrt{\frac{\sum (y_i - \hat{y}_i)^2}{n-2}} = \sqrt{\frac{SSE}{n-2}} = \sqrt{MSE}$$

其中:$\hat{y}_i$ 是利用迴歸方程的估計值;SSE 定義為殘差平方和;MSE 定義為均方殘差。

估計標準誤差從迴歸是對誤差項 ε 的標準差 δ 的估計,從迴歸意義上講,是排除掉自變量對因變量的影響因素後,因變量 y 隨機波動大小的一個估計量。從圖形上看,表現為各觀測點與迴歸直線的相對位置。各觀測點越靠近直線,s_e 就越小,迴歸直線對各觀測點的代表性就越好,根據迴歸方程進行預測也就越準確。

根據 EXCEL 輸出結果,$SSE = 2.206,7$,根據上述公式得:

$$s_e = \sqrt{\frac{SSE}{n-2}} = \sqrt{\frac{2.206,7}{10-2}} = 0.525,2$$

這說明,根據高中成績估計大一成績平均的估計誤差為 0.525,2 分。

2. 顯著性檢驗

在利用迴歸分析建立了用自變量 x 來估計因變量 y 的方程之後，還不能立刻用方程進行估計或預測。因為這個迴歸方程是根據所選取的樣本得出的，它能否反應總體變量 x 與變量 y 之間的關係，還需要通過檢驗來證實。這是因為，我們在利用上述方法進行迴歸計算的時候，實際上包含一個隱含的假定，即誤差項 ε 是一個服從正態分佈的隨機變量，且對於不同的自變量 x 具有相同的方差。

（1）線性關係的檢驗。

線性關係檢驗的目的是檢驗自變量 x 與因變量 y 之間的線性關係是否顯著，即 x 與 y 之間的關係能否用一個線性模型 $y = \alpha + \beta x + \varepsilon$ 來表示。

第一步：提出假設。

H_0：$\beta = 0$　兩個變量之間的線性關係不顯著

H_1：$\beta \neq 0$　兩個變量之間的線性關係顯著

第二步：引入檢驗統計量。

$$F = \frac{SSR/1}{SSE/(n-2)} = \frac{MSR}{MSE} \sim F(1, n-2)$$

第三步：進行判定。

根據確定的顯著性水準 α，並根據兩個自由度查 F 分佈表，找到相應的臨界值 F_α。若 $F > F_\alpha$，拒絕 H_0，表明兩個變量之間的線性關係是顯著的；若 $F < F_\alpha$，說明沒有證據表明兩個變量之間的線性關係是顯著的。

根據 EXCEL 輸出結果，統計量 F 值為 7.013，對應的顯著性水準為 2.93%，顯示在 5% 的顯著性水準下，認為兩個變量之間的線性關係是顯著的。

（2）迴歸系數的檢驗。

迴歸系數的顯著性檢驗是要檢驗自變量對因變量的影響是否顯著。在迴歸方程 $y = \alpha + \beta x + \varepsilon$ 中，如果迴歸系數 $\beta = 0$，則迴歸線就成了一條水準線，整個迴歸方程退化為 $y = \alpha + \varepsilon$，與自變量 x 無關，就不能得出兩個自變量之間存在線性關係的結論。因此，迴歸系數檢驗就是為了檢驗迴歸系數 β 是否等於 0。關於迴歸系數 β 分佈等情況及檢驗統計量的計算請參閱相關資料。下面，直接給出檢驗的步驟：

第一步：提出假設。

H_0：$\beta = 0$；H_1：$\beta \neq 0$

第二步：構建檢驗統計量。

$$t = \frac{\hat{\beta} - \beta}{s_{\hat{\beta}}} \sim t(n-2)$$

第三步：進行判斷。

確定顯著性水準 α，並根據自由度查 t 分佈表，找到相應的臨界值 $t_{\alpha/2}$。若 $|t| > t_{\alpha/2}$，則拒絕原假設 H_0，認為自變量 x 對因變量 y 的影響是顯著的；反之，若 $|t| < t_{\alpha/2}$，則接受原假設 H_0，認為自變量 x 對因變量 y 的影響並不顯著，或者說，

7 相關與迴歸分析

兩者之間尚不存在顯著的線性關係。

根據 EXCEL 的有關結果，檢驗迴歸系數在 $\alpha = 0.05$ 的水準下的顯著性。

第一步：提出假設。

$H_0: \beta = 0; H_1: \beta \neq 0$

第二步：計算檢驗統計量。

$$t = \frac{\hat{\beta} - \beta}{s_\beta} = \frac{0.703,9 - 0}{0.265,8} = 2.648,1$$

第三步：進行判斷，對應的 P 值為 2.9%，在 $\alpha = 0.05$ 的顯著性水準下，拒絕 H_0，認為高中成績與大一成績存在顯著的線性關係。

7.3.4 迴歸方程的應用及注意事項

在實際應用中，理論上可以對任何的一組數據建立迴歸方程，並根據這個迴歸方程進行預測。但是預測過程中需要注意以下幾點：

（1）估計方程的要注意相關參數與實際經濟意義相一致。比如例子 7-4 中一般認為高中成績好的同學，大一的成績也會好，但是，如果估計出現的參數顯示相反，則要認真考慮相關原因，還有是否還有其他重要變量沒有引入方程。

（2）合理利用判定系數 R^2 的統計意義。R^2 說明了迴歸模型在多大程度上解釋了因變量 y 取值的差異。

（3）在迴歸結果中應綜合判斷。首先，對迴歸參數顯著性進行檢驗，判斷截距項和斜率項系數是否顯著，如果不顯著，則剔除後再次計算；其次，對方程的擬合度檢驗；最後從經濟意義上對方程進行判斷。

（4）考察誤差項 ε 是統計分析嚴密性的一個重要的檢驗。由於對線性關係進行的 F 檢驗和對歸回系數進行的 t 檢驗，都要求誤差項 ε 的正態性假設成立。否則，所用的上述兩種檢驗程序都是無效的，ε 正態性檢驗的方法有畫出殘差的直方圖或者正態概率圖進行驗證。

7.4 多元迴歸方程

在 7.3 節中，相關例題都是一個自變量 x，一個因變量 y。有些情況下迴歸使用不止一個估計變量或者獨立變量估計一個特定的結果。如果一個變量能夠以一定的準確性估計一個結果，那麼很自然會帶來另一問題，用兩個變量來估計，是否估計的效果更好呢？

例如，在例子 7-4 中，在高中成績是大一成績的很好的估計值之外，大學期間的課外活動數量是否也可以影響其大一的成績呢？如果這一估計成立，這樣迴歸方

程就從 $\hat{Y} = a + bX$，變成了 $\hat{Y} = a + bX_1 + cX_2$，其中：

X_1 表示第一個獨立變量的數值；

X_2 表示第二個獨立變量的數值；

a 為截距項，b、c 表示變量的權重。

這個模型就是多元迴歸方程。

7.4.1 多元迴歸模型和多元迴歸方程

這裡給出多元迴歸模型的定義：設因變量為 y，k 個自變量分別為 x_1，x_2，…，x_k，用來表示因變量 y 如何依賴於自變量 x_1，x_2，…，x_k 和誤差項 ε 的方程稱為多元迴歸模型，其一般形式可以表示為：

$$y = \beta_0 + \beta_1 x_1 + \beta_2 x_2 + \cdots \beta_k x_k + \varepsilon$$

其中：β_0，β_1，β_2，…，β_k 是多元迴歸模型的參數，ε 為誤差項。

誤差項反應了 ε 除 x_1，x_2，…，x_k 與 y 之間的線性關係之外的隨機因素對 y 的影響。與一元線性迴歸類似，誤差項 ε 需要滿足零均值、同方差、相互獨立同分佈的假定。

根據多元迴歸模型的假定，有：

$$E(y) = \beta_0 + \beta_1 x_1 + \beta_2 x_2 + \cdots \beta_k x_k$$

上式稱為多元迴歸方程，它描述了因變量的期望值與自變量 x_1，x_2，…，x_k 之間的關係。

7.4.2 多元迴歸模型的最小二乘法迴歸模型

多元迴歸模型的最小二乘法需要用矩陣的形式來描述：首先，我們假定有 k 個自變量（X_1，X_2，…，X_K），一個因變量 Y。每個變量（包括自變量和因變量）都是一個矢量，都代表著我們從實際生活中收集來的 n 個樣本數據。那麼：

$$X_1 = \begin{bmatrix} x_{11} \\ x_{21} \\ \vdots \\ x_{n1} \end{bmatrix}, \quad X_2 = \begin{bmatrix} x_{12} \\ x_{22} \\ \vdots \\ x_{n2} \end{bmatrix}, \quad \cdots, \quad X_k = \begin{bmatrix} x_{1k} \\ x_{2k} \\ \vdots \\ x_{nk} \end{bmatrix}, \quad Y = \begin{bmatrix} y_1 \\ y_2 \\ \vdots \\ y_k \end{bmatrix}$$

從數據表來看，相關數據如表 7-4 所示。

表 7-4　　　　　　　　　　多元迴歸模型數據表

樣本數	自變量 X_1	自變量 X_2	…	自變量 X_k	因變量 Y
1	x_{11}	x_{12}	…	x_{1k}	y_1
2	x_{21}	x_{22}	…	x_{2k}	y_2

7 相關與迴歸分析

表7-4(續)

樣本數	自變量 X_1	自變量 X_2	⋯	自變量 X_k	因變量 Y
⋮	⋮	⋮	⋮	⋮	⋮
n	x_{n1}	x_{n2}	⋯	x_{nk}	y_n

多元迴歸模型用矩陣就表示為：

$Y = X\beta + \varepsilon$

這裡，

$$X = \begin{bmatrix} 1 & X_1 & \cdots & X_k \end{bmatrix} = \begin{bmatrix} 1 & x_{11} & \cdots & x_{1k} \\ 1 & x_{21} & \cdots & x_{2k} \\ \cdots & \cdots & \ddots & \cdots \\ 1 & x_{n1} & \cdots & x_{nk} \end{bmatrix}_{n \times (k+1)}$$

$$\beta = \begin{bmatrix} \beta_0 \\ \beta_1 \\ \vdots \\ \beta_k \end{bmatrix}_{(k+1) \times 1}, \quad \varepsilon = \begin{bmatrix} \varepsilon_1 \\ \varepsilon_2 \\ \vdots \\ \varepsilon_k \end{bmatrix}_{n \times 1}, \quad Y = \begin{bmatrix} y_1 \\ y_2 \\ \vdots \\ y_k \end{bmatrix}_{n \times 1}$$

用最小二乘法估計矢量 β，即用求誤差平方和 $\sum_n \varepsilon_i^2 = \varepsilon' \varepsilon$，要使誤差平方和最小，可以利用微積分中的求極值條件。

設 $\omega = \varepsilon' \varepsilon$，則有

$\omega = \varepsilon' \varepsilon = (Y - X\beta)'(Y - X\beta) = Y'Y - 2\beta'X'Y + \beta'X'X\beta$

求極值的第一個條件是「一階導數等於零」，即：

$$\frac{\partial \omega}{\partial \beta} = \frac{\partial (Y'Y - 2\beta'X'Y + \beta'X'X\beta)}{\partial \beta} = -2X'Y + 2X'X\beta = 0$$

用 b 作為 β 的估計值，則有

$b = (X'X)^{-1} X'Y$

求極值的第二個條件是「二階導數大於零」，

$$\frac{\partial^2 \omega}{\partial \beta^2} = \frac{\partial (-2X'Y + 2X'X\beta)}{\partial \beta} = 2X'X > 0$$

這樣就可以得出，利用迴歸分析方法求出的解 b 能夠使誤差平方和最小。

7.4.3 利用 EXCEL 求解多元迴歸方程

沿用本章例子 7-3 數據，在原有數據中引入大一期間每週體育鍛煉時間的變量。數據如表 7-5 所示。

表 7-5

大學第一年成績	高中成績	大一期間每週體育鍛煉時間（小時）
3.3	3.5	10
2.2	2.5	9
3.5	4.0	10.5
2.7	3.8	9
3.5	2.8	11
2.0	1.9	8
3.1	3.2	9
3.4	3.7	8
1.9	2.7	8
3.7	3.3	9

下面，我們利用 EXCEL 進行迴歸，寫出並檢驗模型的線性相關係數。

在用 EXCEL 的分析時，適用的步驟與一元線性迴歸基本一致，僅需要在 X 值輸入區域中輸入多列數據，見圖 7-6。

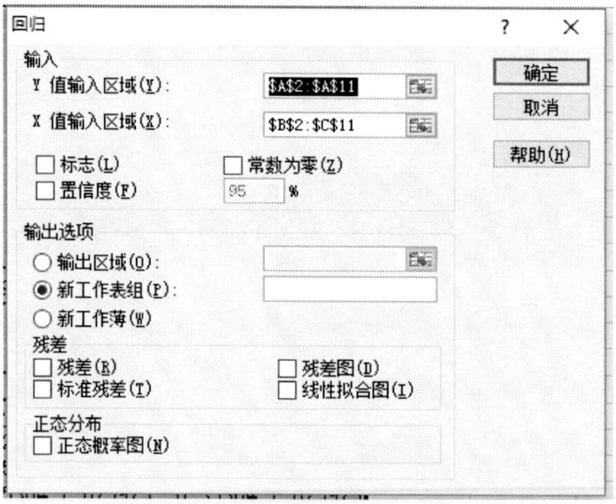

圖 7-6

輸出結果如表 7-6 所示。

7 相關與迴歸分析

表 7-6　　　　　　　　　多元迴歸分析 EXCEL 輸出表

	A	B	C	D	E	F	G	H	I
1	SUMMARY OUTPUT								
2									
3	回归统计								
4	Multiple	0.788161							
5	R Square	0.621197							
6	Adjusted	0.512968							
7	标准误差	0.47338							
8	观测值	10							
9									
10	方差分析								
11		df	SS	MS	F	gnificance F			
12	回归分析	2	2.572377	1.286189	5.739634	0.033454			
13	残差	7	1.568623	0.224089					
14	总计	9	4.141						
15									
16		Coefficien	标准误差	t Stat	P-value	Lower 95%	Upper 95%	下限 95.0%	上限 95.0%
17	Intercept	-1.27942	1.41138	-0.9065	0.394801	-4.61681	2.057962	-4.61681	2.057962
18	X Variabl	0.560599	0.254187	2.20546	0.063219	-0.04046	1.161656	-0.04046	1.161656
19	X Variabl	0.267666	0.158623	1.687434	0.135378	-0.10742	0.642749	-0.10742	0.642749

表 7-6 的輸出結果也包含了以下三個部分：

第一部分是「迴歸統計」，這部分中包含了迴歸分析中幾個常用的統計量，如：相關係數（Multiple R）、判定係數（R Square）、調整的判定係數（Adjusted R Square）、標準誤差和觀測值個數。

第二部分是「方差分析」，給出了迴歸分析的方差分析表，包括迴歸分析和殘差的自由度、總平方和（SST）、均方誤差（MSE）、檢驗統計量（F）以及 F 檢驗的顯著性水準，這部分結果主要用於判斷迴歸方程的線性關係進行顯著性檢驗。

第三部分是歸方程的截距（Intercept）和斜率（X Variable 1 和 X Variable 2）的系數、標準誤差、t 統計量值、P 值，以迴歸參數估計部分，結果包括截距和斜率的置信區間等。

7.4.4　多元迴歸方程的評價

這裡用表 7-4 多元迴歸分析 EXCEL 的輸出結果，對迴歸方程進行評價。

1. 迴歸方程的擬合優度

（1）多重判定係數。

與一元迴歸方程類似，對多元線性迴歸方程也用多種判定係數來評價其擬合程度。多元迴歸中方差分解與一元迴歸相同，有：

$SST = SSR + SSE$

其中：$SST = \sum (y_i - \bar{y})^2$ 為總離差平方和；

$SSR = \sum (\hat{y}_i - \bar{y})^2$ 為迴歸平方和；

$SSE = \sum (y_i - \hat{y}_i)^2$ 為殘差平方和。

利用 EXCEL 的輸出結果，我們可得：$SST = 4.141$；$SSR = 2.572$；$SSE = 1.569$

則多重判定系數為：$R^2 = \dfrac{SSR}{SST} = \dfrac{2.572}{4.141} = 0.621$

（2）估計標準誤差。

與一元線性迴歸一樣，多元線性迴歸的估計標準誤差也是誤差項 ε 的方差 σ^2 的一個估計，其計算公式為：

$$s_e = \sqrt{\dfrac{\sum (y_i - \hat{y}_i)^2}{n - k - 1}} = \sqrt{\dfrac{SSE}{n - k - 1}}$$

其中，k 為自變量的個數；

s_e 的含義是根據自變量 x_1，x_2，$\cdots$，x_k 來預測因變量 y 時的平均估計誤差。

在 EXCEL 的輸出結果中，直接給出了 s_e 的值，$s_e = 0.473$，其含義用高中成績和大一體育鍛煉平均時間來估計，平均預測誤差是 0.473 分。

2. 顯著性檢驗

在多元線性迴歸中，顯著性檢驗分為線性關係的檢驗（F 檢驗）與迴歸系數的檢驗（t 檢驗）。線性關係的檢驗主要是檢驗因變量同自變量的線性關係是否顯著；迴歸系數檢驗是對每個迴歸系數分別進行單獨的檢驗，檢驗每個自變量對因變量的影響是否都顯著。如果某個自變量沒有通過檢驗，說明這個自變量對因變量的影響不顯著，可以從多元線性迴歸中剔除。

（1）線性關係檢驗。

多元線性迴歸的線性關係檢驗是檢驗因變量 y 與 k 個自變量之間的關係是否顯著，因此也稱為總體顯著性檢驗。

第 1 步：提出假設。

H_0：$\beta_1 = \beta_2 = \cdots = \beta_k = 0$

H_1：β_1，β_2，$\cdots$，β_k 至少一個不等於 0

第 2 步：計算檢驗統計量 F。

$$F = \dfrac{SSE/k}{SSE/(n - k - 1)} \sim F(k, n - k - 1)$$

第 3 步：進行判斷。

給定顯著性水準 α，根據自由度 $(k, n - k - 1)$ 查 F 分佈表得到 F_α。若 $F > F_\alpha$，則拒絕原假設，認為多元迴歸方程的線性關係顯著；反之，$F < F_\alpha$，則不拒絕原假設，認為多元迴歸方程的線性關係不顯著。

根據 EXCEL 的輸出結果，對應的 F 值為 5.740，對應的 P 值為 0.033，在顯著性水準 $\alpha = 5\%$ 下，拒絕原假設，認為迴歸方程線性相關。

（2）迴歸系數顯著性檢驗。

在迴歸方程通過線性關係檢驗後，就可以對方程中的單個或幾個迴歸系數 β_i 進行顯著性檢驗。具體檢驗步驟如下：

7 相關與迴歸分析

第 1 步：提出假設。

對於任意 $\beta_i(i = 1, 2, \cdots, k)$ 有

$H_0: \beta_i = 0$

$H_1: \beta_i \neq 0$

第 2 步：計算檢驗統計量 t。

$$t_i = \frac{\hat{\beta}_i}{s_{\hat{\beta}_i}} \sim t(n-k-1)$$

其中，$s_{\hat{\beta}_i} = \dfrac{s_e}{\sqrt{\sum x_i^2 - \dfrac{1}{n}(\sum x_i)^2}}$

第 3 步：進行判斷。

給定顯著性水準 α，根據自由度 $df=n-k-1$ 查 t 分佈表得到 $t_{\alpha/2}$ 的值。若 $|t| > t_{\alpha/2}$，則拒絕原假設；若 $|t| < t_{\alpha/2}$，則接受原假設。

根據 EXCEL 的輸出結果，高中成績對應的 t 值為 2.205，對應的 P 值為 0.063,219；體育鍛煉周平均小時數對應 t 值為 1.687，相應的 P 值為 0.135；在顯著性水準 $\alpha = 5\%$ 下，均接受原假設，認為變量不顯著。

7.4.5 可線性化的多元迴歸模型

在經濟生活中，經常遇到一些模型，表面上看，這些模型都不是線性模型，但是通過適當變量代換，就可以變為多元線性模型，我們將這些模型稱為可線性化的多元迴歸模型。這類模型主要有雙對數模型、半對數模型、多項式模型、倒數模型等。下面分別介紹：

1. 雙對數模型

雙對數模型基本形式是：$\ln Y = \ln \beta_1 + \beta_2 \ln X + u$

雙對數模型的典型代表是柯布道格拉斯生產函數，這一函數的經濟含義是企業生產中的資本投入（K）和勞動力投入（L）與產出量（Q）之間是相關的。這個關係可以表示如下：

$Q = AK^\alpha L^\beta \varepsilon$

將上式兩邊取對數後，轉換為：

$\text{Log}(Q) = \text{Log}(A) + \alpha\text{Log}(K) + \beta\text{Log}(L) + \text{Log}(\varepsilon)$

利用相應值進行替代後，即可利用線性化的多元迴歸模型進行分析。具體步驟參閱 7.4 中相關部分。

2. 半對數模型

半對數模型的基本形式分兩種，一種是線性對數模型，一種是對數線性模型。

（1）線性對數模型。

$$\ln Y_i = \beta_1 + \beta_2 X + \varepsilon_i$$

在這一模型中，迴歸系數 β_2 的含義是：$\beta_2 = \dfrac{d(\ln Y)}{dX} = \dfrac{dY/Y}{dX}$，

即，當 X 增加一個單位是，Y 的相對變化。

例子 7-9 有研究表明小時工資與受教育年數之間存在以下關係：

$Log(wage) = 2.78 + 0.094 \times deuc$

根據上述研究經驗模型，受教育年數每增加 1 年，小時工資增加 9.4%。

（2）對數線性模型。

對數線性模型描述的是概率與協變量之間的關係；對數線性模型也用來描述期望頻數與協變量之間的關係。對數線性模型具有以下形式：$\ln(y) = \beta_0 + \beta_1 x_1 + \cdots \beta_k x_k$。

對數線性模型分析的主要應用是把列聯表資料的網格頻數的對數表示為各變量及其交互效應的線性模型，然後運用類似方差分析的基本思想，以及邏輯變換來檢驗各變量及其交互效應的作用大小。其主要作用是，綜合運用方差分析和邏輯迴歸中的建模方法，應用於純粹定類變量之間，系統評價各變量間關係和交互作用大小的多元統計方法。

3. 倒數模型

倒數模型的基本形式為：$Y_i = \beta_0 + \beta_1/X_i + \varepsilon_i$

這一模型的特徵是，隨著 X 的無限增大，Y 接近漸進值。因此，當自變量 X 無限增大時，倒數模型中的因變量的取值將逐漸靠近其漸近線或者極值。

西方經濟學中的菲利普斯曲線，以及財務管理中的平均固定成本曲線等都是倒數模型的具體應用。

習題

一、選擇題

1. 某地 1997—2004 年人均收入和耐用消費品銷售額資料如下：

年份	人均收入（萬元）	耐用消費品銷售額（萬元）
1997	3.0	80
1998	3.2	82
1999	3.4	85
2000	3.5	90
2001	3.8	100

7 相關與迴歸分析

表7(續)

年份	人均收入（萬元）	耐用消費品銷售額（萬元）
2002	4.0	120
2003	4.5	140
2004	5.2	145

要求：根據以上簡單關係表的資料，繪製相關散點圖，並判別相關關係的表現形式和方向。

2. 中國 1978—1997 年的財政收入 Y 和國民生產總值 X 的數據資料，試根據資料完成下列問題。

年份	國民生產總值 X	財政收入 Y
1978	3,624.1	1,132.26
1979	4,038.2	1,146.38
1980	4,517.8	1,159.93
1981	4,860.3	1,175.79
1982	5,301.8	1,212.33
1983	5,957.4	1,366.95
1984	7,206.7	1,642.86
1985	8,989.1	2,004.82
1986	10,201.4	2,122.01
1987	11,954.5	2,199.35
1988	14,922.3	2,357.24
1989	16,917.8	2,664.9
1990	18,598.4	2,937.1
1991	21,662.5	3,149.48
1992	26,651.9	3,483.37
1993	34,560.5	4,348.95
1994	46,670	5,218.1
1995	57,494.9	6,242.2
1996	66,850.5	7,407.99
1997	73,452.5	8,651.14

（1）建立財政收入對國民生產總值的一元線性迴歸方程，並解釋斜率系數的經濟意義；（2）對所建立的迴歸方程進行檢驗。

3. 對玫瑰的需求數據如下表所示：

年與季	Y	X_2	X_3	X_4	X_5
1971-III	11,484	2.26	3.49	158.11	1
1971-IV	9,348	2.54	2.85	173.36	2
1972-I	8,429	3.07	4.06	165.26	3
1972-II	10,079	2.91	3.64	172.92	4
1972-III	9,240	2.73	3.21	178.46	5
1972-IV	8,862	2.77	3.66	198.62	6
1973-I	6,216	3.59	3.76	186.26	7
1973-II	8,253	3.23	3.49	188.98	8
1973-III	8,038	2.60	3.13	180.49	9
1973-IV	7,476	2.89	3.20	183.33	10
1974-I	5,911	3.77	3.65	181.87	11
1974-II	7,950	3.64	3.60	185.00	12
1974-III	6,134	2.82	2.94	184.00	13
1974-IV	5,868	2.96	3.12	188.20	14
1975-I	3,160	4.24	3.58	175.67	15
1975-II	5,872	3.69	3.53	188.00	16

其中，Y＝售出的玫瑰數量，單位：打

X_2＝玫瑰的平均批發價格，單位：美元/打

X_3＝石柱的平均批發價格，單位：美元/打

X_4＝每週家庭平均可支配收入，單位：美元/周

X_5＝底特律市區從 1971 年 3 季度到 1975 年 2 季度的趨勢變量，取值 1，2，等等。

請你考慮如下的迴歸方程

$$\ln Y_t = \beta_1 + \beta_2 \ln X_{2t} + \beta_3 X_{3t} + \beta_4 X_{4t} + \beta_5 X_{5t} + u_t$$
$$Y_t = \alpha_1 + \alpha_2 X_{2t} + \alpha_3 X_{3t} + \alpha_4 X_{4t} + \alpha_5 X_{5t} + u_t$$

（1）估計線性模型的參數並解釋所得結果；（2）估計對數線性模型的參數並解釋計算結果；（3）β_2，β_3，β_4 分別給出需求的自價格彈性、交叉價格彈性和收入彈性。它們的先驗符號是什麼？你的結果同先驗預期相符嗎？

8　時間序列分析

學習目標

1. 掌握時間序列的含義、基本要素以及編製原則。
2. 理解時期數列、時點數列的含義和特點。
3. 能夠區分發展水準、增長量和發展速度，能夠區分平均發展水準、平均增長量和平均增長速度。
4. 能夠計算時期數列和時點數列的發展水準和平均發展水準。
5. 能夠計算發展水準、平均發展水準、發展速度和平均發展速度。
6. 理解時間序列的構成要素，長期趨勢、季節變動、週期變動以及不規則變動。
7. 理解移動平均法測度長期趨勢。
8. 理解非線性分析法測定長期趨勢。
9. 理解季節變動的分析方法。

8.1　時間序列分類及編製原則

　　時間序列（也叫動態數列），是把反應某種現象的統計指標在不同時間上的數值，按照時間先後順序排列而形成的數列。任何一個時間序列都具備兩個基本要素，一是現象所屬的時間，二是現象在不同時間上的指標數值。

8.1.1 時間序列分類

時間序列按照數列中所排列指標的表現形式不同，分為總量指標數列、相對指標數列和平均指標數列三種。

1. 總量指標數列

總量指標數列是指將反應現象總規模、總水準的某一總量指標在不同時間上的指標數值按時間先後順序排列起來所形成的數列。按指標所反應時間狀況不同，總量指標數列又分為時期數列和時點數列。

在時間序列中所排列的指標為時期指標的就是時期數列，時期數列一般反應現象在一段時間內所達到的總規模、總水準，是現象在這一時期內所累積的總量。時期指標區別於時點指標的特點是具有可加性，以及時期指標的大小與其所屬時期長短相關，一般時期越長指標數值越大。

時點序列中所排列的指標為時點指標，各時點上的數值分別反應現象在各該時點所達到的總規模、總水準，是現象在某一時點的數量反應。時點指標具有不可加性以及各時點上指標數值大小與時間間隔大小無密切聯繫等特點。

2. 相對指標數列

相對指標數列（也叫相對數數列），是指將反應現象相對水準的某一相對指標按照時間先後順序排列起來所形成的數列。相對指標數列是從總量指標數列中派生出來的，不同的相對指標不能相加。

3. 平均指標數列

平均指標數列（也叫平均數數列），是指將反應現象平均水準的某一相對指標按照時間先後順序排列起來所形成的數列。平均指標數列也是從總量指標數列中派生出來的，不同的平均指標不能相加。

8.1.2 時間序列的編製原則

使用時間序列的目的是分析特定時間內相關指標的變動規律，即進行動態分析。保持時間序列各項指標的數值具有可比性是編製時間序列的基本原則。可比性是要求各項指標數值在時間、範圍、計算口徑、經濟內容等方面可比。具體如下：

1. 時間可比

時間可比要求各指標數值所屬時間是一致的。對於時期數列，要求時間長短一致；而對於時點數列，一般要求相鄰時點的間隔相同。

2. 範圍可比

範圍可比要求各項指標所屬的空間範圍可比。比如所屬行政區範圍、分組範圍等。若同一時間數列中的某些範圍不一致時，必須調整一致後，才能進行對比。

8 時間序列分析

3. 計算口徑可比

計算口徑可比是指相關指標的計算方法一致。比如物價指標，有 CPI、PPI、GDP 平減指數，以及各類行業指數等，各種指數有自己的計算口徑。另外，中國股票指數分為上證綜指、深證成指、滬深 300、創業板指等不同指標，相關指標由於計算口徑不同，往往不能直接對比。

4. 經濟內容可比

在實踐中，有許多指標名稱相近，但是經濟內容不同的指標，例如上面提到的各種物價指數和不同的股票指數等，在進行時間序列分析時，特別需要注意經濟內容可比，否則需要進行調整。

8.2 時間序列的水準分析

8.2.1 發展水準與平均發展水準

8.2.1.1 發展水準

發展水準是指現象在不同時間上所達到的規模或水準的數量反應，也就是時間序列中的各項數值。發展水準可以是總量指標，也可能是相對指標或者平均指標。由於發展水準是計算其他動態分析指標的基礎，因此有時發展水準被稱為基礎時間數列。

發展水準按照在時間序列中的所處的位置和作用不同，分為最初水準、最末水準和中間水準，也可以被稱為報告期水準、基期水準等。如果數列中的各項指標數值按照時間先後順序依次記為：$a_0, a_1, a_2, \cdots, a_n$，則稱 a_0 為最初水準，a_n 為最末水準，其餘為中間水準。如果要將不同時間的發展水準進行比較，則把作為比較基礎的時期稱為基期，基期對應的發展水準稱為基期水準；把需要分析研究考察的時期稱為報告期，其對應的發展水準稱為報告期水準。需要特別說明的是，報告期和基期並不固定。在一項研究中某一發展水準是基期，在另一項研究中，則可能被作為報告期。

8.2.1.2 平均發展水準

平均發展水準是發展水準在不同時間上的平均數。在進行動態分析時，有時需要將數列中各項指標數加以平均，其目的是消除不同時間上的數量差異。這種在不同時間上的平均數，統計上稱為序時平均數。

由於發展水準可分為總量指標、相對指標、平均指標，因此，序時平均數也分以上三類進行計算。

1. 時期數列計算序時平均數

由於時期指標可以通過相加來反應一段時期的累計總量，因而，求序時平均數

141

時可直接用各時期指標數值和除以時期項數。用 a 代表各時期指標數值，用 $\bar{a}$ 代表序時平均數。有：

$$\bar{a} = \frac{a_1 + a_2 + \cdots + a_n}{n} = \frac{\sum a}{n} \qquad (8-1)$$

2. 時點數列計算序時平均數

時點數列有連續時點與間斷時點數列之分；其中間斷時點數列又分為間隔相等與間隔不等的時點數列。

（1）連續時點數列計算平均發展水準。

在統計中，將逐日排列的時點數列視為連續時點數列，其平均發展水準採用簡單算術平均法計算。計算公式如下：

$$\bar{a} = \frac{\sum a}{n}$$

（2）間斷時點數列計算平均發展水準。

間斷時點數列根據兩個發展水準之間間斷是否相等分為間隔相等的間斷時點數列和間隔不等的間斷時點數列。

【例子 8-1】某企業 20XX 年第二季度某種商品的庫存數量見表 8-1，試求該商品第二季度月平均庫存量。

表 8-1　　　　某企業 20XX 年第二季度某商品庫存

項目	3 月末	4 月末	5 月末	6 月末
庫存量（千件）	53	67	63	71

對於間隔相同時點數據，我們一般假定月末數據就是下一個月的期初數，同時假定相鄰兩個時點間數量變化是均勻的。因此，各月的平均庫存量為：

4 月平均庫存 $= \dfrac{53 + 67}{2} = 60$（千件），

5 月平均庫存 $= \dfrac{67 + 63}{2} = 65$（千件），

6 月平均庫存 $= \dfrac{63 + 71}{2} = 67$（千件）。

第二季度月平均庫存 $= \dfrac{60 + 65 + 67}{3} = 64$（千件）。

將例子 8-1 概括推廣，可得如下一般公式：

$$\bar{a} = \frac{\dfrac{a_1 + a_2}{2} + \dfrac{a_2 + a_3}{2} + \cdots + \dfrac{a_{n-1} + a_n}{2}}{n-1} = \frac{\dfrac{a_1}{2} + a_2 + \cdots a_{n-1} + \dfrac{a_n}{2}}{n-1} \qquad (8-2)$$

這一公式計算方法被稱為「首末折半法」，這一方法適用於間隔相等的間斷時

8 時間序列分析

點數列求平均發展水準。

【例子 8-2】某地區 20XX 年就業人數資料見表 8-2，試計算該地區 20XX 年月平均社會勞動者人數。

表 8-2　　　　　　　某地區 20XX 年就業人數資料

項目	1 月 1 日	5 月 31 日	8 月 31 日	12 月 31 日
就業人數（萬人）	462	490	516	520

$$1\text{—}5\text{ 月月平均人數} = \frac{462+490}{2} = 476 \text{（萬人）}$$

$$6\text{—}8\text{ 月月平均人數} = \frac{490+516}{2} = 503 \text{（萬人）}$$

$$9\text{—}12\text{ 月月平均人數} = \frac{516+520}{2} = 518 \text{（萬人）}$$

$$= \frac{476\times5+503\times3+518\times4}{12} = 496.75 \text{（萬人）}$$

將例子 8-2 概括為一般公式，即：

$$\bar{a} = \frac{\frac{a_1+a_2}{2}f_1 + \frac{a_2+a_3}{2}f_2 + \cdots + \frac{a_{n-1}+a_n}{2}f_{n-1}}{\sum_{i=1}^{n-1}f_i} \tag{8-3}$$

其中：f 代表兩個相鄰時點間的時間間隔數。這種方法也稱為「間隔加權」法。

從上述公式可以看出，「首末折半法」是「間隔加權法」的一個特例，只不過是權重相同。

3. 由相對指標或平均指標數列計算平均發展水準

相對指標或平均指標數列中的各項指標數值是根據兩個有聯繫的總量指標數列中的對應項對比求出的。這使得不能直接根據該相對指標或平均指標數列中的各項數值用簡單平均法進行計算，而應當先計算構成該相對指標或平均指標數列的分子數列和分母數列的平均發展水準，再對比求出。下面，以一個例子來說明：

【例子 8-3】根據表 8-3，計算 2010—2016 年中國社會勞動生產率水準。

表 8-3　　　　　　　中國相關統計指標情況表

年份	國內生產總值 （億元）	年末就業人數 （萬人）	平均社會勞動生產率 （元/人·年）
2010	411,265.2	76,105	
2011	484,753.2	76,420	
2012	539,116.5	76,704	

143

表8-3(續)

年份	國內生產總值 （億元）	年末就業人數 （萬人）	平均社會勞動生產率 （元/人・年）
2013	590,422.4	76,977	
2014	644,791.1	77,253	
2015	686,449.6	77,451	
2016	741,140.4	77,603	

解：平均社會勞動生產率是國內生產總值與平均就業人數的比值，要計算平均社會勞動生產率，需要計算平均國內生產總值與平均就業人數的比值。具體計算過程如下：

$$國內生產總值平均數 = \frac{411,265.2 + \cdots + 741,140.4}{7} = \frac{4,097,938}{7}$$
$$= 585,419.8（億元）$$

利用「首尾折半法」計算平均就業人數：

$$平均就業人數 = \frac{\frac{76,105}{2} + 76,420 + \cdots + 77,451 + \frac{77,603}{2}}{7} = \frac{461,659}{7}$$
$$= 65,951.3（萬人）$$

$$= \frac{585,419.8}{65,951.3} = 8.876,5（萬元/人）$$

8.2.2　增長量和平均增長量

　　增長量是報告期水準與基期水準之差，用來反應現象在一定時期內增減的絕對值。由於基期選擇不同，增減量指標可以分為逐期增減量和累計增減量。

　　逐期增減量，是報告期水準與前一期水準的差額，說明本期較上一期增減的絕對數量，用公式表示為：

　　逐期增減量 $= a_i - a_{i-1}$　　$(i = 1, 2, \cdots, n)$

　　累計增減量（又名定基增減量），是指報告期水準與某一固定基期水準之差，說明一段時間內總的增減絕對數量。用公式表示為：

　　累計增減量 $= a_i - a_0$　　$(i = 1, 2, \cdots, n)$

　　逐期增長量與累計增長量之間存在以下關係：逐期增長量在一定時期內的和等於相應時期的累計增減量；兩個相鄰時期的累計增減量之差等於相應時期的逐期增減量。用公式表示如下：

$$\sum_{i=1}^{n}(a_i - a_{i-1}) = a_n - a_0$$

8 時間序列分析

$$(a_i - a_0) - (a_{i-1} - a_0) = a_i - a_{i-1} \quad (i = 1, 2, \cdots, n)$$

平均增長量是逐期增減量的算術平均數，用以說明現象在一段時間內平均每期的增減數量。用公式表示為：

$$\text{平均增減量} = \frac{\sum_{i=1}^{n}(a_i - a_{i-1})}{n} = \frac{a_n - a_0}{n}$$

其中：n 為逐期增減量的個數，也就是時間數列項數減 1。

【例子 8-4】 利用表 8-3 的數據計算國內生產總值的平均增減量（見表 8-4）。

解：根據表 8-3 中相關國內生產總值數據，可利用 EXCEL 計算出相關逐期增減量和累計增減量。

表 8-4　　　　中國國內生產總值逐期和累計增減量計算表

年份	國內生產總值（億元）	增減量（億元） 逐期	增減量（億元） 累計
2010	411,265.2	—	—
2011	484,753.2	73,488.0	73,488.0
2012	539,116.5	54,363.3	127,851.3
2013	590,422.4	51,305.9	179,157.2
2014	644,791.1	54,368.7	233,525.9
2015	686,449.6	41,658.5	275,184.4
2016	741,140.4	54,690.8	329,875.2

$$\text{平均增減量} = \frac{73,488.0 + 54,363.3 + \cdots + 41,658.5 + 54,690.8}{6} = 54,979.2 \text{ 億元}$$

$$\text{或者} = \frac{329,875.2 - 73,488.0}{6} = 54,979.2 \text{ 億元}$$

8.3 时间序列的速度分析

8.3.1 發展速度和增長速度

1. 發展速度

發展速度是報告期水準與基期水準之比，用以說明報告期水準較基期水準的發展程度。由於基期選擇不同，發展速度又可以分為環比發展速度和定基發展速度。環比發展速度是報告期水準與前一期水準之比，反應一個現象逐期發展變化的程度，

公式表示為：

$$\frac{a_i}{a_{i-1}} (i = 1, 2, \cdots, n) \tag{8-4}$$

定基發展速度是報告期水準與基期（一般用 a_0 表示）水準之比，反應現象在一段時間內的總的變化程度，用公式表示為：

$$\frac{a_i}{a_0} (i = 1, 2, \cdots, n)$$

環比發展速度與定基發展速度之間存在如下關係：各環比發展速度的乘積等於相應時期的定基發展速度；兩定基發展速度之商等於相應時期的環比發展速度。用公式可以表示為：

$$\prod_{i=1}^{n} \frac{a_i}{a_{i-1}} = \frac{a_n}{a_0} \quad (i = 1, 2, \cdots, n) \tag{8-5}$$

2. 增長速度

增長速度是增長量與基期水準之比，反應報告期水準較基期水準增長的程度。

$$增長速度 = \frac{增長量}{基期水準} = \frac{報告期水準 - 基期水準}{基期水準} = 發展速度 - 1$$

從上式來看，增長速度等於發展速度減去 1，發展速度說明的是報告期水準較基期水準發展到多少了；增長速度則說明報告期水準較基期水準增長了多少。例如，小明一年前身高 1.70 米，現在身高 1.75 米；可以說小明一年來，身高長到了原身高的 102.94%（1.75/1.70 = 102.94%）；同時，也可以說小明一年來，身高增長了 2.94%（102.94% - 1 = 2.94%）。

8.3.2 平均發展速度和平均增長速度

平均速度是各個時期環比速度的平均數，說明現象在一段時期內的發展變化的平均程度。平均速度分為平均發展速度和平均增長速度。平均發展速度說明了現象逐期發展的平均速度，平均增長速度說明現象逐期增減的平均程度。

平均增長速度 = 平均發展速度 - 1

平均發展速度的計算方法分別採用幾何平均法（水準法）和方程式法（累計法）進行計算。下面主要介紹幾何平均法。

由於平均發展速度是環比發展速度的平均值，如果要計算平均發展速度，就需要知道總速度。由於總速度是各環比速度的連乘積而不是代數和，因此，求環比發展速度只能使用幾何平均數。

用 $x_i (i = 1, 2, \cdots, n)$ 代表各環比發展速度，用 $\bar{x}$ 表示平均發展速度，那麼可以用幾何平均法進行計算：

$$\bar{x} = \sqrt[n]{x_1 \times x_2 \times \cdots \times x_n} = \sqrt[n]{\prod_{i=1}^{n} x_i} \tag{8-6}$$

8　時間序列分析

由於環比發展速度的連乘積等於總速度（用 R 表示），因此上式也可以表示為

$$\bar{x} = \sqrt[n]{x_1 \times x_2 \times \cdots \times x_n} = \sqrt[n]{\prod_{i=1}^{n} x_i} = \sqrt[n]{a_n/a_0} \tag{8-7}$$

● 8.4　時間序列的趨勢分析

在社會、經濟運轉過程中，普遍存在自身的運行規律，但是，由於這些運動規律自身包含多種因素，而且還受到多種外在因素的影響，使得這些運行規律呈現出紛繁複雜的情況。要研究時間序列的水準和速度，在 8.2 與 8.3 節分析的基礎上，還需要對時間序列所包含的成分進行分解分析，以此來分別揭示時間序列中蘊含的趨勢、季節變動、週期性變動和不規則變動等因素，在此基礎上可以對時間序列的未來發展進行預測。

8.4.1　時間序列的構成要素及組合模型

時間序列中反應出來的事物發展變化的規律和變化是諸多因素共同作用的結果。要將這些因素全部分解出來，進而做出精確計算，無論是從可能性上還是成本上都是不可取的。但是，可以通過把影響時間序列變化的因素歸納為不同的類型，再對各種因素的影響作用加以測定，最後將各種因素的影響效果進行匯總，可以對時間序列的變動進行分析和預測。對時間序列影響因素的分解，最普遍和常用的方法是歸為四類：長期趨勢（T）、季節變動（S）、週期變動（C）以及不規則變動（I）。

1. 構成要素

各種時間序列的變動一般都是這四種變動的一部分或者全部。對時間序列中的這些成分進行分解、測算、預測、分析，來揭示社會經濟隨時間變化而演變的規律是時間序列分析的重要內容。

（1）長期趨勢（T）。

長期趨勢是指在一段較長的時期內，現象隨著時間推移變相出來的持續變化。在現實經濟生活中，這種變化經常表現為一種向上的變化。例如，經濟增長、人均收入水準增長、技術水準等。同時，這種變化還可能表現為一種水準趨勢，例如溫度變化、大氣中的氧氣含量等。

（2）季節變動（S）。

傳統意義上的季節變動是指現象受到自然因素的影響，在一年內隨著四季的更替而表現出的有規律的變動。隨著季節概念的擴展，現在將一年內以一定時期為週期的有規律的變動都稱為季節變動。

引起季節變動的因素，有自然因素和人為因素。自然因素是指由於自然界季節

變化對現象產生影響，而使得現象在短於一年的週期內發生有規律的變化。比如，農作物的生產、商品銷售量、對能源的需求、某種疾病的發病概率等。

(3) 週期變動（C）。

週期變動是指以一年以上為一個週期的有規律的週期波動。與長期趨勢不同的是，週期變動不是朝一個方向的持續運動，而是一種上漲和下跌相交替的波動。週期變動與季節變動也不相同，差異表現在：一是週期變動的規律性弱於季節變動，週期變動上升和下降的週期長短不同；二是週期變動因素的可識別性較季節變動低，識別難度一般要比季節變動大。

(4) 不規則變動（I）。

不規則變動是指現象受到各種隨機因素影響而呈現出的各種無規則變動。這種變動與長期趨勢、季節變動和循環變動不同，影響這種變動的因素很多，無法全面把握，因素與因素之間還存在相互抵消的可能，因此，把除了長期趨勢、季節變動和週期變動之外的其他因素都歸結為不規則變動。

2. 時間序列的組合模型

時間序列中的各項指標數值，是由各種不同的影響因素共同作用的。也就是說，數列的指標數值裡面，包含著不同的成分。用 Y 代表數列中的指標數值，則 Y 可以用加法和乘法兩種方法進行分解為：

$Y = T + S + C + I$　　（加法模型）

$Y = T \times S \times C \times I$　　（乘法模型）

需要特別說明的是，乘法模型是時間序列分析的最常用模式，一般採用趨勢分析（絕對量）為基礎，其餘各成分適用比率（相對量）來表示。加法模型中，各組成成份計量單位需保持一致，且均為絕對量。

8.4.2　線性趨勢測定法

長期趨勢的測定分析是時間序列分析的最重要的工作，這是因為一個時間序列可能不包含季節變動和週期變動，但是一定包含趨勢成分。研究長期趨勢的意義體現在以下幾點：①把握社會經濟現象隨時間演化的趨勢和規律；②通過把握規律，對事物的未來發展趨勢做出預測；③便於從原時間序列中剔除趨勢成分，進而分析其他季節、循環等成分。

測定長期趨勢的方法有很多，比較常用和有效的是移動平均法和趨勢方程擬合法等，下面主要介紹移動平均法。

移動平均是選擇一定的平均項數，採用逐項移動求得平均數。移動平均法是指通過對時間序列逐期遞移求得平均數作為預測值的一種方法。移動平均法分為簡單移動平均法和加權移動平均法兩種。

簡單移動平均法是將最近的 K 期數據加以平均，作為下一期的預測值。設移動

8 時間序列分析

間隔為 K（1<k<t），則 t 期移動平均值為：

$$\bar{Y}_t = \frac{Y_{t-k+1} + Y_{t-k+2} + \cdots + Y_{t-1} + Y_t}{k} \tag{8-8}$$

實際中，我們將 t 期移動平均值用來對 t+1 期值進行預測，t+1 期的簡單移動平均預測值為：

$$F_{t+1} = \bar{Y}_t = \frac{Y_{t-k+1} + Y_{t-k+2} + \cdots + Y_{t-1} + Y_t}{k}$$

同理，可以得到 t+2 期的預測值：

$$F_{t+2} = \bar{Y}_{t+1} = \frac{Y_{t-k+2} + Y_{t-k+3} + \cdots + Y_t + Y_{t+1}}{k}$$

從上述公式可以看出，移動平均法只是用了最近 k 期的數據，在每次計算移動平均值時，移動的間隔都是 k，且對最近 k 期的權重都相同。實際工作中，簡單移動平均法的關鍵是確定移動間隔 K。實踐中可以通過試算的方法，選定一個使均方誤差最小的移動間隔。

【例子 8-5】根據中國 2001—2017 年人均 GDP 數據（見表 8-5），採用移動間隔 $k=3$ 和 $k=5$，計算和預測歷史各年份和 2018 年居民消費價格指數，同時計算出預測誤差，並將原序列和預測後的序列繪製成圖形進行比較。

解：根據 2001—2017 年的數據，通過表 8-5 計算求出移動間隔 $k=3$ 和 $k=5$ 的移動平均值，並求出預測誤差及預測誤差的平方。

表 8-5　　　　　　　　　　中國人均 GDP 長期趨勢測定計算表

年份	人均 GDP（元）	移動平均預測 $k=3$	預測誤差	預測誤差平方	移動平均預測 $k=5$	預測誤差	預測誤差平方
2001	8,717.0						
2002	9,506.0						
2003	10,666.0	9,629.7	1,036.3	1,073,986.8			
2004	12,487.0	10,886.3	1,600.7	2,562,133.8			
2005	14,368.0	12,507.0	1,861.0	3,463,321.0	11,148.8	3,219.2	10,363,248.6
2006	16,738.0	14,531.0	2,207.0	4,870,849.0	12,753.0	3,985.0	15,880,225.0
2007	20,505.0	17,203.7	3,301.3	10,898,801.8	14,952.8	5,552.2	30,826,924.8
2008	24,121.0	20,454.7	3,666.3	13,442,000.1	17,643.8	6,477.2	41,954,119.8
2009	26,222.0	23,616.0	2,606.0	6,791,236.0	20,390.8	5,831.2	34,002,893.4
2010	30,876.0	27,073.0	3,803.0	14,462,809.0	23,692.4	7,183.6	51,604,109.0
2011	36,403.0	31,167.0	5,236.0	27,415,696.0	27,625.4	8,777.6	77,046,261.8
2012	40,007.0	35,762.0	4,245.0	18,020,025.0	31,525.8	8,481.2	71,930,753.4

149

表8-5(續)

年份	人均GDP（元）	移動平均預測 $k=3$	預測誤差	預測誤差平方	移動平均預測 $k=5$	預測誤差	預測誤差平方
2013	43,852.0	40,087.3	3,764.7	14,172,715.1	35,472.0	8,380.0	70,224,400.0
2014	47,203.0	43,687.3	3,515.7	12,359,912.1	39,668.2	7,534.8	56,773,211.0
2015	50,251.0	47,102.0	3,149.0	9,916,201.0	43,543.2	6,707.8	44,994,580.8
2016	53,980.0	50,478.0	3,502.0	12,264,004.0	47,058.6	6,921.4	47,905,778.0
2017	59,261.0	54,497.3	4,763.7	22,692,520.1	50,909.4	8,351.6	69,749,222.6
合計				174,406,210.8			623,255,728.3

將表8-5中的移動間隔 $k=3$ 和 $k=5$ 的預測值與實際值在一張圖上表示（見圖8-1），可以看出，實際人均GDP更加陡峭，移動間隔為 $k=3$ 的人均GDP相對平緩一些，而移動間隔為 $k=5$ 的人均GDP更加平緩。

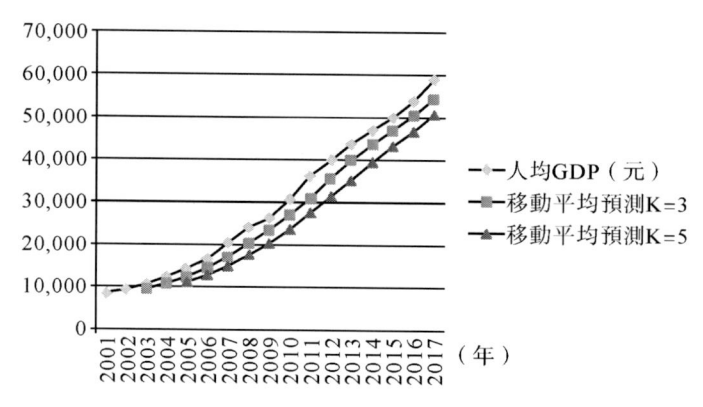

圖8-1 中國人均GDP及其三項和五項移動平均曲線圖

8.4.3 非線性趨勢分析

時間序列中的趨勢通常可以認為是由於某種固定因素作用推動，如果這些因素是隨時間呈現線性變化，則可以對時間序列擬合線性直線；若呈現非線性因素，則需要擬合某種曲線。下面主要介紹幾種常用的趨勢曲線。

1. 指數曲線

指數曲線用於描述以幾何級數遞增或遞減的現象，或者說是指時間序列的觀察值 Y_t 按照指數規律變化的曲線。一般來講人均GDP的變化規律呈現指數變化的特徵，其方程式如下：

$$\hat{Y}_t = b_0 \times b_1^t$$

其中，b_0、b_1 為待估參數。

8 時間序列分析

要確定指數曲線中的常數 b_0 和 b_1，可以採用線性化手段將其轉化為線性方程進行計算，將上式兩端取對數可得：$\ln \hat{Y}_t = \ln b_0 + t \times \ln b_1$。

然後根據最小二乘法原理，按照線性形式，利用 EXCEL 的迴歸確定常數（$\ln b_0$ 和 $\ln b_1$），之後再對 $\ln b_0$ 和 $\ln b_1$ 取反對數，即可求得 b_0 和 b_1。

【例子 8-6】根據表 8-5 中的全國人均 GDP 數據，確定指數曲線，計算出各期的預測值和預測誤差，再預測 2018 年的人均 GDP，並將原序列和各期預測值序列繪製成圖形進行比較。

解：我們先對指數曲線兩端取對數線性化後，利用 EXCEL 的迴歸得到如下曲線方程：

$$\hat{Y}_t = 7,897.766 \times 1.136^t$$

將 $t = 1, 2, \cdots, 16$ 代入指數曲線方程可以得到各期的預測值，將 $t = 17$ 代入指數曲線方程，即可得到 2018 年的人均 GDP 的預測值。有關輸出結果見表 8-6。

表 8-6　　　　　　　　人均 GDP 預測值及殘差計算表

年份	時間代碼	人均 GDP（元）	預測值	殘差
2001	1	8,717.0	8,969.493	-252.5
2002	2	9,506.0	10,186.65	-680.7
2003	3	10,666.0	11,568.98	-903.0
2004	4	12,487.0	13,138.89	-651.9
2005	5	14,368.0	14,921.84	-553.8
2006	6	16,738.0	16,946.73	-208.7
2007	7	20,505.0	19,246.41	1,258.6
2008	8	24,121.0	21,858.14	2,262.9
2009	9	26,222.0	24,824.29	1,397.7
2010	10	30,876.0	28,192.95	2,683.1
2011	11	36,403.0	32,018.73	4,384.3
2012	12	40,007.0	36,363.68	3,643.3
2013	13	43,852.0	41,298.23	2,553.8
2014	14	47,203.0	46,902.4	300.6
2015	15	50,251.0	53,267.05	-3,016.1
2016	16	53,980.0	60,495.39	-6,515.4
2017	17	59,261.0	68,704.61	-9,443.6
2018	18		78,027.83	

將表 8-6 中人均 GDP 預測值與實際值在一張圖上表示（見圖 8-2），可以看出，

實際人均預測值與實際值擬合較好。

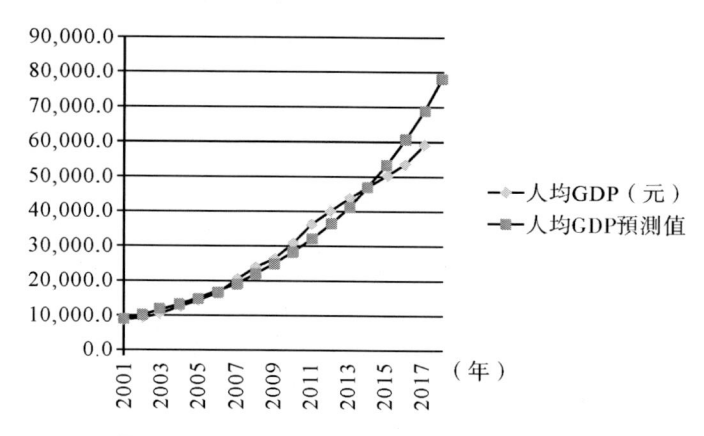

圖 8-2　中國人均 GDP 及指數曲線預測值曲線圖

2. 二次曲線

現實生活中的現象，其變化比較複雜，變化有升有降，甚至可能還有幾個拐點，這要求需要擬合多項式函數。當只出現一個拐點時，可以擬合二次曲線；有兩個拐點時，可能需要擬合三次曲線；當有 $k-1$ 個拐點時，需要擬合 k 階曲線。下面以二次曲線為例進行分析，具體函數形式為：

$$\hat{Y}_t = b_0 + b_1 t + b_2 t^2$$

線性化的方法是：

令：$z_1 = t$，$z_2 = t^2$，則上式轉化為：

$$\hat{Y}_t = b_0 + b_1 z_1 + b_2 z_2$$

這樣就可以利用 EXCEL 對上述線性化的方程進行迴歸，求得系數 b_0、b_1、b_2。最後利用迴歸後的方程進行預測。

【例子 8-7】表 8-7 所列是中國近年來煤炭占能源消費總量的比重數據，試擬合適當的曲線，計算出 2017 年的預測值，並將原序列和各期預測值繪製成圖形進行比較。

表 8-7　　　　　　　中國近年來煤炭占能源消費總量數據表

年份	煤炭所占能源消費總量比重（％）	年份	煤炭所占能源消費總量比重（％）
2000	69.2	2009	71.6
2001	68.3	2010	69.2
2002	68.0	2011	70.2
2003	69.8	2012	68.5
2004	69.5	2013	67.4

8 時間序列分析

表8-7(續)

年份	煤炭所占能源消費總量比重（%）	年份	煤炭所占能源消費總量比重（%）
2005	72.4	2014	65.6
2006	72.4	2015	64.0
2007	72.5	2016	62.0
2008	71.5		

解：首先根據表8-7的數據繪製出煤炭占能源消費總量的比重變化曲線圖，從圖中，可以看到在2007年左右，曲線有個明顯的拐點。因此，可嘗試使用二次曲線進行擬合。其形式為：

$$\hat{Y}_t = b_0 + b_1 t + b_2 t^2$$

將其線性化後，進行擬合，可得如下二次迴歸方程：

$$\hat{Y}_t = 65.907 + 1.556t - 0.104t^2$$

將 $t = 1, 2, \cdots, 16$，代入上述方程，即可得到各期的預測值，將 $t = 17$ 代入方程可得2017年的預測值。具體見表8-8。

表8-8　中國近年來煤炭占能源消費總量數據及預測值計算表

年份	時間代碼	煤炭所占能源消費總量比重（%）	預測值	殘差
2000	1	69.2	67.359	1.841
2001	2	68.3	68.603	-0.303
2002	3	68.0	69.639	-1.639
2003	4	69.8	70.467	-0.667
2004	5	69.5	71.087	-1.587
2005	6	72.4	71.499	0.901
2006	7	72.4	71.703	0.697
2007	8	72.5	71.699	0.801
2008	9	71.5	71.487	0.013
2009	10	71.6	71.067	0.533
2010	11	69.2	70.439	-1.239
2011	12	70.2	69.603	0.597
2012	13	68.5	68.559	-0.059
2013	14	67.4	67.307	0.093
2014	15	65.6	65.847	-0.247

表8-8(續)

年份	時間代碼	煤炭所占能源消費總量比重（%）	預測值	殘差
2015	16	64.0	64.179	−0.179
2016	17	62.0	62.303	−0.303
2017	18		60.219	

將上述煤炭所占能源消費總量比重的實際值與預測值繪製成如圖8-3所示。

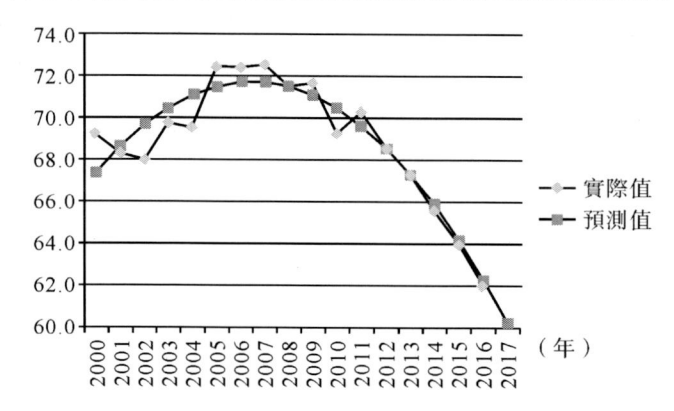

圖8-3　中國煤炭所占能源消費總量比重的實際值與預測值曲線圖

8.5 時間序列的季節變動分析

季節變動是指現象受到自然因素的影響，在一年內隨著四季的更替而表現出的有規律的變動。隨著季節概念的擴展，現在將一年內以一定時期為週期的有規律的變動都稱為季節變動。

現實生活中，季節變動是非常常見的現象，是時間序列中變動的最重要的一種。研究季節變動的主要目的和意義有：①分析和測定數據顯示的季節變動規律，可為當前經濟決策提供依據；②通過對後續季節變動進行預測，可以對未來經濟活動提前做出計劃和安排；③通過剔除時間序列中的季節變動，便於分析時間序列中的循環變動。

根據8.4.1節中時間序列中的時間序列加法模型和乘法模型，計算出水準趨勢（T）和季節變動（S）之後，就可以進一步分析是否有週期變動（C）；若有，則對週期變動進行測定。

在分析和測定季節變動時，一般根據原有序列在坐標圖中畫出散點圖，通過散

8 時間序列分析

點圖觀察時間序列的基本類型和季節變動的基本形狀，然後根據相關散點圖中顯示的規律性進行分析。

8.5.1 季節變動的分析方法

季節變動分析方法是通過求出季節指數來表示各年的季節成分。季節指數表示時間序列在一個年度內各月（各季度）的變動特徵。季節指數反應了某個月份（季度）的數值占全年平均數值的大小。若時間序列的變動沒有季節變動，則各期季節指數應等於 100%；若某一月份（季度）有明顯變動，則各期的季節指數應大於（或小於）100%。因此，季節變動程度是根據季節指數的大小（或者與 100% 的變動偏差）來測定的。

測定季節指數的常用方法有按月按季平均法、趨勢剔除法等。

1. 按月按季平均法

按月按季平均法是測定季度變動的最簡單最適用的一種方法。其適用於包含水準趨勢（T）、季節變動（S）和不規則變動（I）的時間序列。按月按季平均法，就是對原時間序列不通過剔除趨勢等整理過程，利用按月或者按季進行平均，剔除不規則變動，進而求出季節變動的方法。

按月按季平均法的原理是：用某個均值（按月或按季求出）作為現象的水準趨勢值，通過各年同期平均的方法，消除不規則變動，再用消除不規則變動後的數據除以水準趨勢值後，求出季節成分。具體步驟如下：

第一步，求出各年同期（月或季）平均數 $\bar{Y}_i$（$T_i = 1, 2, \cdots L$；L 為季節週期長度，$L=4$ 或 $L=12$）。這一步是為了消除在各年同一月份（季度）數據上的不規則變動，相當於

$$Y = \frac{T \times S \times I}{I} = T \times S。$$

第二步，求出時間序列的總平均數 $\bar{Y}$，並將 $\bar{Y}$ 相當於 T。這一步的目的是求出時間序列的水準趨勢值。

第三步，用 $\bar{Y}_i$ 除以 $\bar{Y}$，得到季節比率 S_i（$i = 1, \cdots, L$），其中：$\sum_{i=1}^{L} S_i = L$。這一步驟相當於 $\frac{T \times S}{T} = S$，由此可見，季節比率其實只是相對於趨勢變動增加或減少的一種相對程度，這種相對程度揭示了季節變動的一般規律。

2. 趨勢剔除法

趨勢剔除法是指通過移動平均值計算出趨勢值，然後通過在原時間序列中剔除趨勢值，獲得季節比率的方法。具體計算步驟是：

第一步，計算移動平均值。如果為季度數據，採用 4 項移動平均，若為月度數據採用 12 項移動平均。然後視移動平均時距項數的奇偶性確定是否進行中心化處

155

理。移動平均時距項數 N 為奇數時，只需一次移動平均，其移動平均值作為移動平均項數的中間一期的趨勢代表值；而當移動平均項數 N 為偶數時，移動平均值代表的是這偶數項的中間位置的水準，無法對正某一時期，則需要在進行一次相臨兩項平均值的移動平均，這才能使平均值對正某一時期，這也稱為移正平均，也成為中心化的移動平均數。

第二步，計算移動平均的比值（即季節比率），通過將時間序列的各觀察值除以相應的移動平均值（中心化移動平均值），計算出各比值的季度（或月度）平均值。

第三步，季節指數調整。若第二步計算的季節比率平均值不等於 1，則需要進行調整。具體方法是：將第二步計算的每個季節比率的平均值除以他們的平均值之和即可求得。

【例子 8-8】有一啤酒生產企業 2010—2015 年各季度的銷售數據，試計算各季的季節指數。

解：有關計算過程見圖 8-4。

	A	B	C	D	E
1	年/季度	時間標號（t）	銷售量（Y）	中心化移動平均值（CMA）	比值（Y/CMA）
2	2010/1	1	25	—	—
3	2	2	32	—	—
4	3	3	37	30.625	1.208
5	4	4	26	32.000	0.813
6	2011/1	5	30	33.375	0.899
7	2	6	38	34.500	1.101
8	3	7	42	34.875	1.204
9	4	8	30	34.875	0.860
10	2012/1	9	29	36.000	0.806
11	2	10	39	37.625	1.037
12	3	11	50	38.375	1.303
13	4	12	35	38.500	0.909
14	2013/1	13	30	38.625	0.777
15	2	14	39	39.000	1.000
16	3	15	51	39.125	1.304
17	4	16	37	39.375	0.940
18	2014/1	17	29	40.250	0.720
19	2	18	42	40.875	1.028
20	3	19	55	41.250	1.333
21	4	20	38	41.625	0.913
22	2015/1	21	31	41.625	0.745
23	2	22	43	41.875	1.027
24	3	23	54	—	—
25	4	24	41	—	—

圖 8-4　啤酒生產企業銷售數據移動平均值計算

根據圖 8-4 得到的比值，按照季節重新排列後得到圖 8-5。由於獲得的季節比

8 時間序列分析

率的平均值之和不等於 1，因此進行調整。

年份	季度 1	季度 2	季度 3	季度 4
2010	—	—	1.208 2	0.812 5
2011	0.898 9	1.101 4	1.204 3	0.860 2
2012	0.805 6	1.036 5	1.302 9	0.909 1
2013	0.776 7	1.000 0	1.303 5	0.939 7
2014	0.720 5	1.027 5	1.333 3	0.912 9
2015	0.744 7	1.026 9	—	—
合計	3.946 4	5.192 4	6.352 2	4.434 4
平均	0.789 3	1.038 5	1.270 4	0.886 9
季节指數	0.792 2	1.042 4	1.275 2	0.890 2

圖 8-5　啤酒生產企業銷售季節變動調整因素圖

將所得的季節指數用折線圖表示（見圖 8-6），從圖中可以看出，3 季度為旺季，1 季度為淡季。

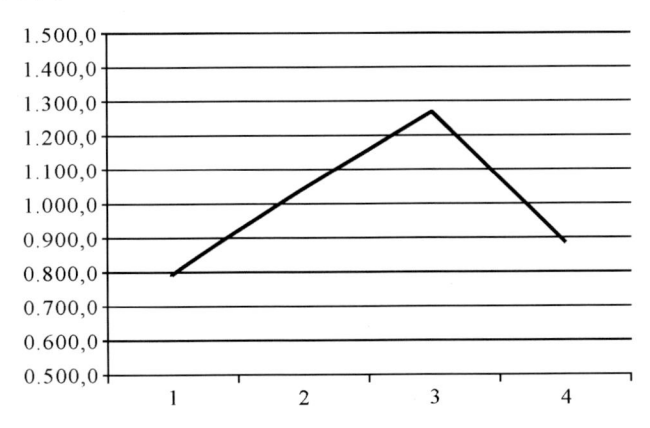

圖 8-6　啤酒生產企業銷售數據季節指數圖

8.5.2　分離季節成分

【例子 8-9】根據例 8-8 的銷售量數據及計算出的季節指數，對 2016 年的銷售數據進行預測。

解：第一步，對所有銷售數據，根據最小二乘法，建立銷售數據與時間相關的一元線性迴歸方程：

$$\hat{Y}_t = 30.606,7 + 0.559,2t$$

157

第二步，計算 2010—2015 年各季的迴歸預測值及預測誤差（見圖 8-7）。

	A	B	C	D	E	F	G	H
1	年/季度	时间编号 (t)	销售量 (Y)	季节指数	季节指数分离后的序列 (Y/S)	回归预测值	最终回归值	预测误差
2	(1)	(2)	(3)	(4)	(5)=(3)/(4)	(6)	(7)=(6)*(4)	(8)=(3)-(7)
3	2010/1	1	25	0.7922	31.56	31.17	24.69	0.31
4	2	2	32	1.0424	30.70	31.73	33.07	-1.07
5	3	3	37	1.2752	29.01	32.28	41.17	-4.17
6	4	4	26	0.8902	29.21	32.84	29.24	-3.24
7	2011/1	5	30	0.7922	37.87	33.40	26.46	3.54
8	2	6	38	1.0424	36.46	33.96	35.40	2.60
9	3	7	42	1.2752	32.94	34.52	44.02	-2.02
10	4	8	30	0.8902	33.70	35.08	31.23	-1.23
11	2012/1	9	29	0.7922	36.61	35.64	28.23	0.77
12	2	10	39	1.0424	37.41	36.20	37.73	1.27
13	3	11	50	1.2752	39.21	36.76	46.87	3.13
14	4	12	35	0.8902	39.32	37.32	33.22	1.78
15	2013/1	13	30	0.7922	37.87	37.88	30.01	-0.01
16	2	14	39	1.0424	37.41	38.44	40.06	-1.06
17	3	15	51	1.2752	39.99	38.99	49.73	1.27
18	4	16	37	0.8902	41.56	39.55	35.21	1.79
19	2014/1	17	29	0.7922	36.61	40.11	31.78	-2.78
20	2	18	42	1.0424	40.29	40.67	42.40	-0.40
21	3	19	55	1.2752	43.13	41.23	52.58	2.42
22	4	20	38	0.8902	42.69	41.79	37.20	0.80
23	2015/1	21	31	0.7922	39.13	42.35	33.55	-2.55
24	2	22	43	1.0424	41.25	42.91	44.73	-1.73
25	3	23	54	1.2752	42.35	43.47	55.43	-1.43
26	4	24	41	0.8902	46.06	44.03	39.19	1.81

圖 8-7　2010—2015 年各季的迴歸預測值及預測誤差計算

第三步，對 2016 年進行預測（見圖 8-8）。

	A	B	C	D	E
1	年/季	时间编号	季节指数（S）	回归预测值	最终预测值
2	2016/1	25	0.792	44.587	35.323
3	2	26	1.042	45.146	47.058
4	3	27	1.275	45.705	58.283
5	4	28	0.890	46.264	41.185

圖 8-8　2016 年數據預測

第四步，根據 2010—2016 年實際值和預測值，畫出相關曲線圖（見圖 8-9）。

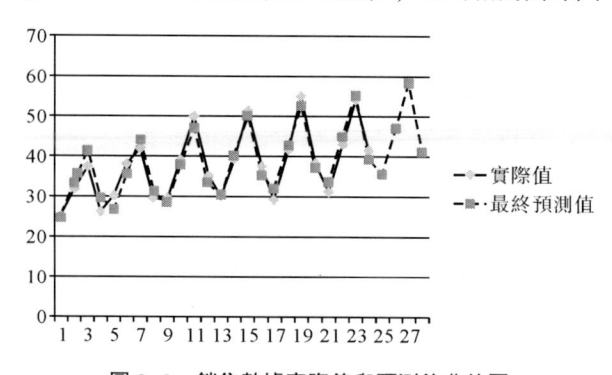

圖 8-9　銷售數據實際值與預測值曲線圖

8　時間序列分析

● 習題

一、選擇題

1. 下面四個動態數列中，屬時點數列的是（　　）
   A. 歷年招生人數動態數列　　B. 歷年增加在校生人數動態數列
   C. 歷年在校生人數動態數列　　D. 歷年畢業生人數動態數列

2. 間隔不等間斷時點數列序時平均數的計算，應使用下列公式（　　）
   A. $\bar{a} = \sum a/n$ 　　B. $\bar{a} = \sum a \cdot t / \sum t$
   C. $\bar{a} = \dfrac{a_1 + a_n}{2} + \sum_{i=2}^{n-1} a_i / n - 1$ 　　D. $\bar{a} = \sum_{i=1}^{n-1} \dfrac{a_i + a_{i+1}}{2} t_i / \sum_{i=1}^{n-1} t_i$

3. 某地區糧食產品的環比增長速度，2003 年為 3%，2004 年為 4%，則 2003—2004 年該地區糧食產量共增長了（　　）
   A. 1%　　B. 7%
   C. 7.12　　D. 12%

4. 已知各期環比增長速度分別為 4%、6%、9%，該數列的定基增長速度為（　　）
   A. 4%×64%×94%　　B. 104%×106%×109%
   C. 4%×6%×9%－1　　D. 104%×106%×109%－1

5. 動態數列中，每個指標數值可以相加的是（　　）
   A. 時期數列　　B. 時點數列
   C. 相對數動態數列　　D. 平均數動態數列

6. 各環比發展速度的連乘積等於（　　）
   A. 定基發展速度　　B. 定基增長速度
   C. 定基增長量　　D. 環比增長速度

二、多項選擇題

1. 一個動態數列的基本要素包括（　　）【多選題】
   A. 變量　　B. 次數
   C. 現象所屬的時間　　D. 現象所屬的地點
   E. 反應現象的統計指標數值

2. 為了保證動態數列中指數各數值的可比性，在編製時，應注意以下幾點：（　　）【多選題】

A. 總體範圍應一致
B. 指標的經濟內容應相同
C. 時期數列的時期長短應一致
D. 指標的計算方法、計算價格和計量單位應一致
E. 為研究現象變化的規律性時點數列的間隔相等更佳

3. 按統計指標表現的形式看，動態數列可分如下幾種（　　）
A. 總量指標動態數列　　　　　B. 相對指標動態數列
C. 平均指標動態數列　　　　　D. 時期指標動態數列
E. 時點指標動態數列

二、計算題

1. 某地區 2005 年和「十一五」時期社會商品零售總額發展情況如下表所示。

年份	2005	2006	2007	2008	2009	2010
社會商品零售總額（萬元）	8,255	9,398	10,894	12,237	16,053	20,598

要求：計算「十一五」時期社會商品零售總額的年平均發展速度和增長速度。

2. 某國 2008—2012 年人口自然增長情況如下表所示。

年份	2008	2009	2010	2011	2012
比上年增加人口（萬人）	1,656	1,793	1,726	1,678	1,629

要求：試計算該國 2008—2012 年的平均增加人口數量。

3. 設有甲、乙、丙三個企業，其 2012—2017 年工業增加值如下（單位：萬元）：

年份＼企業	甲企業	乙企業	丙企業
2012	102	90	102
2013	105	90	110
2014	110	85	110
2015	115	100	120
2016	120	110	120
2017	130	130	120
合計	580	515	580

用幾何平均法試求甲、乙、丙三個企業的平均發展速度。

9　Excel 2010 操作

● 模組一　數據的預處理

任務一：統計數據的篩選

統計數據篩選可以將符合某種特定條件的數據篩選出來，有利於後期數據分析。數據篩選可以利用 Excel 自動完成。

【例子 9-1】表 9-1 為某公司筆記本電腦銷售記錄，試查找以下內容：①由銷售員「孫」經手的銷售單；②由「孫」經手的戴爾電腦銷售單；③總價大於 40,000 元的銷售單；④單位購買的單價不小於 9,000 元的電腦銷售單以及個人購買的單價不大於 8,000 元的銷售單。

表 9-1　　　　　　　　　某公司筆記本電腦月銷售記錄

銷售單號	客戶類型	生產商	數量（臺）	單價（元）	總計（元）	銷售員
805001	單位	聯想	5	8,000	40,000	王
805002	個人	惠普	1	10,000	10,000	黃
805003	個人	惠普	1	12,000	12,000	黃
805004	單位	戴爾	8	7,000	56,000	黃
805005	單位	戴爾	10	9,000	90,000	孫
805006	個人	聯想	2	7,000	14,000	李
805007	單位	戴爾	6	8,000	48,000	趙
805008	單位	聯想	5	9,000	45,000	趙

表9-1(續)

銷售單號	客戶類型	生產商	數量（臺）	單價（元）	總計（元）	銷售員
805009	個人	聯想	1	5, 000	5, 000	孫
805010	個人	惠普	1	11, 000	11, 000	王
805011	個人	惠普	1	10, 000	10, 000	王
805012	單位	戴爾	7	6, 000	42, 000	李
805013	個人	惠普	2	8, 000	16, 000	李
805014	單位	聯想	6	7, 500	45, 000	王
805015	個人	聯想	1	10, 000	10, 000	黃
805016	單位	戴爾	5	9, 000	45, 000	王
805017	單位	戴爾	4	8, 500	34, 000	王
805018	個人	惠普	1	9, 000	9, 000	李
805019	個人	戴爾	1	12, 000	12, 000	李
805020	單位	惠普	3	8, 500	25, 500	趙
805021	個人	戴爾	1	10, 000	10, 000	黃
805022	單位	聯想	6	7, 000	42, 000	孫
805023	單位	惠普	3	8, 000	24, 000	李

1. 自動篩選

【操作步驟】

第一步：數據錄入 Excel，如圖 9-1 所示，並選中數據。

	A	B	C	D	E	F	G
1	某公司笔记本电脑月销售记录						
2	销售单号	客户类型	生产商	数量（台）	单价（元）	总计（元）	销售员
3	805001	单位	联想	5	8 000	40 000	王
4	805002	个人	惠普	1	10 000	10 000	黄
5	805003	个人	惠普	1	12 000	12 000	黄
6	805004	单位	戴尔	8	7 000	56 000	黄
7	805005	单位	戴尔	10	9 000	90 000	孙
8	805006	个人	联想	2	7 000	14 000	李
9	805007	单位	戴尔	6	8 000	48 000	赵
10	805008	单位	联想	5	9 000	45 000	赵
11	805009	个人	联想	1	5 000	5 000	孙
12	805010	个人	惠普	1	11 000	11 000	王
13	805011	个人	惠普	1	10 000	10 000	王
14	805012	单位	戴尔	7	6 000	42 000	李
15	805013	个人	惠普	2	8 000	16 000	李
16	805014	单位	联想	6	7 500	45 000	王
17	805015	个人	联想	1	10 000	10 000	黄
18	805016	单位	戴尔	5	9 000	45 000	王
19	805017	单位	戴尔	4	8 500	34 000	王
20	805018	个人	惠普	1	9 000	9 000	李
21	805019	个人	戴尔	1	12 000	12 000	李
22	805020	单位	惠普	3	8 500	25 500	赵
23	805021	个人	戴尔	1	10 000	10 000	黄
24	805022	单位	联想	6	7 000	42 000	孙
25	805023	单位	惠普	3	8 000	24 000	李

圖 9-1　錄入的數據，從 A2 至 G25

9　Excel 2010 操作

第二步：點擊目錄欄「數據」—「篩選」，在表格表頭上出現倒三角復選框，如圖 9-2 所示。

圖 9-2　自動篩選演示圖第一步

第三步：鼠標點擊倒三角即可進行選擇。在此題中，單擊「銷售員」單元格後的倒三角，在「文本篩選」中勾選「孫」，如圖 9-3 所示，篩選結果見圖 9-4。

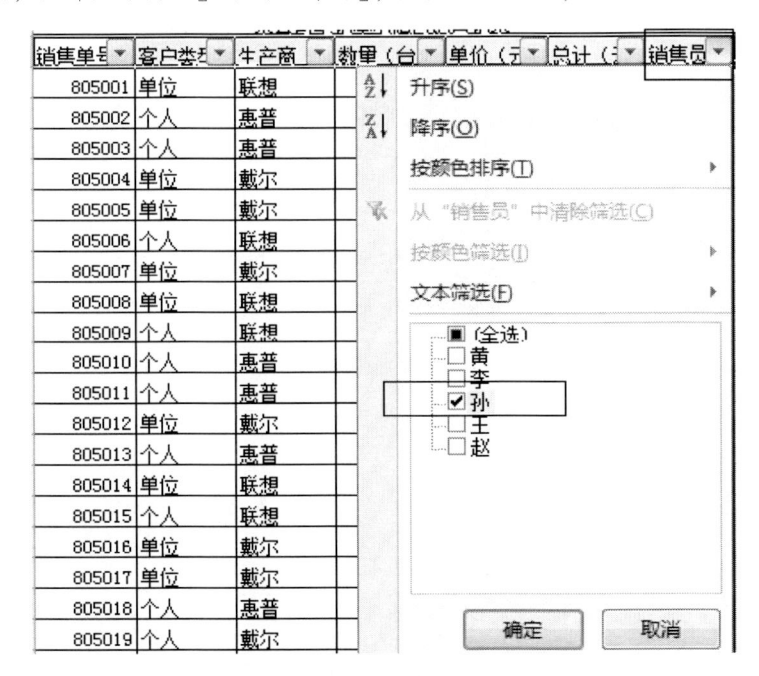

圖 9-3　自動篩選演示圖第二步

163

某公司笔记本电脑月销售记录					
销售单号	客户类型	生产商	数量（台）	单价（元）	总计（元）	销售员
805005	單位	戴爾	10	9 000	90 000	孫
805009	個人	聯想	1	5 000	5 000	孫
805022	單位	聯想	6	7 000	42 000	孫

圖 9-4　資料篩選結果

第三步：查找由「孫」經手的戴爾電腦銷售單，只需在之前的篩選基礎上，進行二次篩選。在圖 9-4 的篩選結果上，單擊「生產商」後的倒三角，在「文本篩選」中勾選「戴爾」即可。篩選結果如圖 9-5 所示。

某公司笔记本电脑月销售记录					
销售单号	客户类型	生产商	数量（台）	单价（元）	总计（元）	销售员
805005	單位	戴爾	10	9 000	90 000	孫

圖 9-5　二次篩選結果

2. 自定義篩選——查找總價大於 40,000 元的銷售單

第一步：將數據的篩選狀態取消，即點擊菜單欄「數據」中的「篩選」，恢復到數據原來狀態。

第二步：單擊「總計（元）」後的倒三角，鼠標挪至「數字篩選」所在項，隨即彈出一個對話框，如圖 9-6 所示，點擊選擇「大於」，彈出「自定義自動篩選方式」對話框，在「大於」空白框中填入 40,000 元，操作界面如圖 9-7 所示，篩選結果如圖 9-8 所示。

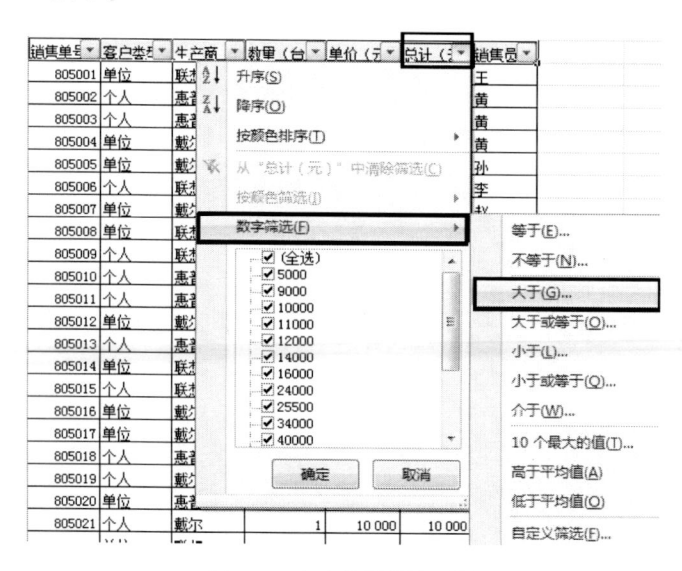

圖 9-6　自定義篩選演示圖

9　Excel 2010 操作

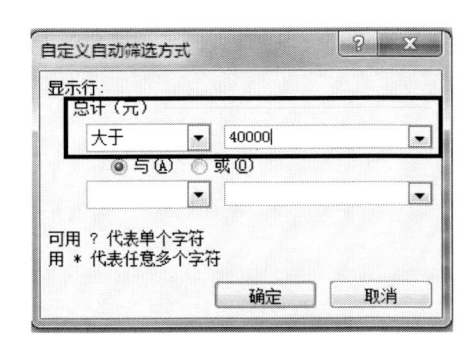

圖 9-7　自定義篩選對話框

銷售單號	客戶類型	生產商	數量（台）	單價（元）	總計（元）	銷售員
805004	單位	戴尔	8	7 000	56 000	黄
805012	單位	戴尔	7	6 000	42 000	李
805005	單位	戴尔	10	9 000	90 000	孙
805022	單位	联想	6	7 000	42 000	孙
805014	單位	联想	6	7 500	45 000	王
805016	單位	戴尔	5	9 000	45 000	王
805007	單位	戴尔	6	8 000	48 000	赵
805008	單位	联想	5	9 000	45 000	赵

圖 9-8　總銷售額大於 40,000 元的篩選結果

3. 高級篩選

高級篩選功能可以設置更為複雜的篩選條件，使用高級篩選時，必須建立條件區域。在條件區域中分別輸入條件標志和條件值。

第一步：取消數據篩選狀態。點擊目錄欄「數據」中的「篩選」，恢復到數據原來狀態。

第二步：在工作表中的其他任意單元格位置設定篩選條件區域，如本例中我們要查找「單位購買的單價不小於 9,000 元的電腦銷售單以及個人購買的單價不大於 8,000 元的銷售單」。則建立的條件區域如圖 9-9 所示。

客戶類型	單價（元）
單位	>=9000
個人	<=8000

圖 9-9　高級篩選時建立的條件區域

第三步：將原數據選中，然後單擊目錄欄「數據」—「高級」，彈出「高級篩選」對話框，如圖 9-10 所示。

165

圖 9-10　高級篩選對話框

第四步：在「方式」選項框下點選「將篩選結果複製到其他位置」。「列表區域」選擇原始數據，操作時點擊 圖標。「條件區域」則選擇圖 9-9 中單元格，「複製到」則點擊篩選結果需要放置的單元格，然後點擊「確定」，可得篩選結果見圖 9-11。

銷售單号	客户类型	生产商	数量（台）	单价（元）	总计（元）	销售员
805005	单位	戴尔	10	9 000	90 000	孙
805006	个人	联想	2	7 000	14 000	李
805008	单位	联想	5	9 000	45 000	赵
805009	个人	联想	1	5 000	5 000	孙
805013	个人	惠普	2	8 000	16 000	李
805016	单位	戴尔	5	9 000	45 000	王

圖 9-11　高級篩選結果

注意：高級篩選時，條件區域中的字段名（或稱標志名）必須與原始數據中的字段名（或標志名）一致，且排列方式需相同。

任務二：統計數據的排序和分類匯總

數據的排序是按照一定的順序將數據排列，以便於研究者通過瀏覽數據發現一些明顯的特徵或趨勢，找到解決問題的線索。同時，排序有助於對數據檢查糾錯，以及為重新歸類或分組等提供方便。

數據的排序分為升序和降序。數值型數據的排序則根據關鍵字的數值大小進行，文本型數據則按照字母進行排序。

分類匯總則是在排序完後分類別進行加總。Excel 中的數據分類匯總能夠分級顯示列表，以便根據需要隱藏或者顯示明細數據行。

9　Excel 2010 操作

【例子 9-2】根據表 9-1 的數據，通過排序和分類匯總，評選出本月底最佳銷售員。

最佳銷售員是按照銷售業績來評選的，誰的銷售額最多則是最佳銷售員。因此，需要將每位銷售員的每筆銷售單加總，然後進行比較。首先需要按「銷售員」進行排序，然後按照「銷售員」進行分類加總，具體看操作步驟。

1. 排序

【操作步驟】

第一步：選中需要預處理的數據，點擊目錄欄「數據」—「排序」，彈出排序對話框如圖 9-12 所示。

圖 9-12　排序對話框

第二步：「銷售員」數據屬於文本型，排序則是按照字母順序升序或者降序排列。在排序對話框中「主要關鍵字」下拉列表中選擇「銷售員」。點擊「選項」，選擇「按列排序」和「按字母排序」，如圖 9-13 所示。

圖 9-13　排序選項對話框

第三步：「確定」後返回圖 9-11 的排序對話框，再按「確定」按鈕，即得到按照「銷售員」排序的結果，如圖 9-14 所示。

	A	B	C	D	E	F	G
2			某公司笔记本电脑月销售记录				
3	销售单号	客户类型	生产商	数量（台）	单价（元）	总计（元）	销售员
4	805002	个人	惠普	1	10 000	10 000	黄
5	805003	个人	惠普	1	12 000	12 000	黄
6	805004	单位	戴尔	8	7 000	56 000	黄
7	805015	个人	联想	1	10 000	10 000	黄
8	805021	个人	戴尔	1	10 000	10 000	黄
9	805006	个人	联想	2	7 000	14 000	李
10	805012	单位	戴尔	7	6 000	42 000	李
11	805013	个人	惠普	2	8 000	16 000	李
12	805018	个人	惠普	1	9 000	9 000	李
13	805019	个人	戴尔	1	12 000	12 000	李
14	805023	单位	惠普	3	8 000	24 000	李
15	805005	单位	戴尔	10	9 000	90 000	孙
16	805009	个人	联想	1	5 000	5 000	孙
17	805022	单位	联想	6	7 000	42 000	孙
18	805001	单位	联想	5	8 000	40 000	王
19	805010	个人	惠普	1	11 000	11 000	王
20	805011	个人	惠普	1	10 000	10 000	王
21	805014	单位	联想	6	7 500	45 000	王
22	805016	单位	戴尔	5	9 000	45 000	王
23	805017	单位	戴尔	4	8 500	34 000	王
24	805007	单位	戴尔	6	8 000	48 000	赵
25	805008	单位	联想	5	9 000	45 000	赵
26	805020	单位	惠普	3	8 500	25 500	赵

圖 9-14 按照銷售員排序的結果

2. 分類匯總

第四步：將圖 9-14 的數據選中，然後點擊目錄欄「數據」—「分類匯總」，見圖 9-15，彈出「分類匯總」對話框，如圖 9-16 所示。

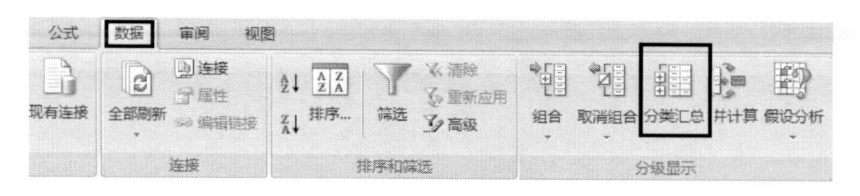

圖 9-15 選擇「分類匯總」

9　Excel 2010 操作

圖 9-16　分類匯總對話框

第五步：在「分類字段」中選擇「銷售員」選項，該選項也就是排序時的主要關鍵字。在「匯總方式」中選擇「求和」，因為我們需要對銷售總計進行分類求和。在「選定匯總項」列表中選擇「總計（元）」，因為我們分類求和的對象是銷售總計。然後選擇「替換當前分類匯總」和「匯總結果顯示在數據下方」復選框。匯總結果如圖 9-17 所示。

	A	B	C	D	E	F	G
3	銷售單號	客戶類型	生產商	數量（台）	單價（元）	總計（元）	銷售員
4	805002	個人	惠普	1	10 000	10 000	黃
5	805003	個人	惠普	1	12 000	12 000	黃
6	805004	單位	戴爾	8	7 000	56 000	黃
7	805015	個人	聯想	1	10 000	10 000	黃
8	805021	個人	戴爾	1	10 000	10 000	黃
9						98 000	黃 匯總
10	805006	個人	聯想	2	7 000	14 000	李
11	805012	單位	戴爾	7	6 000	42 000	李
12	805013	個人	惠普	2	8 000	16 000	李
13	805018	個人	惠普	1	9 000	9 000	李
14	805019	個人	戴爾	1	12 000	12 000	李
15	805023	單位	惠普	3	8 000	24 000	李
16						117 000	李 匯總
17	805005	單位	戴爾	10	9 000	90 000	孫
18	805009	個人	聯想	1	5 000	5 000	孫
19	805022	單位	聯想	6	7 000	42 000	孫
20						137 000	孫 匯總
21	805001	單位	聯想	5	8 000	40 000	王
22	805010	個人	惠普	1	11 000	11 000	王
23	805011	個人	惠普	1	10 000	10 000	王
24	805014	單位	聯想	6	7 500	45 000	王
25	805016	單位	惠普	5	9 000	45 000	王
26	805017	單位	戴爾	4	8 500	34 000	王
27						185 000	王 匯總
28	805007	單位	戴爾	6	8 000	48 000	趙
29	805008	單位	聯想	5	9 000	45 000	趙
30	805020	單位	惠普	3	8 500	25 500	趙
31						118 500	趙 匯總
32						655 500	總計

圖 9-17　按照銷售員分類匯總的結果

169

第六步：單擊分類匯總結果表左側二級目錄按鈕，可以隱去三級目錄表，如圖 9-18 所示。如需要重新顯示詳細數據清單，再單擊三級目錄按鈕即可恢復。

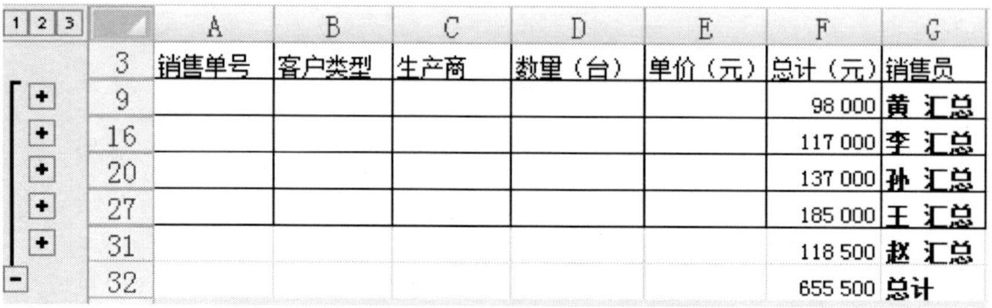

		A	B	C	D	E	F	G
	3	銷售單號	客戶類型	生產商	數量（台）	單價（元）	總計（元）	銷售員
	9						98 000	黃 匯總
	16						117 000	李 匯總
	20						137 000	孫 匯總
	27						185 000	王 匯總
	31						118 500	趙 匯總
	32						655 500	總計

圖 9-18　隱去三級目錄後的分類匯總結果

從上面分析結果可以看出，最佳銷售員是王，其次是李、黃、孫和趙。

任務三：數據透視表

數據透視表是一種交互式的統計報表，可以對數據表的重要信息按使用者的習慣或分析進行匯總和作圖，形成一個交叉表（列聯表）。在製作數據表之前，要求源數據表的首行必須有列標題。數據透視表的優點之一就是可以通過實際需求迅速實現不同的分類、匯總和顯示。數據透視表創建後，可以對其進行編輯和修改。數據透視表的編輯主要分為兩類：一是在數據透視表中更改或添加頁字段、行字段、列字段；二是改變數據透視表原有的匯總方式。

【例子3】根據表1建立一個數據透視表，①分析兩類客戶中銷售員對不同生產廠家電腦的銷售總金額；②分析對應銷售員銷售不同單價電腦的數量。

分析兩類客戶中銷售員對不同生產廠家電腦的銷售總金額，所建立的數據透視表中，應該以客戶類型為頁字段，銷售員為列變量，生產商為行變量，數據區域為銷售總額。其次要分析對應銷售員銷售不同單價電腦的數量，只要在原來數據透視表的基礎上，添加單價為行變量，並把數據區域更改為數量即可。

1. 創建數據透視表

【操作步驟】

第一步：點擊目錄欄「插入」—「數據透視表」，下拉列表選中「數據透視表」，如圖 9-19 所示，即可彈出「創建數據透視表」對話框如圖 9-20 所示。

9　Excel 2010 操作

圖 9-19　選擇數據透視命令

圖 9-20　創建數據透視表對話框

第二步：確定數據源區域，數據源區域應該包括列標題（即字段名）。

在本例中，我們點選「選擇一個表或區域」，同時在「表/區域」空白框中輸入 A2：G25，這個位置即是包含字段名的原始數據。可以將數據透視表放在新的工作表中，也可以放在源數據所在工作表的其他地方，在本例中，我們將數據透視表放在一張新的工作表中。操作過程如圖 9-20 所示。

第三步：單擊圖 9-20「確定」後，在新的工作表中彈出如圖 9-21 所示的頁面和對話框。將「數據透視表字段列表」對話框中相應的字段拖拽到對應的位置。

在本例中，我們將「客戶類型」字段拖拽到頁字段處，將「銷售員」拖拽至列字段處，將「生產商」拖拽至行字段處，將需要加總的數據即「總計（元）」拖拽至數據區域內。按「確認」後輸出結果如圖 9-22 所示。

171

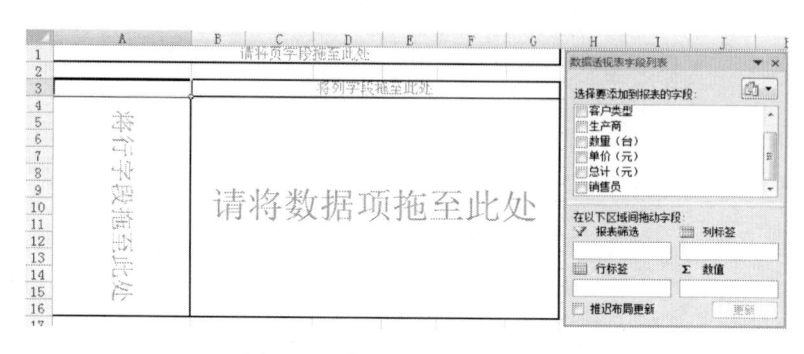

圖 9-21　數據透視表佈局對話框

圖 9-22　數據透視表結果

2. 編輯和修改數據透視表

【操作步驟】

第一步：在原有數據透視表（圖 9-22）的基礎上，將「生產商」從行字段中拖拽出來（將鼠標放至該字段處，按住左鍵不鬆手，把字段移動至透視表外即可），將相應的「單價」字段拖入數據透視表的行字段中；相似的方法，將「總計」拖出，而將「數量」字段拖入。形成了一張新的數據透視表，如圖 9-23 所示。

圖 9-23　修改後的數據透視表

模組二　統計圖

任務一　柱形圖

　　柱形圖是用寬度相同的柱形的高度或長短來表示數據變動的圖形。柱形圖與條形圖類似，橫置時也稱為條形圖。此外，柱形圖還有單式、復式等形式。

　　要注意的是，柱形圖與直方圖不同。柱形圖是用柱形的高度來表示各類數據的多少，寬度是固定的。而直方圖用矩形的面積表示各組的頻數分佈，矩形的高度表示每一組的頻數或百分比，寬度表示各組組距，因此其寬度和高度均有意義。柱形圖的各矩形是分開排列的，各柱體間有間隙，直方圖各矩形是連續排列的。

　　表 9-2 為 2004 年四個季度百事、可口的銷量數據，根據此數據製作如圖 9-24 所示的柱形圖。

表 9-2　　　　　　　　　　2004 年百事、可口銷量　　　　　　　　單位：（千萬瓶）

季度	銷量	
	百事	可口
2004 年 1 季度	20	30
2004 年 2 季度	25	35
2004 年 3 季度	16	20
2004 年 4 季度	11	15

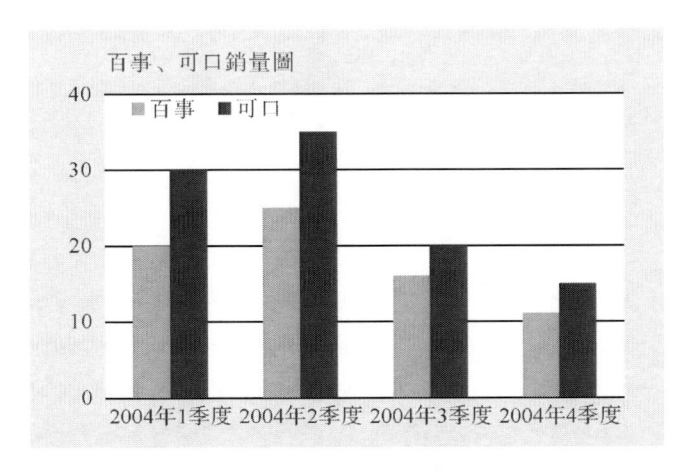

圖 9-24　柱形圖實例

173

應用統計學：EXCEL分析

【操作步驟】

第一步：創建工作表，即將統計數據輸入到 Excel 中，並選中數據。接著選擇目錄欄中的「插入」—「圖表」—「柱形圖」，在彈出的下拉式圖形中選擇第一個二維柱形圖，如圖 9-25 所示。操作後，效果圖如圖 9-26 所示。

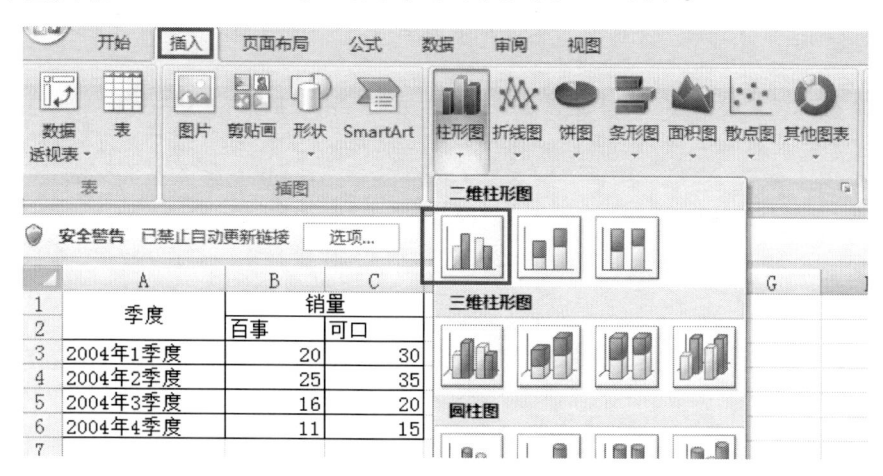

圖 9-25　選擇「柱形圖」命令

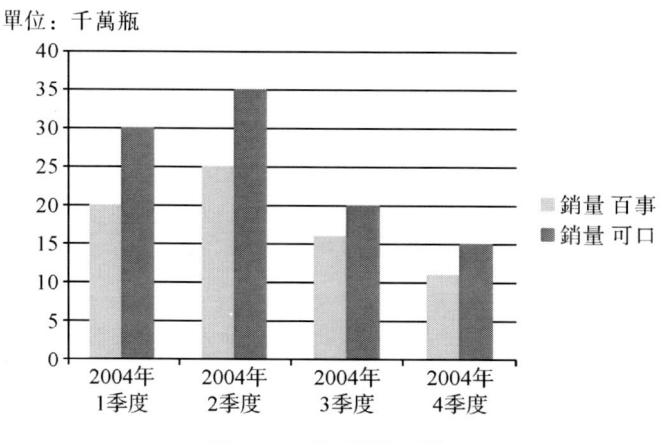

圖 9-26　柱形圖效果圖

第二步：添加圖表標題。圖 9-26 是初步結果，與圖 9-24 的效果有一定差異。用鼠標左鍵選中圖表，之後在 excel 目錄欄上出現了「圖表工具」項，展開有「設計」「佈局」「格式」三個子按鈕。每個按鈕支持多種操作。

「圖表標題」就在「佈局」子按鈕下，我們需要將標題「百事、可樂銷量圖」放在圖形上方。在「佈局」展開項中找到「圖表標題」，在下拉框中選擇「圖表上方」，如圖 9-27 所示，操作後的效果圖如圖 5 所示。將本例中的具體標題輸入圖 9-28 的標題框中，並將字體改為如圖 9-24 中的黑體、常規、20 號。

9　Excel 2010 操作

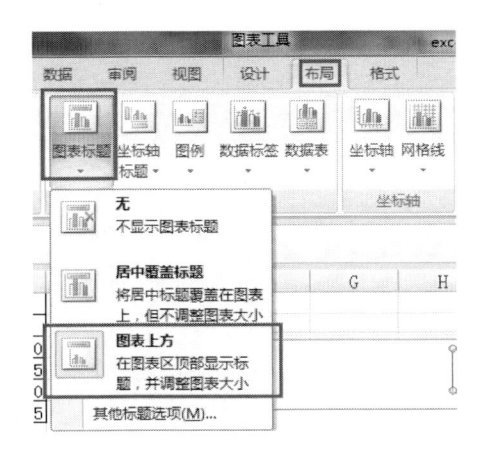

圖 9-27　「圖表標題」命令示意圖

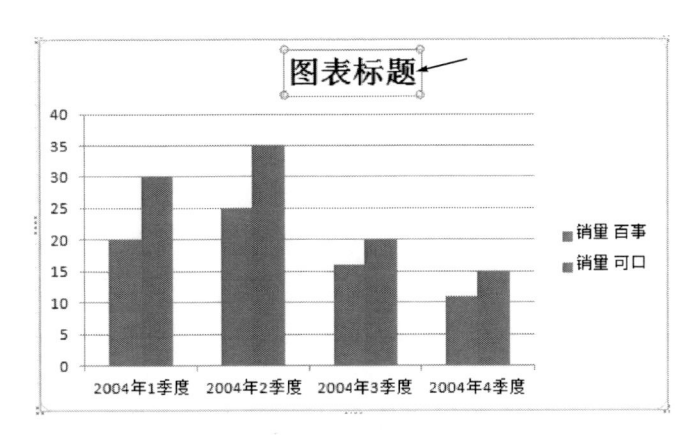

圖 9-28　選擇圖表標題命令後的效果圖

第三步：修改縱坐標的刻度、縱軸的線型、標籤等格式問題。圖 9-24 中的縱坐標沒有刻度、沒有軸線，且標籤的字體為深藍色等。

鼠標左鍵選中縱坐標區域（縱坐標的數值區域即可），隨後點擊右鍵，在彈出的選項中選擇「字體」，將坐標軸的數值顏色改為深藍色。同樣的步驟，左鍵選中坐標區域後，右鍵選擇「設置坐標軸格式」，如圖 9-29（a）所示，隨後彈出如圖 9-29（b）的「設置坐標軸格式」對話框。

175

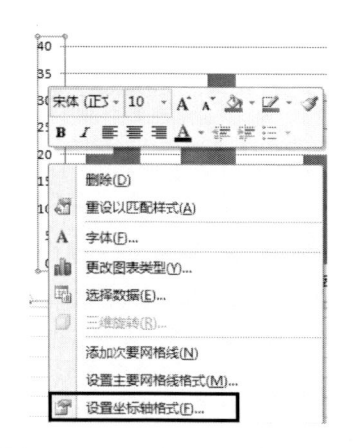

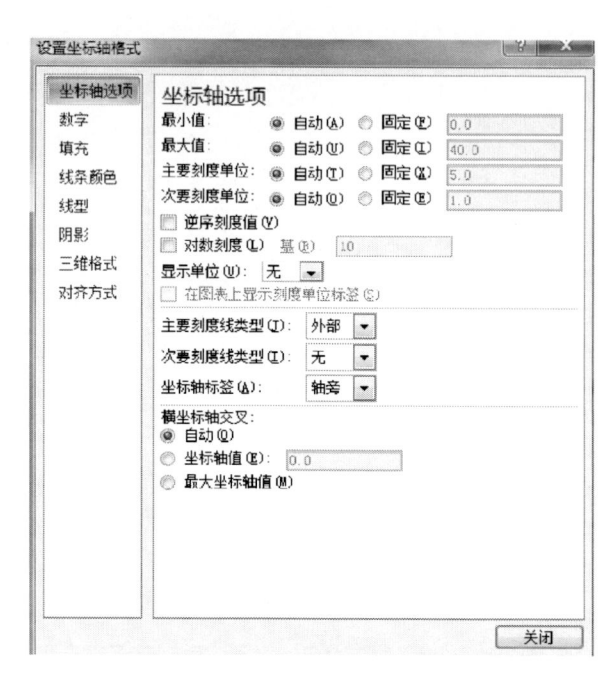

圖 9-29（a） 修改坐標軸格式按鈕　　　圖 9-29（b）　「設置坐標軸格式」對話框

在彈出的「設置坐標軸格式」對話框中，選中左側的「坐標軸選項」，將「主要刻度線類型」更改為「無」，如圖 9-30 所示，這樣坐標軸的刻度就消失了。隨後鼠標左鍵點擊左側的「線條顏色」項，選擇「無線條」，如圖 9-31 所示，這樣縱坐標的標線消失了。

圖 9-30　修改刻度線類型操作示意圖

9　Excel 2010 操作

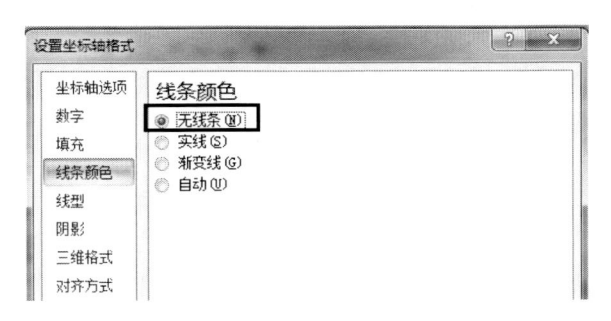

圖 9-31　修改坐標軸軸線顏色

第四步：修改橫坐標的刻度、縱軸的線型、標籤等格式問題。圖 9-24 中的橫坐標沒有刻度、軸線較粗、顏色較淺、標籤顏色為深藍色等。橫坐標格式的修改步驟與第三步類似。

鼠標左鍵選中橫坐標區域（橫坐標的數值區域即可），隨後點擊右鍵，在彈出的選項中選擇「字體」，將坐標軸的數值顏色改為深藍色。同樣的步驟，左鍵選中坐標區域後，右鍵選擇「設置坐標軸格式」，如圖 9-29（a）所示，隨後彈出如圖 9-29（b）的「設置坐標軸格式」對話框。

在彈出的「設置坐標軸格式」對話框中，選中左側的「坐標軸選項」，將「主要刻度線類型」更改為「無」，如圖 9-30，這樣坐標軸的刻度就消失了。隨後鼠標左鍵點擊左側的「線條顏色」項，選擇「實線」，並選擇相應的灰色。最後，鼠標左鍵點擊左側的「線型」選項，將「寬度」修改為 2 磅，見圖 9-32。

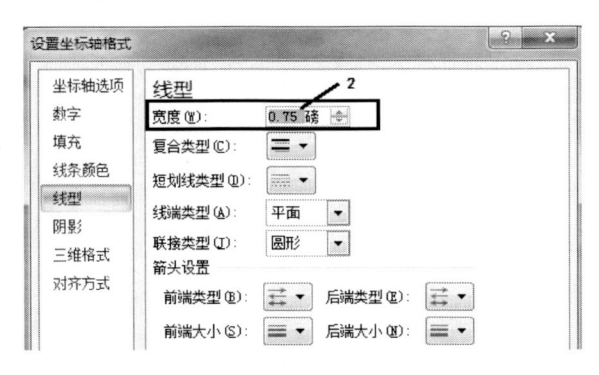

圖 9-32　修改坐標軸軸線的粗細

第五步：修改圖例的內容和格式。初步繪製的圖形，其圖例為「銷量百事 銷量可口」，我們需要將其修改為圖 9-24 中的圖例內容「百事　可口」。圖例的格式包括諸如字體大小、顏色、圖例背景色等。

我們先修改圖例的內容。圖形圖例的內容來源與數據。圖 9-26 中的圖例顯示為「銷量百事 銷量可口」，是因為原始數據表格，如表 9-2 所示，字段名中包含了

177

圖例的內容。鼠標左鍵單擊圖形的柱體，選中柱體，然後點擊右鍵，在彈出的選項中點擊「選擇數據」，如圖 9-33 所示。

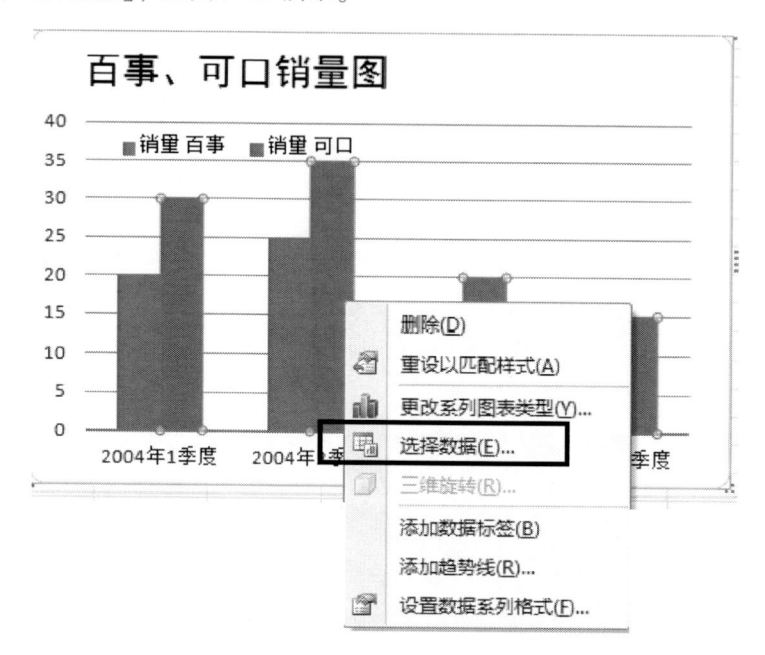

圖 9-33 「選擇數據」對數據系列名稱進行修改

隨後彈出「選擇數據源」對話框，如圖 9-34 所示，可以看出，有兩個數據源，即數據系列，分別是「銷量 百事」序列和「銷量 可口」序列。這兩個序列的名稱會顯示在圖例中，成為圖例的內容。我們只需要修改名稱即可，保持數據原有的數值。

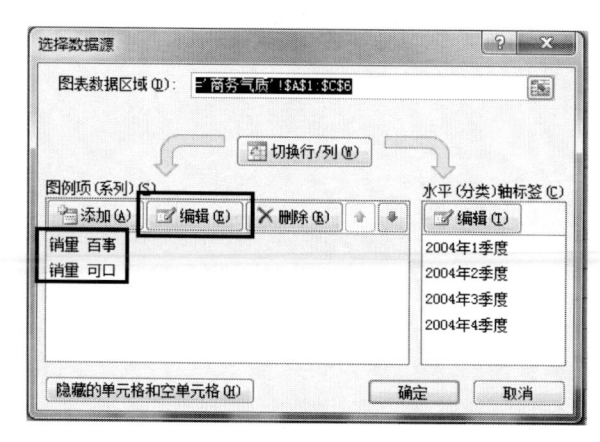

圖 9-34 「選擇數據源」對話框

9　Excel 2010 操作

在「選擇數據源」對話框中點擊選中「銷量 百事」序列，然後點擊「編輯」，彈出「編輯數據系列」對話框，如圖9-35所示。接下來修改「系列名稱」。

在「系列名稱」框中輸入「百事」，將序列的名稱修改為百事。

同樣的操作，「銷售 可口」圖例的內容修改為「可口」。

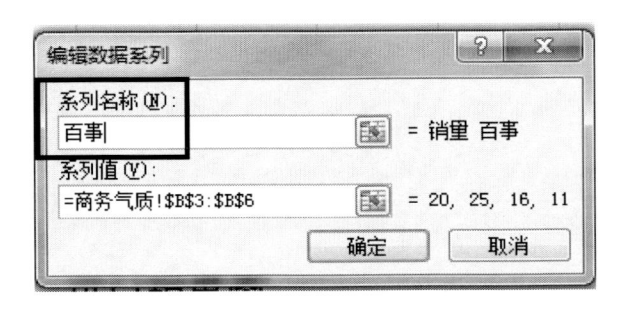

圖9-35　「編輯數據系列」對話框

以上步驟操作完成後的效果圖如圖9-36所示。從圖9-36可以看出，圖標區背景、繪圖區的背景以及柱形的顏色與圖9-24不太符合，需要進一步的操作。

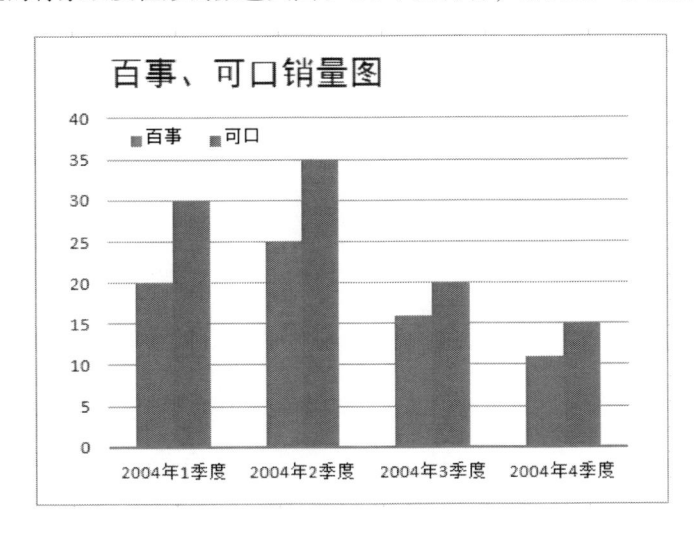

圖9-36　效果圖

第六步：修改圖表區、繪圖區、柱體的顏色。

修改圖表區的背景顏色。鼠標移至圖表區域，點擊右鍵，彈出如圖9-37（a）所示的選項，選擇「設置圖表區域格式」。隨後彈出如圖9-38所示的對話框。由於我們此處需要修改圖表區的背景顏色，也就是填充顏色，我們選擇圖9-38「設置圖表區格式」左側的「填充」，點選「純色填充」，隨後在彈出的「顏色」中選擇需要的顏色即可。

179

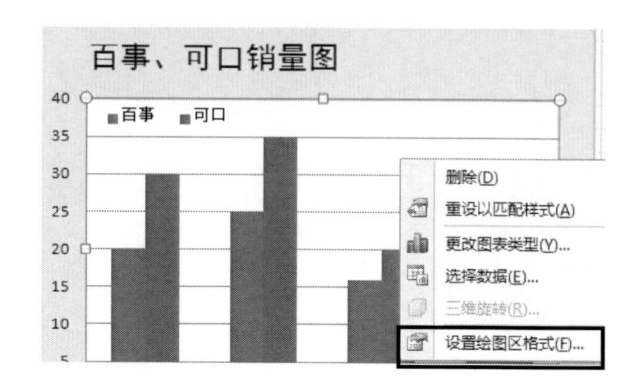

圖 9-37（a） 修改圖表區格式按鈕　　圖 9-37（b） 修改繪圖區格式按鈕

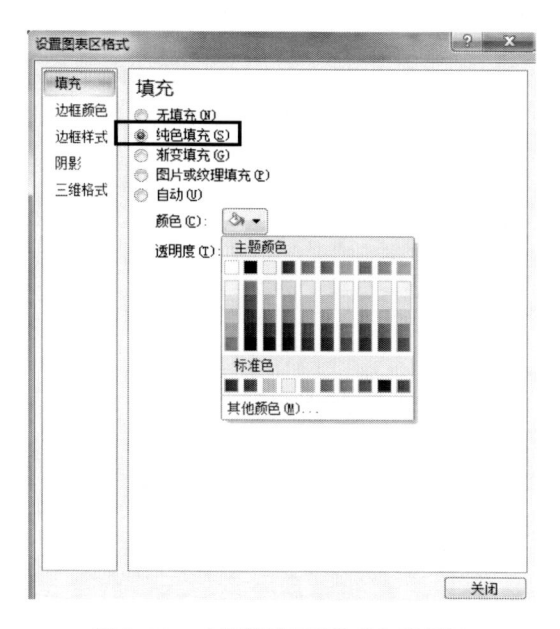

圖 9-38 「設置圖表區格式」對話框

　　修改繪圖區的背景顏色。鼠標移至繪圖區域，點擊右鍵，彈出如圖 9-37（b）所示的選項，選擇「設置繪圖區格式」。隨後彈出如圖 9-38 所示的對話框。由於我們此處需要修改繪圖區的背景顏色，也就是填充顏色，我們選擇圖 9-38「設置繪圖區格式」左側的「填充」，點選「純色填充」，隨後在彈出的「顏色」中選擇需要的顏色即可。

　　修改柱體的顏色。鼠標左鍵點擊藍色柱體，然後點擊右鍵，彈出如圖 9-39 所示的對話框，選擇「設置數據系列格式」。隨後彈出如圖 9-40 所示的對話框。然後選擇左側的「填充」，點選「純色填充」，選擇相應的顏色。依照同樣的方法，修改

紅色柱體的顏色。

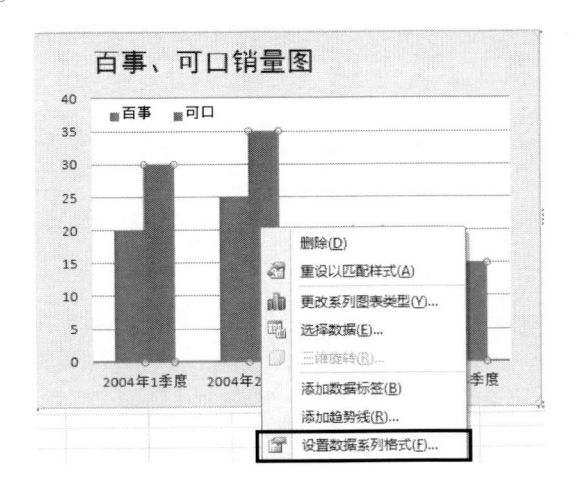

圖 9-39　修改數據格式命令

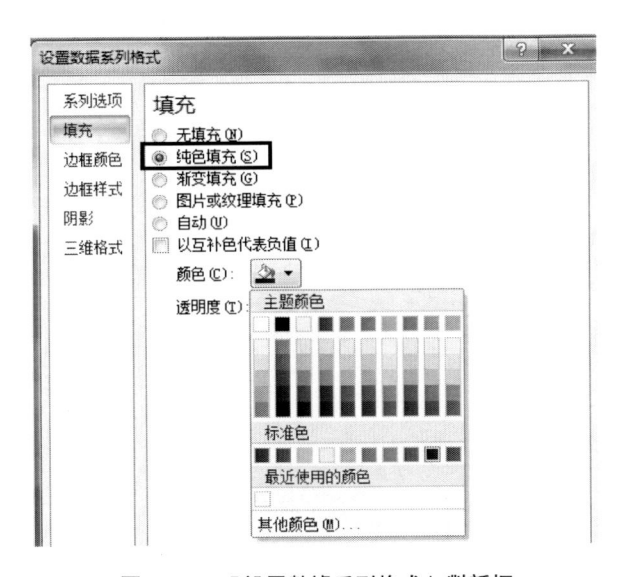

圖 9-40　「設置數據系列格式」對話框

任務二　條形圖

橫置的柱形圖就是條形圖。

表 9-3 是某年《商業周刊》發布的關於歐美各國 50 家企業外籍總裁任職情況的調查，請根據數據製作一張如圖 9-41 的條形圖。

表 9-3　　　　英、美、德、法四國的企業使用外籍總裁數據表

國家	外籍總裁人數
德國	5
法國	3
美國	5
英國	17

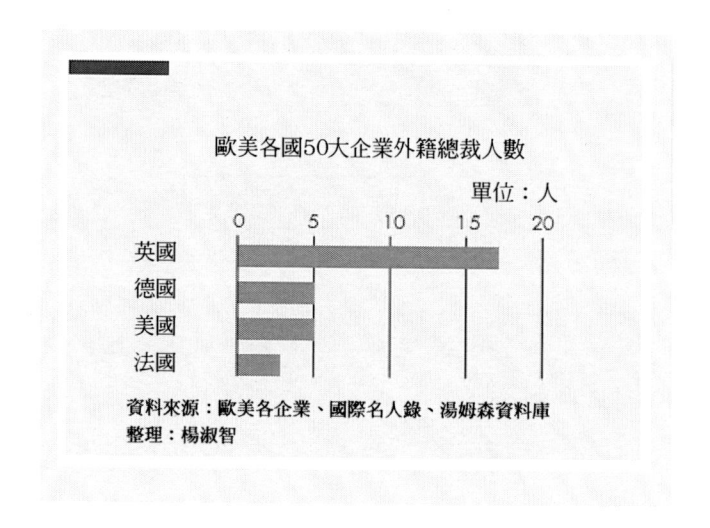

圖 9-41　英、美、德、法四國的企業使用外籍總裁統計圖

【操作步驟】

第一步：排序。把表 9-3 的數據錄入 excel。圖 9-41 說明，數據需要先排序再作圖。我們將表 9-3 先以「外籍總裁人數」為主要關鍵字降序排列，再以「國家」為次要關鍵字升序排列，操作如圖 9-42 所示，排序後的結果如表 9-4 所示。

表 9-4　　　　　　　　　　　排序後的結果

國家	外籍總裁人數
德國	5
法國	3
美國	5
英國	17

第二步：初步製作條形圖。選中排好序的數據，點擊目錄欄「插入」—「圖表」—「條形圖」—「二維條形圖」，製作結果如圖 9-43 所示。

9　Excel 2010 操作

圖 9-42　「排序」對話框

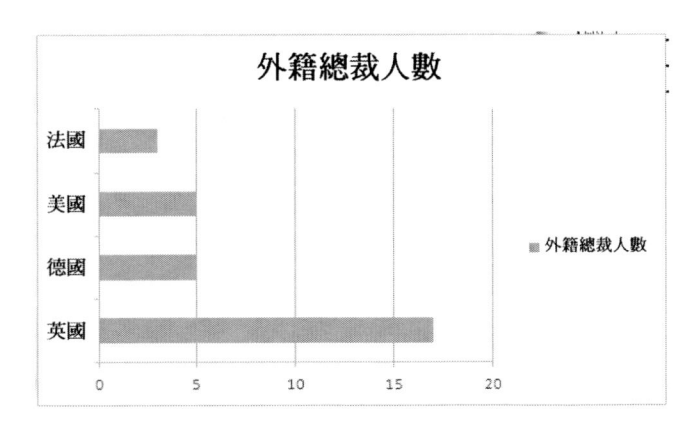

圖 9-43　條形圖初步結果

圖 9-43 是初步繪製出的條形圖，與圖 9-41 差異較大，我們需要對圖 9-43 進行修飾修改。我們的工作包括：修改矩形顏色及圖表區和繪圖區的背景顏色，圖標標題的內容需要修改，矩形的上下次序需反轉，橫坐標標籤在繪圖區上部而不是下部，橫坐標無刻度和軸線，縱坐標無須刻度、軸線較粗，縱坐標的標籤需離軸線距離較遠，無須圖例等。

第三步：刪除圖例。鼠標移至圖例處，右鍵單擊，在彈出的選項中選擇「刪除」。或者鼠標左鍵單擊選中圖例，直接按鍵盤上的 Delete 鍵即可。

第四步：反轉矩形的次序，使矩形以「英國 德國 美國 法國」的次序從上到下排列。鼠標左鍵單擊縱坐標區域，隨後點擊右鍵，選擇「設置坐標軸格式」，彈出「設置坐標軸格式」對話框，點擊左側的「坐標軸選項」，勾選「逆序類別」，如圖 9-44 所示，結果如圖 9-45 所示。

183

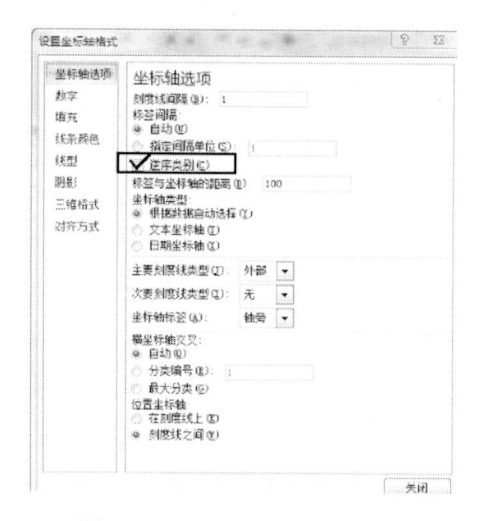

圖 9-44 「逆序類別」命令選框

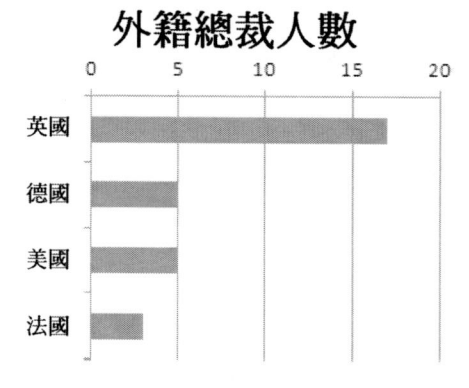

圖 9-45 逆序類別命令的效果圖

　　第四步：修改坐標軸的格式。任務包括去除縱坐標的刻度、加粗縱坐標的軸線、去除橫坐標的刻度以及軸線。

　　我們先對縱坐標的格式進行修改。點擊縱坐標區域，右鍵點擊後選擇「字體」，將縱坐標軸的標籤字體改為「微軟雅黑」9 號字體。再點擊縱坐標區域，右鍵點擊後選擇「設置坐標軸格式」，彈出「設置坐標軸格式」對話框，如圖 9-44 所示，點擊左側的「坐標軸選項」，將「主要刻度類型」更改為「無」。

　　隨後點選左側的「線型」，將「寬度」增加為 1.5 磅；點擊左側的「線條顏色」，點選右側的「實線」，選擇黑色。修改了縱坐標的格式以後，效果圖如圖 9-46 所示。

9 Excel 2010 操作

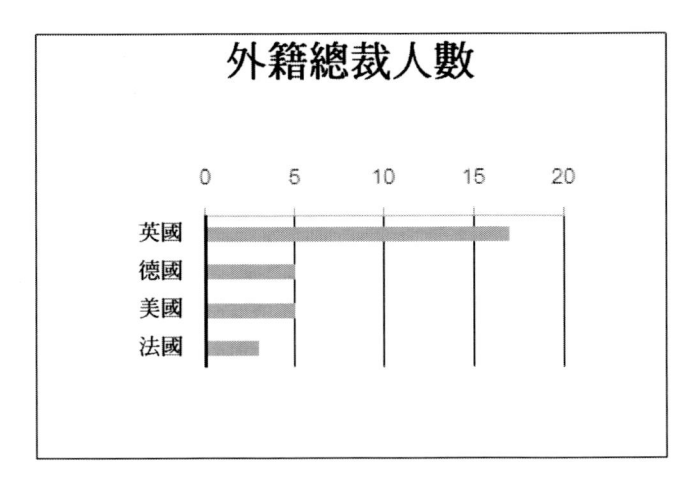

圖 9-46 縱坐標修改效果圖

我們發現，圖 9-46 中縱坐標軸與其標籤之間的距離太近，與《商業周刊》上的原圖有差距，應該將距離放大。我們依然停留在圖 9-44 的「設置坐標軸格式」對話框的「坐標軸選項」頁面，我們將「標籤與坐標軸的距離」從 100 改為 1,000，效果圖如圖 9-47 所示。我們能從圖 9-46 與圖 9-47 看到明顯的變化。

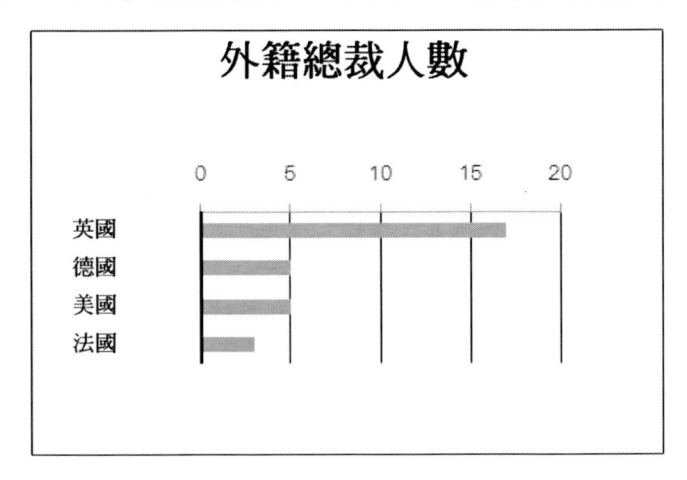

圖 9-47 標籤與縱坐標軸的距離變寬

我們按照修改縱坐標格式的方法將橫坐標的刻度線除掉，並將橫坐標的軸線「線條顏色」改為「無線條」，效果圖如圖 9-48 所示。

第五步：修改圖表標題。左鍵點擊圖表標題，將原有的標題內容直接進行修改。更改為原圖的內容，將字體改為「微軟雅黑」，大小改為 14 號和 12 號字體，顏色也改為磚紅色，效果圖如圖 9-49 所示。

185

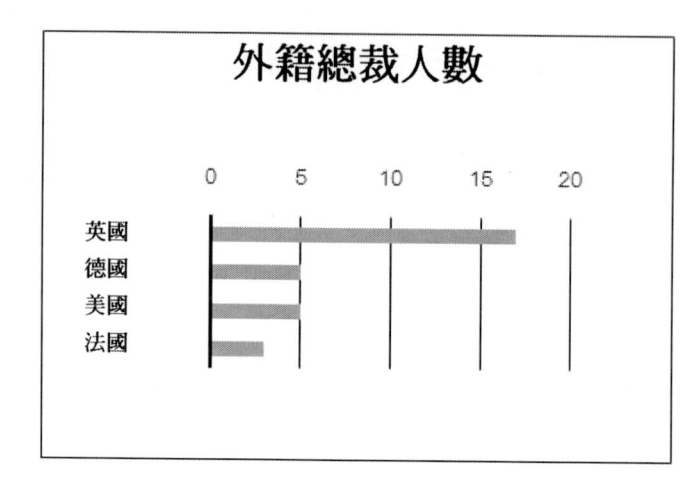

圖 9-48　坐標軸格式修改後的效果圖

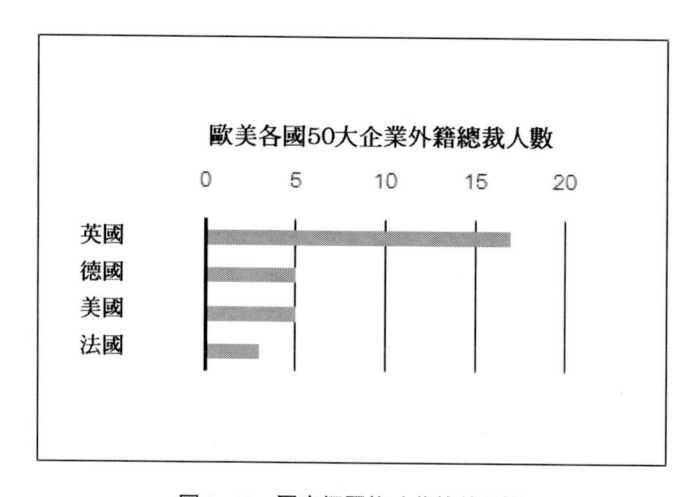

圖 9-49　圖表標題修改後的效果圖

第六步：更改繪圖區中的矩形顏色，以及矩形間的間隔。鼠標左鍵點擊選中矩形，右鍵點擊，選擇「設置數據系列格式」，彈出「設置數據系列格式」對話框。選擇左側「填充」，點選「純色填充」，選擇相應的磚紅色。

然後選擇左側的「系列選項」，將「分類間距」從150%縮小到75%。操作過程如圖 9-50 所示，效果圖如圖 9-51 所示。

9　Excel 2010 操作

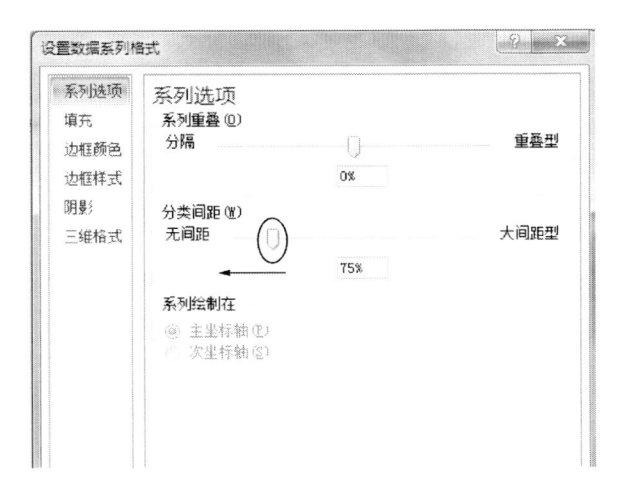

圖 9-50　縮短矩形間間距的對話框

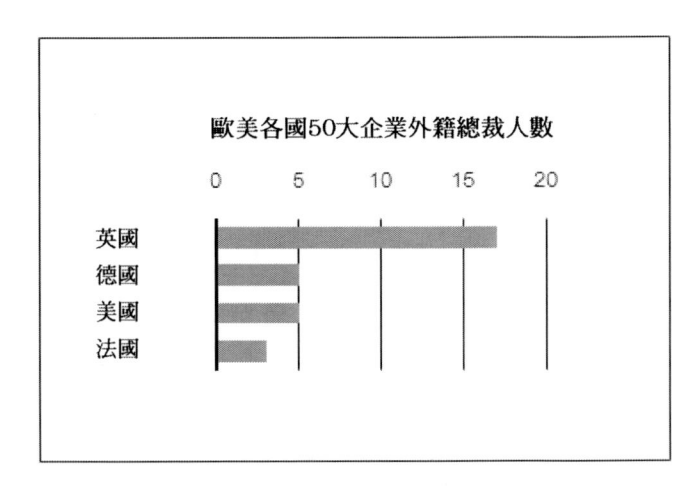

圖 9-51　矩形格式修改後的效果圖

第七步：以「打補丁」的方式復原原圖的構圖和格局。「打補丁」是指利用菜單欄中的「插入」—「形狀」將 excel 圖表無法完成的任務進行到底。

在本例中，我們發現，在繪圖區的底部還有數據來源的註解；在圖表區的外圍還有多層裝飾性的矩形框體；橫坐標標籤離橫坐標太遠。這些都可以用打補丁的方式來完成。

首先，把數據來源的註解加入圖中。點擊目錄欄的「插入」—「形狀」，選擇文本框，操作如圖 9-52 所示，然後鼠標移至對應的位置，按住左鍵，拉動鼠標畫出一個文本框，將文本內容輸入即可，輸入後調整字體的大小為 7.5 的微軟雅黑，操作效果圖如圖 9-53 所示。

187

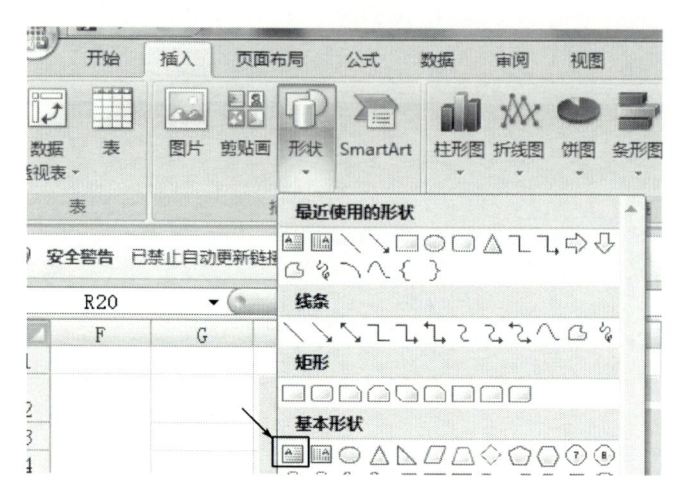

圖 9-52　插入形狀復選框

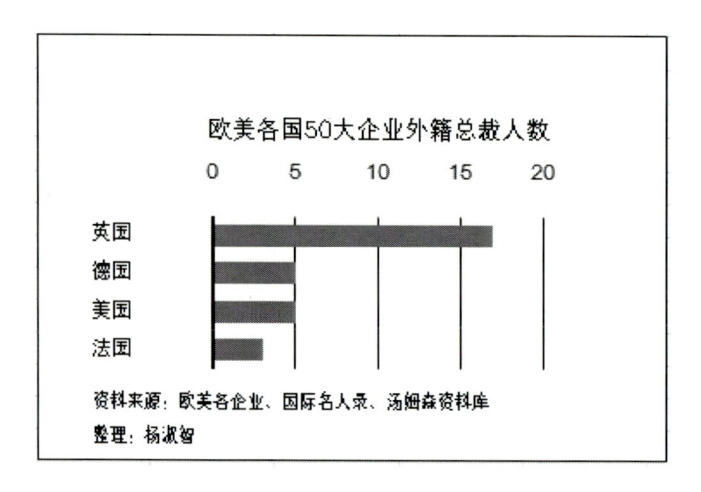

圖 9-53　腳註補丁效果圖

　　然後，添加外圍的兩層框體。點擊目錄欄的「插入」—「形狀」，選擇矩形 □，操作如圖 9-54 所示，在圖 9-53 的外圍畫一個矩形。

　　將矩形的填充設置為白色。操作時選中框體，右鍵單擊後在彈出的選項中選擇「設置形狀格式」—「填充」—「純色填充」，選擇白色。同時，將此矩形置於底層，操作時選中框體，右鍵單擊後在彈出的選項中選擇「置於底層」—「置於底層」。操作後的效果圖如圖 9-55 所示。

9　Excel 2010 操作

圖 9-54　插入矩形復選框

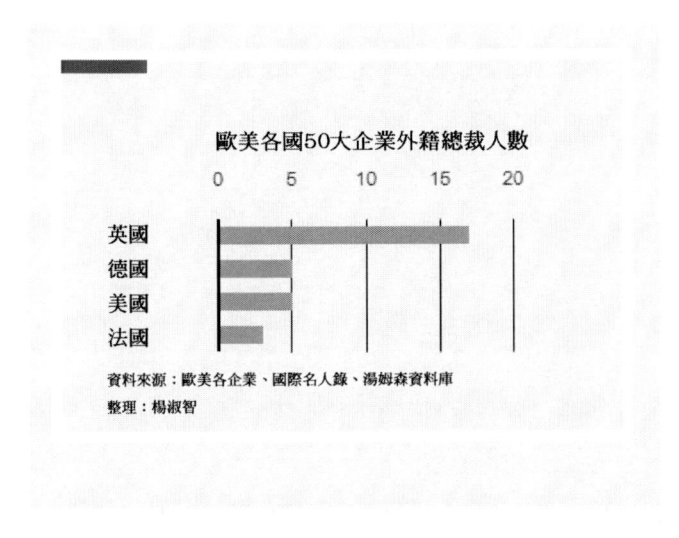

圖 9-55　兩個外圍矩形和一個小矩形的補丁效果圖

最後，將橫坐標的標籤「0　5　10　15　20」放置得離網格線近一些。先把原有的標籤刪除，操作時選中坐標軸區域，點擊右鍵，在彈出的選項中點選「刪除」；或者選擇「設置坐標軸格式」—「坐標軸選項」—「坐標軸標籤」，在下拉復選框中選擇「無」，操作後的效果如圖 9-56 所示。

按照打補丁的方法，在「插入」—「形狀」中選擇文本框，操作如圖 9-52 所示，在圖 9-56 中添加「單位：人」的文本框、橫軸標籤以及底部的網址連結，將字體以及字體大小進行相應設置即可，效果圖如圖 9-57 所示。

189

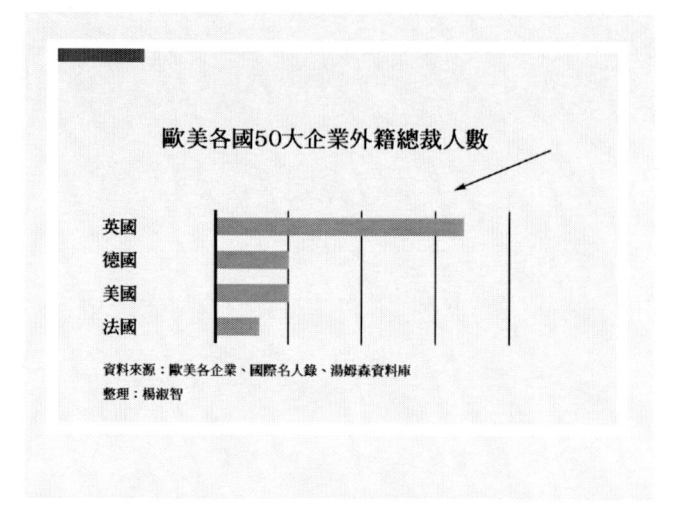

圖 9-56　刪除橫軸標籤後的效果圖

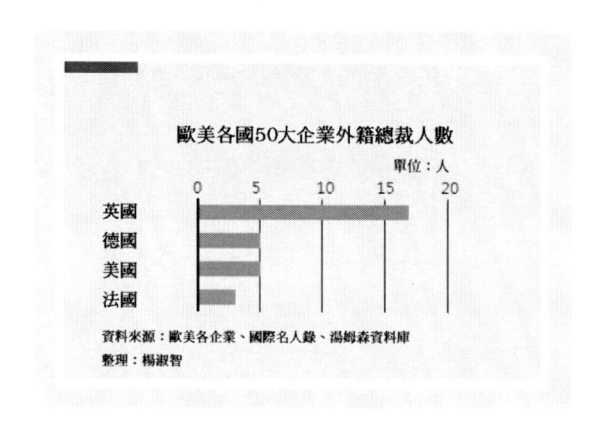

圖 9-57　最終效果圖

作業

將表 9-5 中的數據製作出如下一張如圖 9-58 的條形圖。

表 9-5　　　　　　　　　　國際遊客人數統計　　　　　　　　單位：百萬

地區	人數
Western Europe	338
Asian & Australasia（excl Japan）	163
Eastern Europe and Russia	90
North America	78
Latin America	40

9　Excel 2010 操作

圖 9-58　國際遊客人數統計圖

任務三：餅圖

餅圖的作用是將數據劃分為互有明顯區別的幾個組、類或者叫作幾個系列。餅圖為圓形，被分割為幾個扇形塊，每一個塊代表一個組（類）。扇形塊的大小表示這類數據占總體的比例。扇形塊越大，該組（類）的相對頻數越大。

餅圖什麼時候用呢？在想對基本比例進行比較的時候，可以用餅圖。

表 9-6 是某年企業各類游戲的銷量表，請根據該表繪製一個餅圖。

表 9-6　　　　　　　　　　各類游戲的銷量情況表

游戲分組	銷量（件）
體育	27,500
策略	11,500
動作	6,000
射擊	3,500
其他	1,500

【操作步驟】

第一步：將表 9-6 中的數據以此格式錄入 excel 中，選中數據，點擊目錄欄中的「插入」—「餅圖」—「二維餅圖」，得到圖 9-59。

第二步：刪除圖例。點擊選中圖例區，直接用鍵盤的 Delete 鍵刪除，或者，右鍵單擊後選擇「刪除」。

191

應用統計學：EXCEL分析

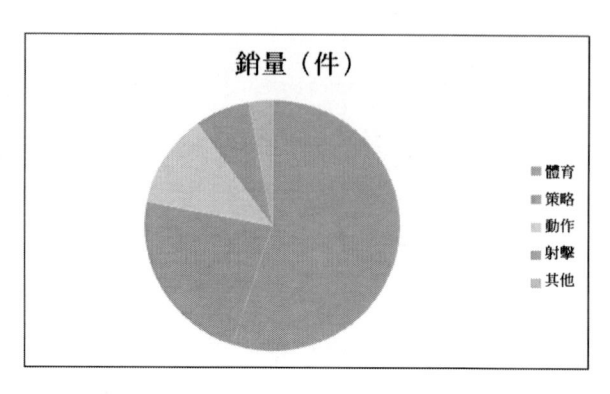

圖 9-59　餅圖示意圖

　　第三步：為每個扇形塊添加數值標籤和類別名稱。將鼠標移至某個扇形塊，單擊右鍵，在彈出的選項中點選「添加數據標籤」，如圖 9-60 所示。然後，鼠標左鍵點擊某個數值標籤，所有的數值都處於選中狀態，之後點擊右鍵，在彈出的選項中點選「設置數據標籤格式」，操作過程如圖 9-61（a）和圖 9-61（b）。在圖 9-61（b）中的「標籤選項」中點選「類別名稱」和「數據標籤外」，將數值標籤改放在餅圖外面，並將「體育」「策略」「動作」等類別名稱添加了進來。繪製的餅圖效果圖如圖 9-62 所示。

圖 9-60　給餅圖添加數據標籤

9　Excel 2010 操作

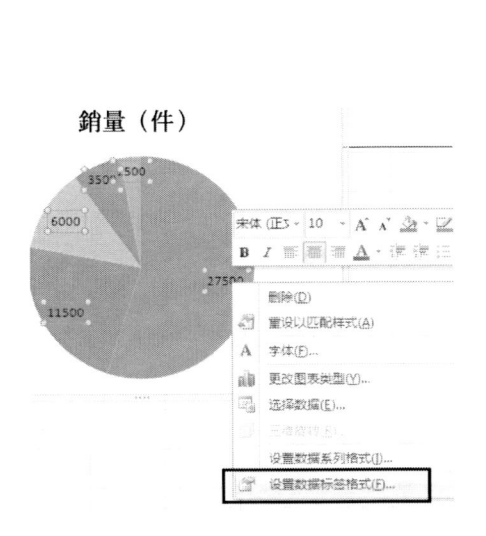

圖 9-61（a）設置數據標籤格式命令　　圖 9-61（b）標籤選項

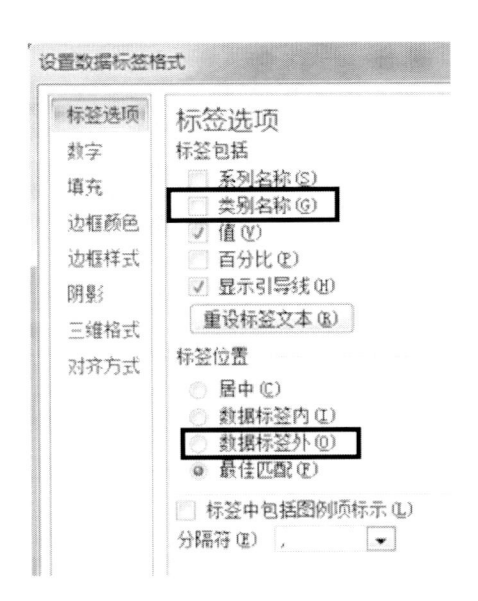

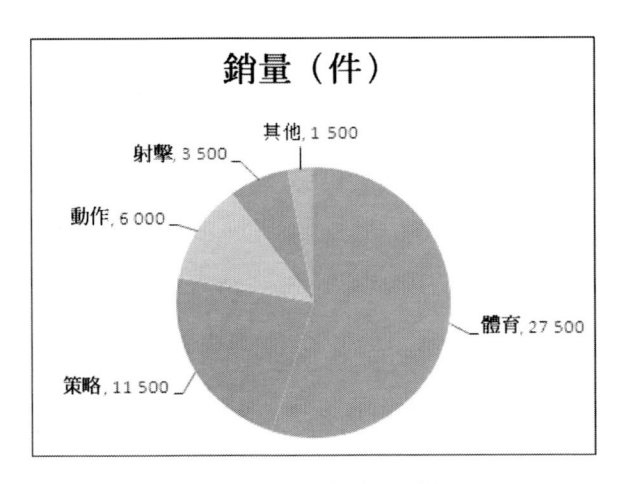

圖 9-62　餅圖最終效果圖

任務四：折線圖

折線圖適合二維的多數據集合，以及多組二維數據的比較。一般用來表示趨勢的變化，橫軸一般為日期。

表 9-7 是 1970—2001 年 32 年間德國某公司的收入情況。請根據這些數據繪製一張折線圖。

193

表 9-7　　　　　　　　1970—2001 年公司的收入情況表　　　　　　單位：百萬歐元

年份	銷量	年份	銷量	年份	銷量	年份	銷量
1970	10	1978	17	1986	40	1994	220
1971	11	1979	18	1987	47	1995	210
1972	12	1980	24	1988	55	1996	240
1973	13	1981	26	1989	67	1997	320
1974	13.5	1982	25	1990	80	1998	380
1975	14	1983	28	1991	100	1999	430
1976	15	1984	30	1992	140	2000	480
1977	16	1985	36	1993	186	2001	504

【操作步驟】

第一步：數據的錄入。將數據分兩個縱向序列輸入，一列為年份數據、另一列為該年份上對應的銷量序列。

第二步：選中數據，點擊目錄欄中的「插入」—「折線圖」—「二維折線圖」，初步的效果圖如圖 9-63 所示。

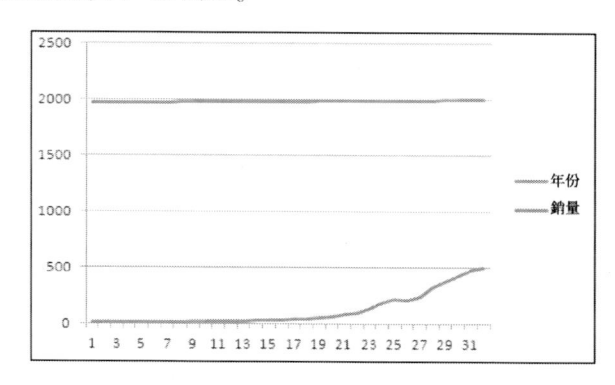

圖 9-63　初步製作折線圖

圖 9-63 中出現了兩條折線，上面那條是時間的折線，下面那條是銷量的折線。我們需要的是按照時間順序排列的折線圖，因此，我們將上面那條時間折線刪除，並將橫軸上的標籤更改為年份時間。

第二步：刪除多餘的折線。鼠標左鍵單擊選中年份折線，點擊右鍵，彈出選項中點選「刪除」即可。

第三步：更改橫坐標的標籤內容。鼠標左鍵單擊選中銷量折線，隨後點擊右鍵，在彈出的選項中點選「選擇數據」，如圖 9-64 所示，在彈出的「選擇數據源」對話框中，點擊「水準（分類）軸標籤」—「編輯」，如圖 9-65 所示，在彈出的「軸標籤」對話框，如圖 9-66 所示。

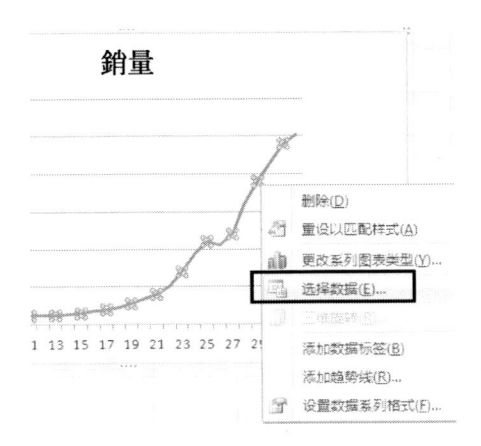

圖 9-64 「選擇數據」選項框

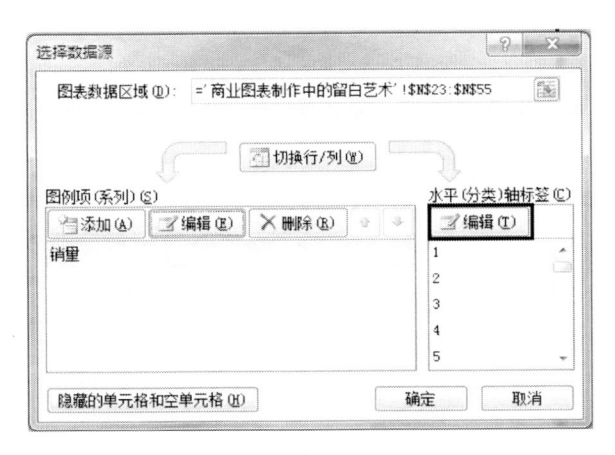

圖 9-65 「選擇數據源」對話框

圖 9-66 「軸標籤」對話框

我們選擇軸標籤的區域，點擊按鈕 對年份數據進行選擇。選擇成功後，「軸標籤區域」內將顯示序列的單元格位置，如圖 9-67 所示，然後點擊「確定」按鈕。

195

圖 9-67　選擇了年份數據後的「軸標籤」對話框

返回「選擇數據源」對話框，如圖 9-68 所示。將圖 9-68 與圖 9-65 進行對比發現，水準（分類）軸標籤中的數值是不同的，圖 9-65 的數值為「1，2，3，」，而圖 9-68 的數值為「1970，1971，1972，」符合了圖形展示要求。然後，點擊「確定」返回圖表。

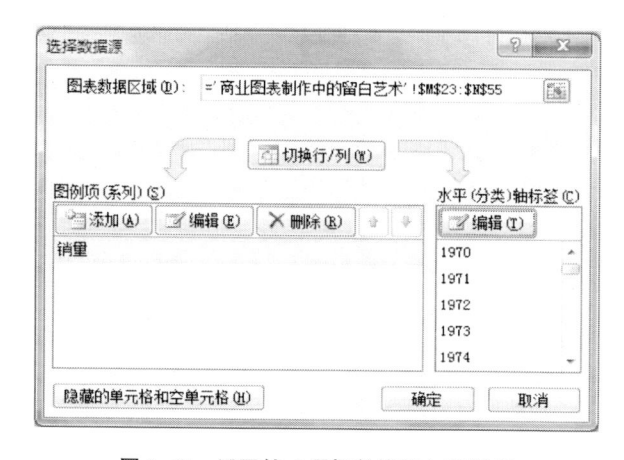

圖 9-68　返回的「選擇數據源」對話框

刪除圖例，最終的折線圖如圖 9-69 所示。

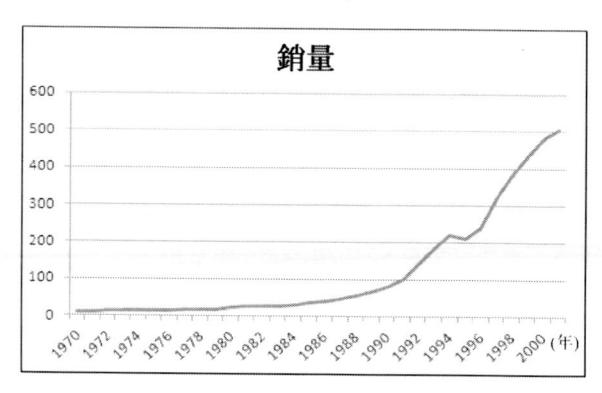

圖 9-69　折線圖最終效果圖

任務五：面積圖

我們依然利用表 9-7 的數據製作一張面積圖。

【操作步驟】

第一步：選中「銷售」數據系列，點擊目錄欄中「插入」—「面積圖」—「二維面積圖」，初步效果圖如圖 9-70 所示。

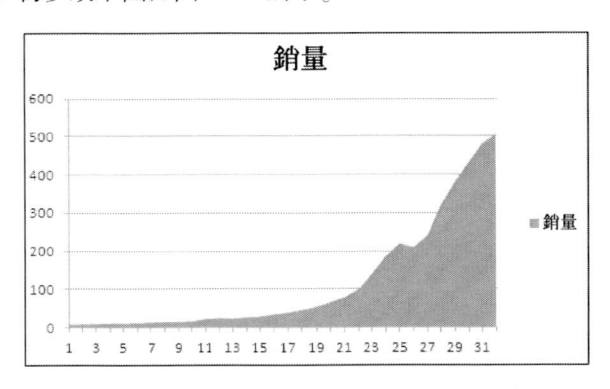

圖 9-70　面積圖初步效果圖

第二步：更改橫坐標的標籤內容。鼠標左鍵單擊選中深色的面積圖區域，隨後點擊右鍵，在彈出的選項中點選「選擇數據」；在彈出的「選擇數據源」對話框中，點擊「水準（分類）軸標籤」—「編輯」，在彈出的「軸標籤」對話框中，我們選擇軸標籤的區域，點擊按鈕 對年份數據進行選擇。選擇成功後，「軸標籤區域」內將顯示序列的單元格位置。本步驟與折線圖的第三步類似。

第三步：刪除圖例。最終的面積圖如圖 9-71 所示。

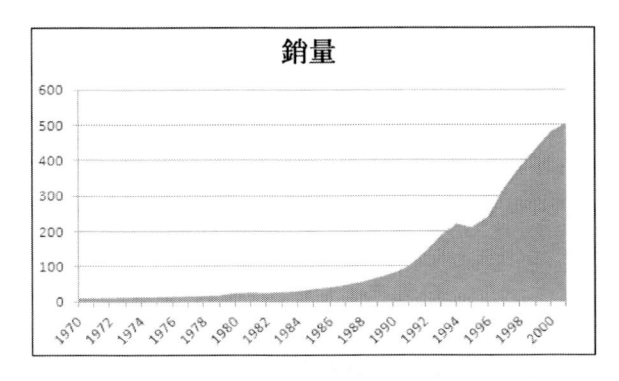

圖 9-71　面積圖最終效果圖

任務六：折線圖和面積圖

下面我們將任務四的折線圖和任務五的面積圖結合起來繪製如圖 9-72 所示的增長圖。這張圖來自於羅蘭貝格諮詢報告，它完全捨棄坐標軸、網格線等，左邊部分大面積留白，對比右邊的坡度，高速增長的印象非常突出。

仔細分析圖 9-72 不難發現，它主要由面積圖和折線圖構成，在面積圖的山脊上用折線強調著數據的走勢。圖的其餘部分由一些「補丁」組成。

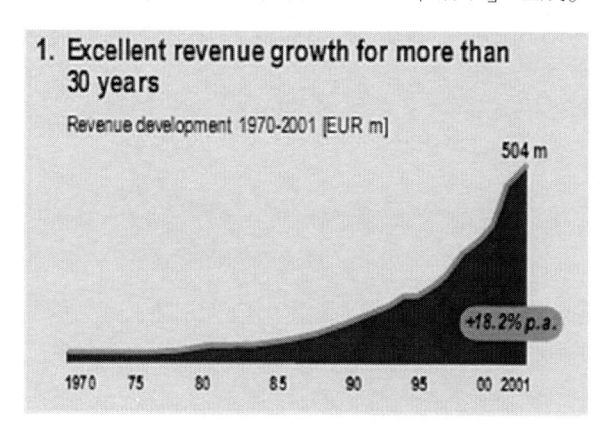

圖 9-72　羅蘭貝格諮詢報告增長圖

【操作步驟】

第一步：繪製面積圖。按照任務五的步驟，繪製一張面積圖，刪除圖例、坐標和網格線，並把圖表區、繪圖區和數據系列區域的顏色填充進行相應的修改，效果圖如圖 9-73 所示。

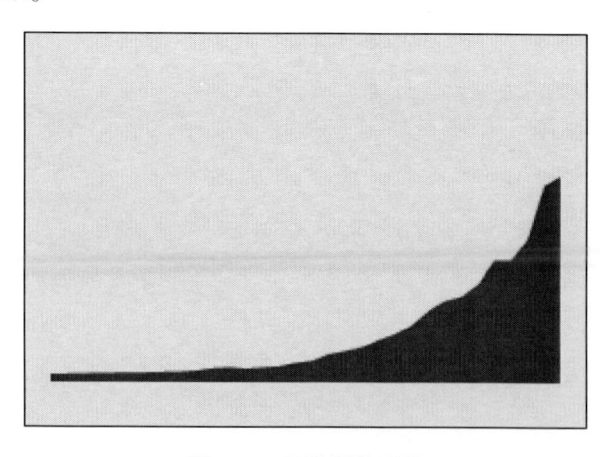

圖 9-73　面積圖效果圖

9　Excel 2010 操作

　　第二步：在面積圖上繪製折線圖，主要原理是添加一個序列，將此序列繪製成折線。鼠標左鍵點擊面積區域，右鍵單擊點選「選擇數據」，出現「選擇數據源」對話框，如圖 9-74 所示，點擊「圖例項（系列）」下方的「添加」按鈕，彈出如圖 9-75 所示的「編輯數據系列」對話框，在「系列名詞」中輸入名字，給這個新增的系列起個名字，比如「折線」，並點擊「系列值」的 按鈕，選擇 excel 中的「銷量」數值。

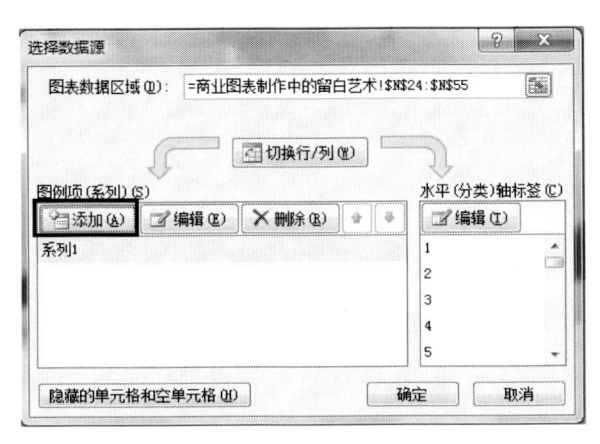

圖 9-74　「選擇數據源」對話框

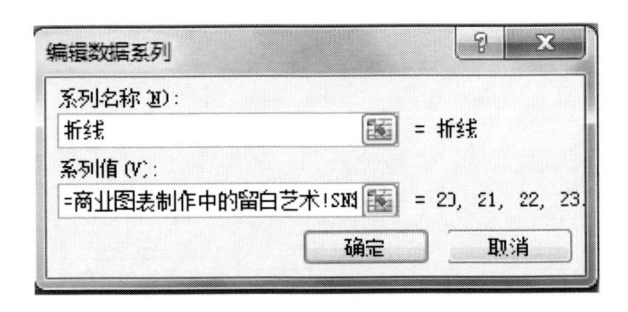

圖 9-75　「編輯數據系列」對話框

　　點擊「確定」按鈕後返回如圖 9-76 所示的「選擇數據源」對話框，只不過，此時系列框中增加了一個叫「折線」的數據系列。

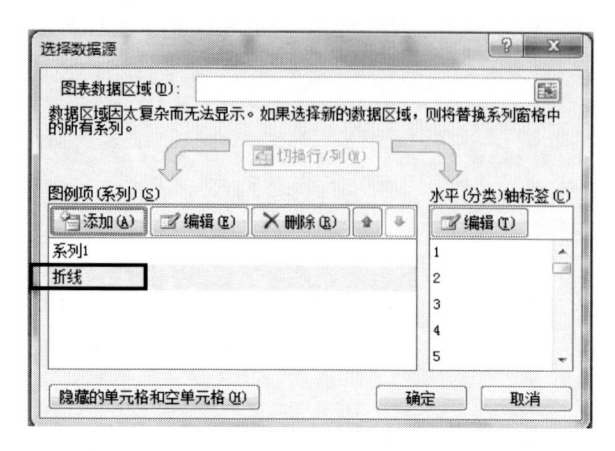

圖 9-76　新增了「折線」系列的「選擇數據源」對話框

　　點擊「確定」,「折線」數據系列默認地繪製成一張面積圖覆蓋在了原有面積圖之上。

　　點擊面積區域,右鍵點選「更改系列圖表類型」,如圖 9-77 所示。之後彈出「更改圖表類型」對話框,如圖 9-78 所示,選擇「折線圖」,點擊「確定」,出現如圖 9-79 所示的圖形。

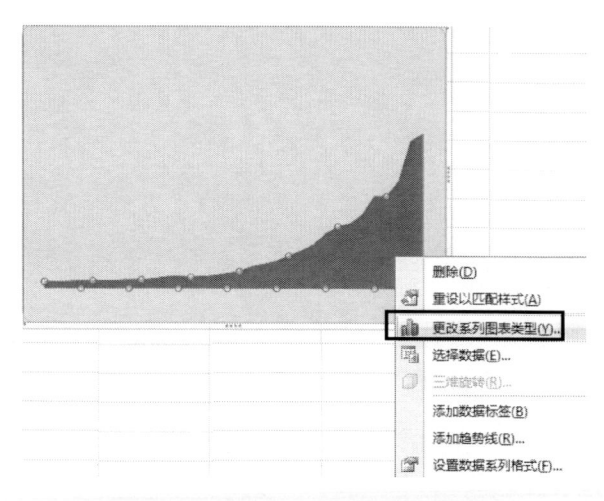

圖 9-77　「更改系列圖表類型」命令

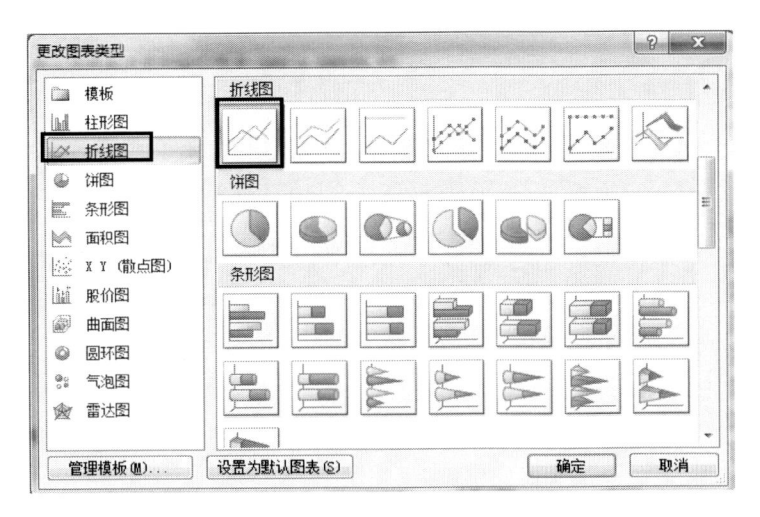

圖 9-78 「更改圖表類型」對話框

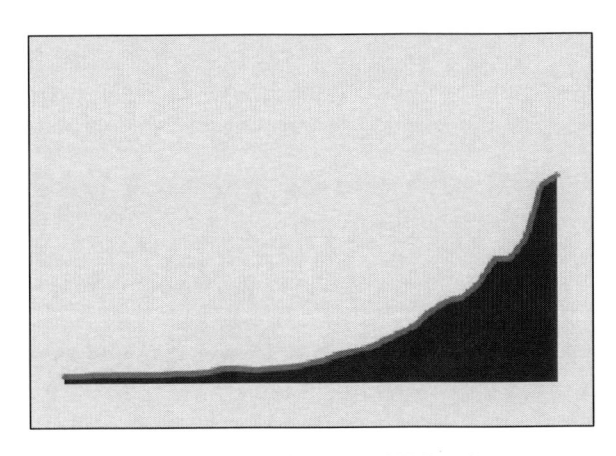

圖 9-79 折線圖疊加在面積圖的山脊上

圖 9-79 中橘色的折線與原有面積圖的山脊重疊在一起，起到了強調趨勢的作用。將折線的線條顏色改為藍色。（點擊折線，右鍵點擊「設置數據系列格式」—「線條顏色」—「實線」，選擇藍色）

第三步：打補丁。

先對圖表標題和橫坐標標籤打補丁。點擊目錄欄 「插入」—「形狀」，選擇 圖標，在圖表的相應位置按住鼠標左鍵拉出一個框體，在裡面輸入對應的標題，效果圖如圖 9-80（a）所示。再依此法給橫坐標和 2001 年的數值「504m」打補丁，如圖 9-80（b）所示。

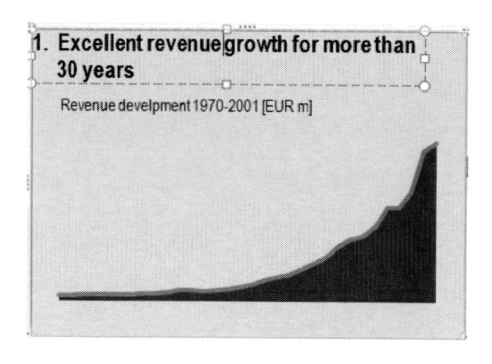

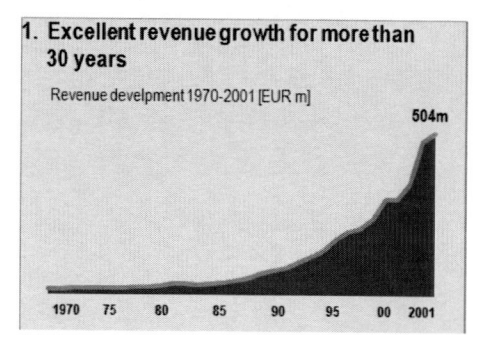

圖 9-80（a）　「補丁」圖表標題　　　　圖 9-80（b）　「補丁」橫坐標標籤

最後，對「+18.2% p.a.」打補丁。點擊目錄欄「插入」—「形狀」—「流程圖」，選擇圖標，在繪圖區的相應位置按住鼠標左鍵，並向一邊拉動，繪製出如圖 9-81（a）所示的小橢圓。修改橢圓格式，將邊框顏色改為「無」，將填充改為藍色。具體操作：選中該圖標，右鍵點擊選擇「設置形狀格式」—「填充」—「純色填充」，選擇藍色，將圖標填充的顏色改為藍色；點擊「線條顏色」—「無線條」，效果圖如圖 9-81（b）。再次選中橢圓，右鍵單擊選擇「編輯文字」，輸入文字+18.2% p.a.，調整大小和字體，效果如圖 9-81（c）所示。

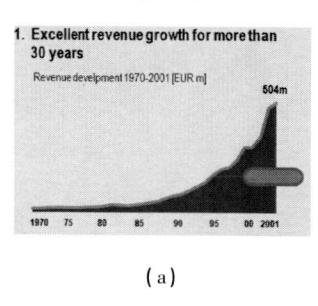

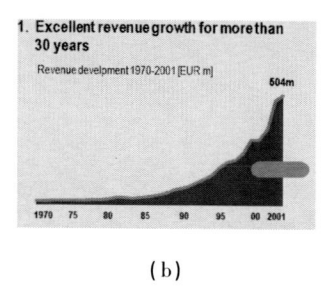

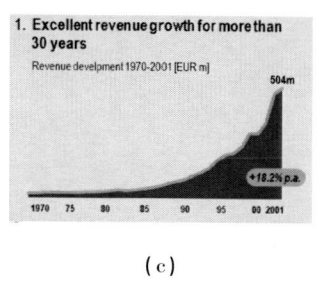

（a）　　　　　　　　　（b）　　　　　　　　　（c）

圖 9-81　補丁效果圖

● 模組三　直方圖

任務一：品質數據直方圖的繪製

數據經過預處理後，可根據需要進一步做分類或分組整理。在對數據進行整理時，首先要弄清楚所面對的是什麼類型的數據，因為不同類型的數據所採取的處理方式和處理方法不同。

對品質數據而言，要做分類整理。在分類整理時首先列出所分的類別，然後計

9　Excel 2010 操作

算出每一類別的頻數、頻率，即可形成一張頻數分佈表，最後可根據需要選擇適當的圖形進行展示，以便對數據及其特徵有初步的瞭解。

在一項關於某種品牌產品的研究中，研究人員為研究購買此種產品顧客的消費行為，調查員抽樣調查了 50 名顧客的文化程度，表 9-8 就是記錄的原始數據。試建立顧客文化程度的頻數分佈表。

表 9-8　　　　　　　　　　購買某品牌產品顧客的文化程度

研究生	大學本科	研究生	初中	高中及中專
高中及中專	研究生	大學本科	高中及中專	大學本科
研究生	大學本科	大學本科	大專	研究生
大學本科	大專	研究生	大學本科	大專
大專	高中及中專	高中及中專	大專	高中及中專
大學本科	研究生	研究生	初中	初中
初中	研究生	大學本科	大學本科	大學本科
大學本科	大專	高中及中專	初中	大專
高中及中專	大學本科	大專	大學本科	高中及中專
大學本科	研究生	大專	初中	研究生

【操作步驟】

第一步：為了用 Excel 建立分類數據的頻數分佈表，首先需要將各類別用一個數字代碼來表示，比如，對各文化程度制定的代碼是：1——研究生；2——大學本科；3——大專；4——高中及中專；5——初中。

使用圖 9-82 的 IF（）公式將各文化程度與代碼對應起來，如圖 9-83 所示。

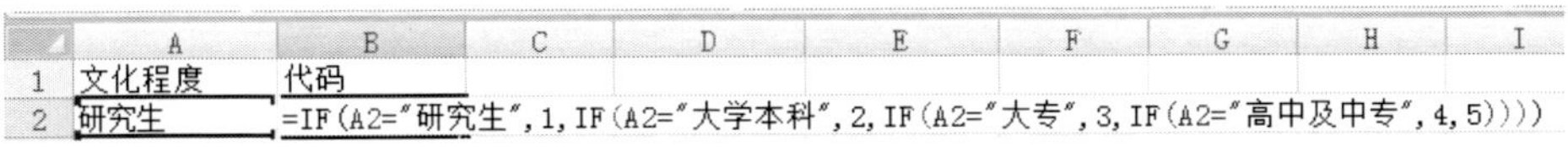

	A	B
1	文化程度	代碼
2	研究生	=IF(A2="研究生",1,IF(A2="大学本科",2,IF(A2="大专",3,IF(A2="高中及中专",4,5))))

圖 9-82　代碼轉換公式——IF 公式

第二步：為建立頻數分佈表和直方圖，Excel 要求將每一文化程度的代碼單獨作為一列，以作為「接收區域」，因此將代碼輸入到工作表 C2：C6，如圖 9-84 所示，Excel 對代碼數據值小於或等於每一文化程度的數據進行計算。這樣，Excel 提供的合計數就是各文化程度的頻數分佈表。

203

	A	B
1	文化程度	代碼
2	研究生	1
3	高中及中专	4
4	研究生	1
5	大学本科	2
6	大专	3
7	大学本科	2
8	初中	5
9	大学本科	2
10	高中及中专	4
11	大学本科	2
12	大学本科	2
13	研究生	1
14	大学本科	2
15	大专	3
16	高中及中专	4
17	研究生	1

圖 9-83　文化程度對於代碼圖

	A	B	C	D
1	文化程度	代碼	代碼区域	接收区域
2	研究生	1	1	
3	高中及中专	4	2	
4	研究生	1	3	
5	大学本科	2	4	
6	大专	3	5	
7	大学本科	2		
8	初中	5		
9	大学本科	2		
10	高中及中专	4		
11	大学本科	2		
12	大学本科	2		
13	研究生	1		
14	大学本科	2		
15	大专	3		
16	高中及中专	4		
17	研究生	1		

圖 9-84　輸入接收代碼的上限

　　第三步：選擇「數據」—「數據分析」，彈出「數據分析」對話框，如圖 9-85 所示。在「數據分析」對話框中選擇「直方圖」命令，並按「確定」按鈕。

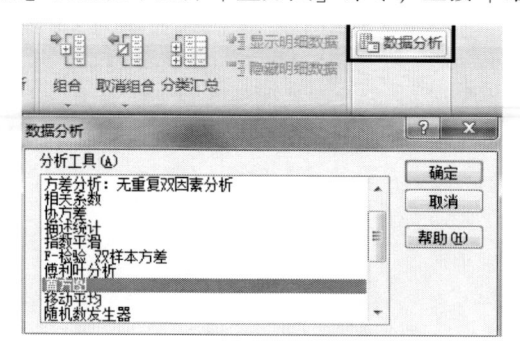

圖 9-85　「數據分析」對話框

9　Excel 2010 操作

第四步：隨機彈出「直方圖」對話框，確定「輸入區域」「接收區域」和「輸出區域」，如圖 9-86 所示。

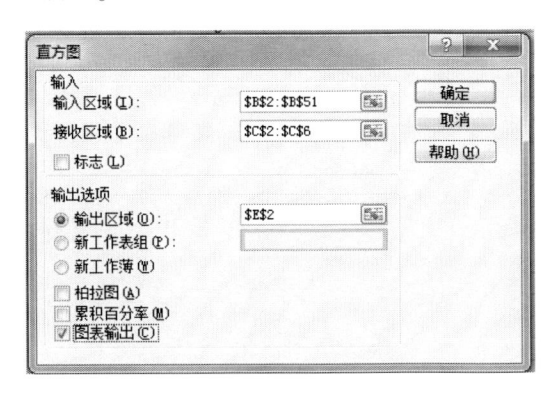

圖 9-86　「直方圖」對話框

在直方圖對話框中，對於相關選項設置說明如下：

（1）在「輸入區域」文本框中輸入待分析數據區域的單元格引用，若輸入區域有標志項，則選中「標志」；否則，系統自動生成數據標志。在本例中，輸入區域從 A2：A51，沒有標志。

（2）在「接收區域」文本框中輸入接收區域的單元格引用，也即用戶確定的分組上限所在單元格。該文本框可空，為空時系統自動利用輸入區域中的最小值和最大值建立平均分佈的區間間隔的分組。在本例中接收區域單元格為 C2：C6。

（3）在「輸出選項」欄中可選擇輸出去向。選擇「柏拉圖」可以在輸出表中同時按降序排列頻數數據，選擇「累積百分率」可輸出表中增加一列累積百分比數值，並繪製一條百分比曲線，選擇「圖標輸出」可生成一個嵌入式直方圖。

第五步：設置完畢，單擊「確定」按鈕，即可在輸出區域單元格得到頻數分佈，如圖 9-87 所示。

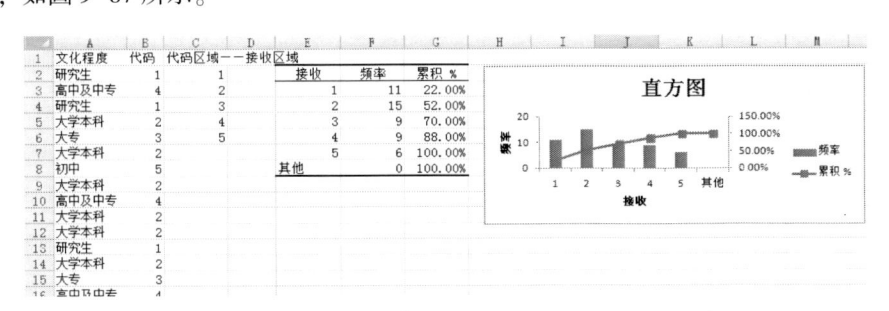

圖 9-87　直方圖頻數分佈結果

第六步：為了把頻數表轉化為易於閱讀的方式，可以把頻數表中標題改為描述性標題「文化程度」，將文化程度代碼 1、2、3、4、5 用文化程度的名稱來代替。

205

同時將條形圖轉換成標準直方圖，具體做法是：單擊柱形圖的任一條矩形，再單擊右鍵，在快捷目錄中選取「設置數據系列格式」，在彈出的「設置數據系列格式」對話框中點擊「系列選項」—「分類間距」，將間距寬度改為 0，如圖 9-88 所示，單擊「確定」按鈕，操作後的效果圖如 9-89 所示。

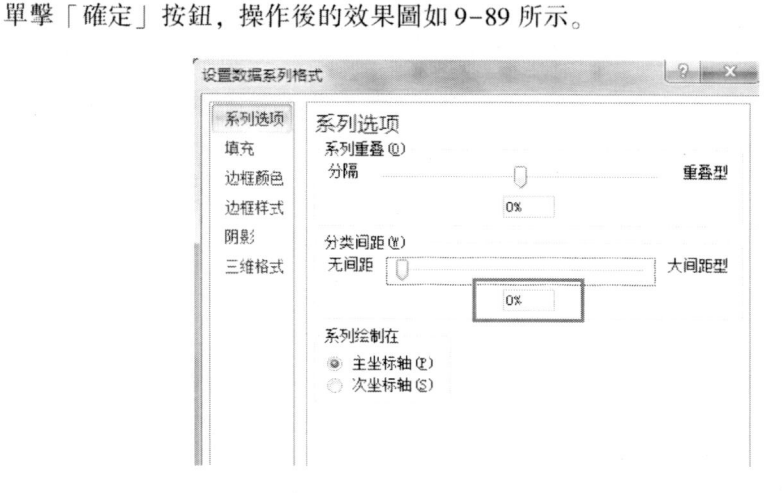

圖 9-88　分類間距設置為 0 的命令框

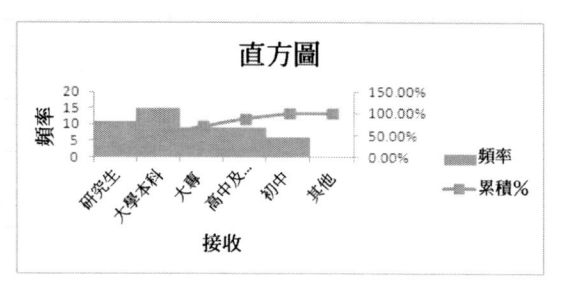

圖 9-89　標準直方圖

第七步：將頻數分佈表中的「其他」類別刪除，添加「合計」，將頻數表完善，效果如圖 9-90 所示。

文化程度	頻數（人）	累積 %
研究生	11	22%
大学本科	15	52%
大专	9	70%
高中及中专	9	88%
初中	6	100%
合計	50	——

圖 9-90　標準頻數分佈表

第八步：將直方圖進行美化修飾。修改橫坐標軸、主次縱坐標軸、數據系列矩

形的邊框，修飾後的效果圖如圖 9-91 所示。

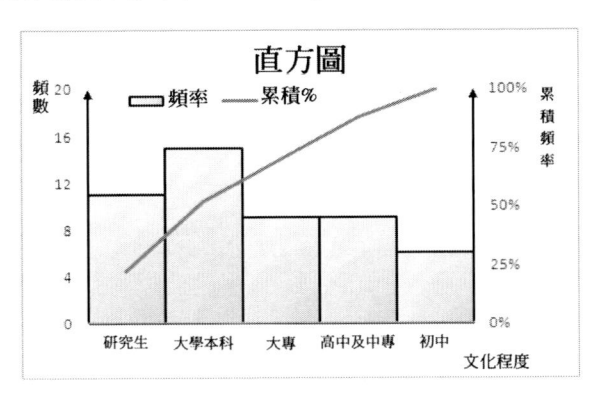

圖 9-91　修飾後的直方圖

作業：

為評價家電行業售後服務的質量，隨機抽取了由 100 個家庭構成的一個樣本。服務質量等級分別表示為好、較好、一般、較差、差五個等級。調查結果如表 9-9 所示。

表 9-9　　　　　　　　　　100 個家庭的調查數據

較好	較差	一般	一般	好	差	一般	較好	好	較差
差	好	一般	較好	一般	差	較差	一般	較差	較差
好	差	較好	一般	一般	好	較差	差	一般	較好
較好	好	一般	差	較差	好	較好	差	差	一般
一般	較好	一般	較好	差	較好	一般	一般	好	一般
差	好	一般	較好	一般	差	好	一般	較差	好
較好	較差	一般	一般	好	一般	一般	較好	好	較差
較好	好	一般	差	較差	好	較好	差	差	一般
好	差	較好	一般	一般	好	較差	差	一般	較好
一般	較好	一般	較差	差	較好	一般	一般	較好	一般

（1）指出上面的數據屬於什麼類型？
（2）用 Excel 製作一張頻數分佈表，並繪製一張直方圖。

任務二：數值型數據的整理

　　數值型數據表現為數字，在整理時通常是進行分組。資料經分組後，計算出各組中數據出現的頻數，就形成了一張頻數分佈表。數據分組的方法有單項式分組和

組距式分組兩種。組距式分組時遵循「不重不漏」的原則。數據分組的主要目的是觀察數據的分佈特徵。

根據抽樣調查，某月某市 50 戶居民購買消費品支出總額表如表 9-10 所示，試對數據進行分組。

表 9-10　　居民消費品支出總額　　單位：元

830	1, 580	1, 050	1, 630	1, 180	1, 170	1, 010	1, 190	1, 080	1, 320
880	1, 210	1, 100	1, 250	1, 030	1, 230	860	1, 260	1, 010	1, 380
1, 230	1, 460	1, 070	1, 360	870	1, 260	810	1, 350	1, 050	1, 310
1, 100	1, 170	1, 370	1, 270	1, 150	1, 380	1, 130	930	1, 250	1, 270
1, 180	1, 080	1, 200	1, 420	1, 410	1, 510	1, 140	1, 420	1, 160	1, 250

分組前我們可以先對資料進行一個簡單排序，觀察到此組數據的最小值為 810，最大值為 1, 630。因此可以把其按 800～900，900～1, 000，1, 000～1, 100，1, 100～1, 200，1, 200～1, 300，1, 300～1, 400，1, 400～1, 500，1, 500～1, 600，1, 600 以上分為 9 組。具體操作過程見下列步驟。

【操作步驟】

第一步：將數據輸入 excel 工作表中，如圖 9-92 所示，並按分組目的，根據「不重不漏」的原則輸入分組上限，如圖 9-93 所示。

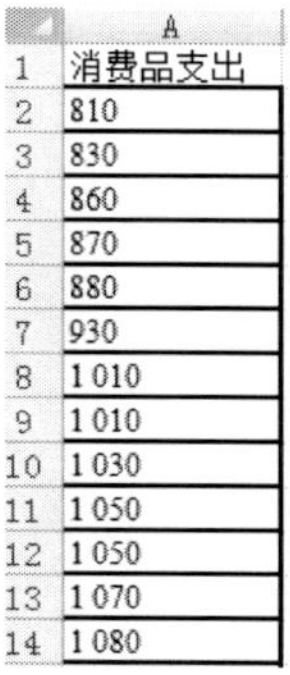

	A
1	消費品支出
2	810
3	830
4	860
5	870
6	880
7	930
8	1 010
9	1 010
10	1 030
11	1 050
12	1 050
13	1 070
14	1 080

圖 9-92　原始數據輸入到 excel 中成為一列

9　Excel 2010 操作

	A	B	C	D
1	消費品支出	分組	接收区域——分组上限	
2	810	800~900	899	
3	830	900~1 000	999	
4	860	1 000~1 100	1 099	
5	870	1 100~1 200	1 199	
6	880	1 200~1 300	1 299	
7	930	1 300~1 400	1 399	
8	1 010	1 400~1 500	1 499	
9	1 010	1 500~1 600	1 599	
10	1 030	1 600以上	1 699	
11	1 050			
12	1 050			
13	1 070			
14	1 080			
15	1 080			
16	1 100			

圖 9-93　輸入的分組上限，即 excel 的接收區域

　　第二步：選擇「數據」—「數據分析」對話框，在「數據分析對話框」中選擇「直方圖」命令，並按「確定」按鈕。

　　第三步：隨機彈出「直方圖」對話框，確定「輸入區域」「接收區域」「輸出區域」。在本例中，「輸入區域」為 A2：A51，「接收區域」為 C2：C10，「輸出區域」為 F2，如圖 9-94 所示。

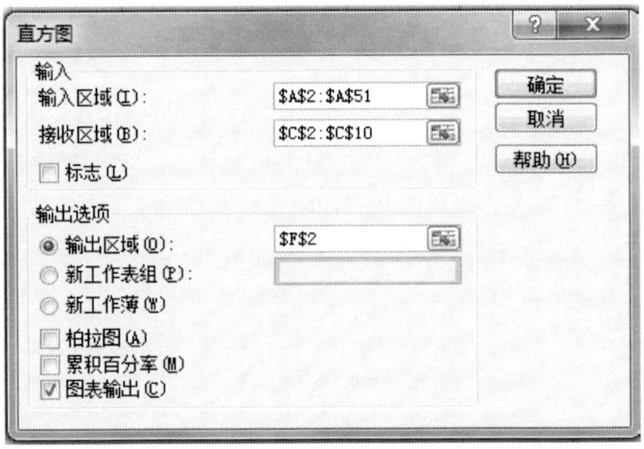

圖 9-94　「直方圖」對話框

　　第四步：設置完畢，單擊「確定」按鈕，即可在輸出區域單元格得到頻數分佈表，如圖 9-95 所示。

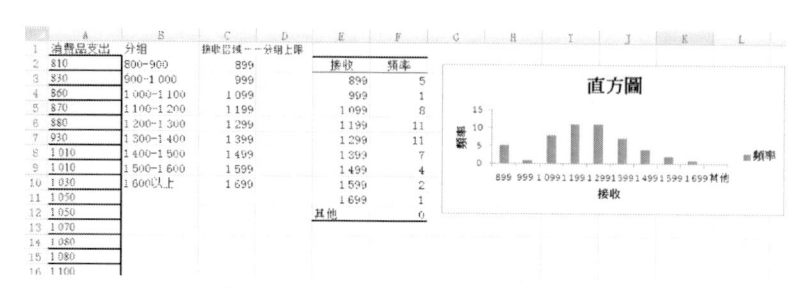

圖 9-95　頻數分布表和直方圖

第五步：把頻數分佈表轉化為易於閱讀的方式，可以把頻數表中的標題由「接收」改為描述性標題「消費品指出」，將分組上限如 899、999、1,099 等更改為具體的分組如 800~900、900~1,000、1,000~1,100 等。將「頻率」改為「頻數」。將「其他」組刪除，增加「合計」，最終形成如圖 9-96 所示的頻數分佈表。

消費品支出	頻數（戶）
800~900	5
900~1 000	1
1 000~1 100	8
1 100~1 200	11
1 200~1 300	11
1 300~1 400	7
1 400~1 500	4
1 500~1 600	2
1 600以上	1
合計	50

圖 9-96　標準的頻數分佈表

第六步：將柱形圖轉換成標準的直方圖，具體做法是：單擊柱形圖的任一柱體，再單擊右鍵。在快捷目錄中選擇「設置數據系列格式」，然後在「設置數據系列格式對話框」中選擇「系列選項」，將「分類間距」縮小至 0。效果圖如圖 9-97 所示。

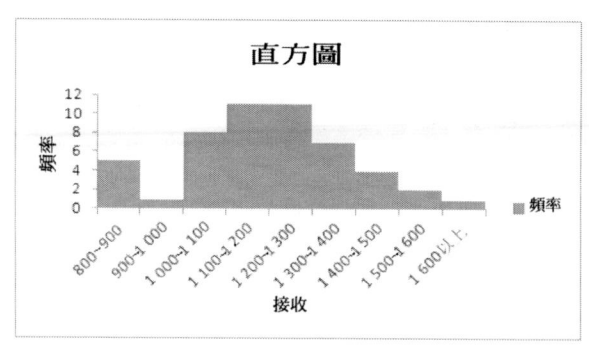

圖 9-97　標準的直方圖

第七步：對圖9-97的直方圖進行修飾，讓直方圖變得更美觀，更符合讀者的閱讀習慣。比如，修改柱體的邊框和填充顏色，修改坐標的字體，線型大小以及整個繪圖區的佈局等。根據個人不同的審美、不同研究目的，直方圖的修飾效果會有所不同。編者的修飾效果圖如圖9-98所示。

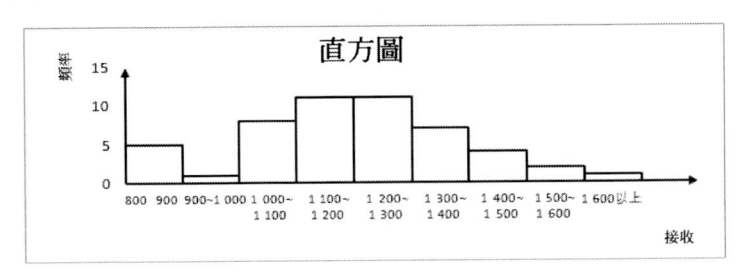

圖9-98 修飾後的直方圖

模組四　概括性的數字

任務一：集中趨勢指標

集中趨勢是指一組數據向中心值靠攏的程度，測度集中趨勢也就是尋找數據一般水準的代表值或中心值。常見的集中趨勢指標主要包括算術平均數、眾數和中位數。

1. 算術平均數

這是全部數據的算術平均，也是集中趨勢的最主要測度指標。在實際工作中，由於掌握資料的不同、研究目的的不同，算術平均數有兩種計算形式：簡單算術平均數和加權算術平均數。

對一組原始數據 x_1，x_2，$\cdots x_n$，採用簡單算術平均數的形式，即

$$\bar{x} = \frac{x_1 + x_2 + \cdots + x_n}{n} = \frac{1}{n}\sum_{i=1}^{n} x_i$$

而對於分組數據，設原始數據被分為 n 組，各組的組中值分別用 x_1，x_2，$\cdots x_n$ 表示，各組變量值出現的頻數分別用 f_1，f_2，$\cdots f_n$ 表示，則採用加權算術平均數的形式，即

$$\bar{x} = \frac{x_1 f_1 + x_2 f_2 + \cdots + x_n f_n}{n} = \frac{1}{n}\sum_{i=1}^{n} x_i f_i$$

2. 眾數

這是一組數據中出現次數最多的變量值，用 M_o 表示。眾數是一種位置平均數，不受極端值的影響。

3. 中位數

這是一組數據按照一定順序排序後，處於中間位置上的變量值，用 M_e 表示。中位數也是一種平均數，不受數值極端值的影響，在數據差異很大的情況下，中位數具有很好的代表性。

根據抽樣調查，某月某市 50 戶居民購買消費品支出總額表如表 9-11 所示（單位：元），其分組數據如表 9-12 所示，要求：①試根據原始數據計算居民消費支出的眾數、中位數和算術平均數；②根據分組數據計算算術平均數。

表 9-11　　　　　　　　居民消費品支出總額　　　　　　　　單位：元

830	1,580	1,050	1,630	1,180	1,170	1,010	1,190	1,080	1,320
880	1,210	1,100	1,250	1,030	1,230	860	1,260	1,010	1,380
1,230	1,460	1,070	1,360	870	1,260	810	1,350	1,050	1,310
1,100	1,170	1,370	1,270	1,150	1,380	1,130	930	1,250	1,270
1,180	1,080	1,200	1,420	1,410	1,510	1,140	1,420	1,160	1,250

表 9-12　　　　　　　　分組數據

分組	頻數
800~900	5
900~1,000	1
1,000~1,100	8
1,100~1,200	11
1,200~1,300	11
1,300~1,400	7
1,400~1,500	4
1,500~1,600	2
1,600 以上	1
合計	50

【操作步驟】

1. 算術平均數的計算

（1）對未分組數據求算術平均數。

第一步：將原始數據輸入 Excel 工作表中。數據的排列可以按照表 9-11 的格式，坐落成 5×10 的單元格，即 A1：J5，如圖 9-99 所示。

9　Excel 2010 操作

	A	B	C	D	E	F	G	H	I	J
1	830	1 580	1 050	1 630	1 180	1 170	1 010	1 190	1 080	1 320
2	880	1 210	1 100	1 250	1 030	1 230	860	1 260	1 010	1 380
3	1 230	1 460	1 070	1 360	870	1 260	810	1 350	1 050	1 310
4	1 100	1 370	1 270	1 150	1 380	1 130	930	1 250	1 160	1 250
5	1 180	1 080	1 200	1 420	1 410	1 510	1 140	1 420	1 160	1 250
6	平均數：									

圖 9-99　原始數據錄入 Excel 表中

第二步：我們需要將簡單算術平均數輸出到 B6 單元格。鼠標左鍵單擊或雙擊該單元格，在單元格內輸入等號「＝average（A1：J5）」，然後回車，如圖 9-100 所示，這樣就求出了算術平均數的值：1,196.2。

	A	B	C
1	830	1 580	1 050
2	880	1 210	1 100
3	1 230	1 460	1 070
4	1 100	1 170	1 370
5	1 180	1 080	1 200
6	平均數：	=AVERAGE(A1:J5)	

圖 9-100　AVERAGE（）公式求平均數

如果我們忘記了平均數的數學公式，我們也可以通過菜單欄逐步進行。操作方法：鼠標左鍵單擊 B6 單元格，然後點擊菜單欄的「公式」—「插入函數」圖標，如圖 9-101 所示，在彈出的「插入函數」對話框，如圖 9-102 所示，選擇「AVERAGE」函數，單擊「確定」按鈕，即可彈出「函數參數」對話框，點擊 圖標選擇需要計算的數據，如圖 9-103 所示，本例中選擇從 A1 到 J5 的數據。最後點擊「確定」按鈕，即可在 B6 單元格中得到計算的算術平均數，效果與圖 9-100 一致。

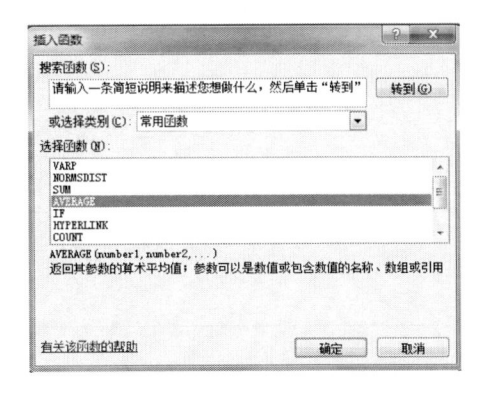

圖 9-101　「插入函數」圖標　　　　圖 9-102　「插入函數」對話框

213

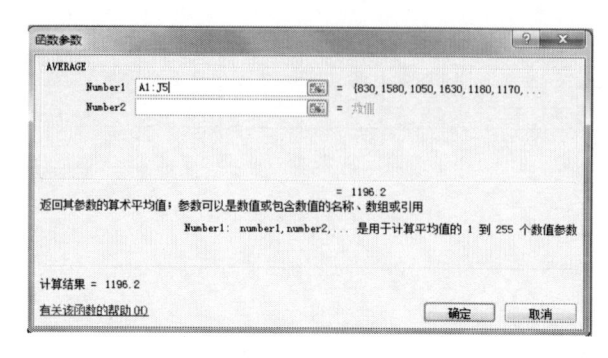

図 9-103　AVERAGE「函數參數」對話框

（2）對分組數據求算術平均數

第一步：求出各組的組中值 x_i，如圖 9-104 所示。

圖 9-104　計算出的組中值

第二步：計算每組對應的 $x_i \times f_i$。這裡可以先計算第一組的 $x_1 \times f_1$，如圖 9-105 所示；其餘各組利用填充柄的功能，按住鼠標左鍵往下拖，即可求得其餘各組的 $x_i \times f_i$ 的數值，如圖 9-106 所示。

圖 9-105　計算第一組的 $x_1 \times f_1$

9　Excel 2010 操作

	A	B	C	D
1	分組	頻數（戶）f_i	組中值X_i	$X_i×f_i$
2	800~900	5	850	4 250
3	900~1 000	1	950	950
4	1 000~1 100	8	1 050	8 400
5	1 100~1 200	11	1 150	12 650
6	1 200~1 300	11	1 250	13 750
7	1 300~1 400	7	1 350	9 450
8	1 400~1 500	4	1 450	5 800
9	1 500~1 600	2	1 550	3 100
10	1 600以上	1	1 650	1 650
11	合計		50	

圖 9-106　計算出各組的 $x_i×f_i$

第三步：計算 $\sum_{i=1}^{n} x_i f$，可以利用 SUM（）求和函數。我們不妨把求和的結果放在 D11 單元格內。選中 D11 單元格，輸入「=SUM（D2：D10）」，如圖 9-107 所示，按回車鍵可得求和結果 60,000。

	A	B	C	D
1	分組	頻數（戶）f_i	組中值X_i	$X_i×f_i$
2	800~900	5	850	4 250
3	900~1 000	1	950	950
4	1 000~1 100	8	1 050	8 400
5	1 100~1 200	11	1 150	12 650
6	1 200~1 300	11	1 250	13 750
7	1 300~1 400	7	1 350	9 450
8	1 400~1 500	4	1 450	5 800
9	1 500~1 600	2	1 550	3 100
10	1 600以上	1	1 650	1 650
11	合計		50	=SUM(D2:D10)

圖 9-107　計算出的 $\sum_{i=1}^{n} x_i f$

第四步：計算算術平均數。在表外任一單元格內輸入「=D11/B11」，再按回車鍵，即可得算術平均數 1,200，如圖 9-108 所示。

應用統計學：EXCEL分析

	A	B	C	D
1	分組	頻數（戶）f_i	組中值X_i	$X_i \times f_i$
2	800~900	5	850	4 250
3	900~1 000	1	950	950
4	1 000~1 100	8	1 050	8 400
5	1 100~1 200	11	1 150	12 650
6	1 200~1 300	11	1 250	13 750
7	1 300~1 400	7	1 350	9 450
8	1 400~1 500	4	1 450	5 800
9	1 500~1 600	2	1 550	3 100
10	1 600以上	1	1 650	1 650
11	合計	50		60 000
12	平均數：			=D11/B11

圖 9-108　算術平均數的計算

2. 對未分組數據求眾數

我們不妨將眾數數值輸出到 B7 單元格。單擊單元格 B7，在單元格內輸入「=mode（A1：J5）」，如圖 9-109 所示，然後回車，得到眾數的值為 1 250，如圖 9-110 所示。

如果我們忘記了眾數的數學公式，我們也可以通過目錄欄逐步進行。操作方法：鼠標左鍵單擊 B7 單元格，然後點擊目錄欄的「公式」—「插入函數」圖標，如圖9-111 所示，在彈出的「插入函數」對話框，如圖 9-112 所示，選擇「MODE」函數，單擊「確定」按鈕，即可彈出「函數參數」對話框，點擊 圖標選擇需要計算的數據，如圖 9-113 所示，本例中選擇從 A1 到 J5 的數據。最後點擊「確定」按鈕，即可在 B7 單元格中得到計算的眾數，效果與圖 9-110 一致。

	A	B	C
1	830	1 580	1 050
2	880	1 210	1 100
3	1 230	1 460	1 070
4	1 100	1 170	1 370
5	1 180	1 080	1 200
6	平均數：	1 196.2	
7	眾數：	=MODE(A1:J5)	

圖 9-109　mode（ ）公式求眾數

	A	B
1	830	1 580
2	880	1 210
3	1 230	1 460
4	1 100	1 170
5	1 180	1 080
6	平均數：	1 196.2
7	眾數：	1 250

圖 9-110　求出的眾數數值

9　Excel 2010 操作

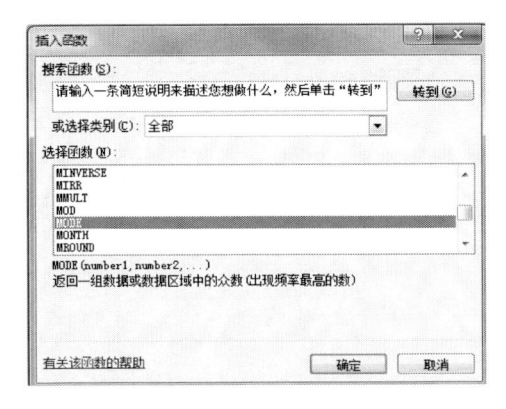

圖 9-111　「插入函數」圖標　　　　圖 9-112　「插入函數」對話框

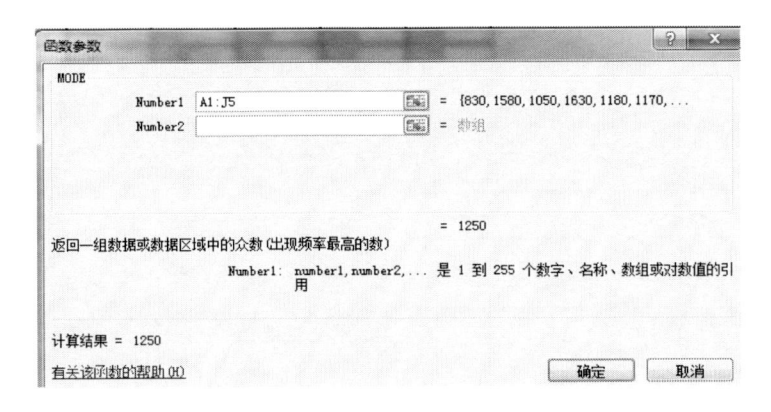

圖 9-113　MODE「函數參數」對話框

3. 對未分組數據求中位數

我們不妨將眾數數值輸出到 B8 單元格。單擊單元格 B8，在單元格內輸入「= median（A1：J5）」，如圖 9-114（a）所示，然後回車，得到眾數的值為 1,250，如圖 9-114（b）所示。

如果我們忘記了中位數的數學公式，我們也可以通過目錄欄逐步進行 。操作方法：鼠標左鍵單擊 B8 單元格，然後點擊目錄欄的「公式」—「插入函數」圖標，如圖 9-115 所示，在彈出的「插入函數」對話框，如圖 9-116 所示，選擇「MODE」函數，單擊「確定」按鈕，即可彈出「函數參數」對話框，點擊 圖標選擇需要計算的數據，如圖 9-117 所示，本例中選擇從 A1 到 J5 的數據。最後點擊「確定」按鈕，即可在 B7 單元格中得到計算的眾數，效果與圖 9-114（b）一致。

217

	A	B	C
1	830	1 580	1 050
2	880	1 210	1 100
3	1 230	1 460	1 070
4	1 100	1 170	1 370
5	1 180	1 080	1 200
6	平均數：	1 196.2	
7	眾數：	1 250	
8	中位數：	=MEDIAN(A1:J5)	

圖 9-114（a） mode（ ）公式求眾數

	A	B
1	830	1 580
2	880	1 210
3	1 230	1 460
4	1 100	1 170
5	1 180	1 080
6	平均數：	1 196.2
7	眾數：	1 250
8	中位數：	1 195

圖 9-114（b） 求出的眾數數值

圖 9-115 「插入函數」圖標

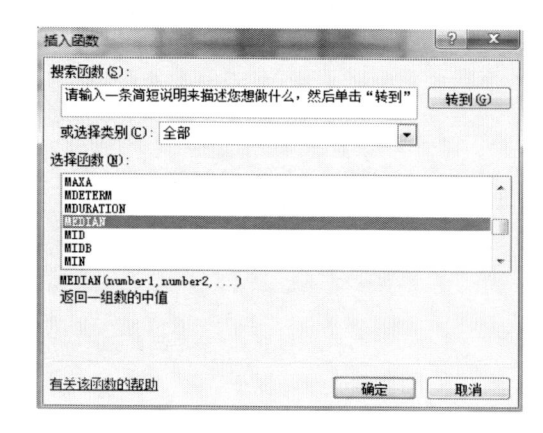

圖 9-116 「插入函數」對話框

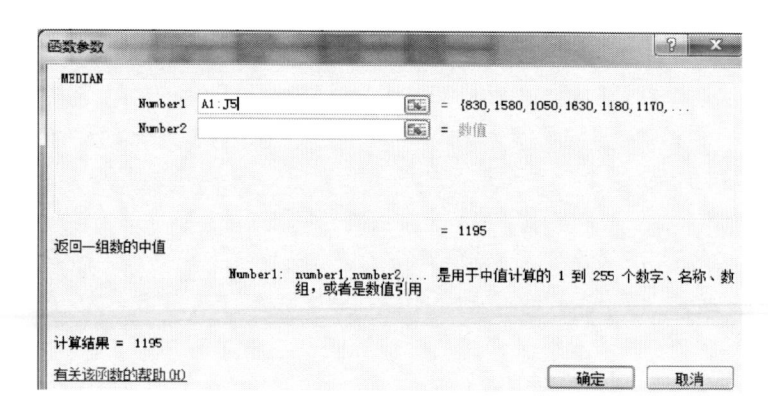

圖 9-117 MEDIAN「函數參數」對話框

218

任務二：離散程度指標

集中趨勢指標僅僅是數據分佈的一個特徵，反應一組數據的代表值或中心值。然而，僅僅考察集中趨勢是不夠的，還需要對數據的離散程度進行測度。離散程度也稱變異程度，是數據分佈的另一個重要特徵，反應各個數據遠離其中心值的程度或一組數據穩定性。變異指標值越大，數據間的差異性就越大，數據分佈越分散，平均指標的代表性就越小；變異指標值越小，數據間的差異性就越小，數據分佈越集中，平均指標的代表性就越好。

描述離散程度的指標主要有全距、方差、標準差、離散系數。

1. 全距

全距也稱極差，它是樣本數據中最大觀測值與最小觀測值之差，用 R 表示，計算公式為：$R = x_{\max} - x_{\min}$。

2. 方差

這是各變量值與其均值的離差平方和的平均數。方差越大，說明數據離散程度越大，反之越小。假設數據的均值為 $\bar{x}$，則其方差為：

$$\sigma^2 = \frac{1}{n} \sum_{i=1}^{n} (x_i - \bar{x})^2$$

3. 標準差

標準差是方差的平方根。方差和標準差是實際中應用最廣泛的離散程度指標。對應的標準差公式為：

$$\sigma = \sqrt{(x_i - \bar{x})^2}$$

4. 離散系數

離散系數是用變異指標與相應的算術平均數對比，來反應數據在單位均值上的離散程度，用於比較不同數據組之間的離散度。離散系數越大，說明數據的離散度越大，反之越小。

我們仍然採用上述表 9-11 和表 9-12 中 50 戶居民購買消費品支出總額數據，分別計算方差和標準差。

【操作步驟】

1. 對未分組數據計算方差

計算方差的函數有兩個，一個是計算樣本方差函數 VAR（ ），另一個是計算總體方差的函數 VARP（ ）。根據實際情況和研究目的，選用不同的函數。在本例中的原始數據是樣本資料，選用函數 VAR（ ）。

單擊單元格 B6，輸入「=VAR（A1：J5）」，如圖 9-118（a）所示，得到方差的數值為 35,587.31，如圖 9-118（b）所示。

應用統計學：EXCEL分析

	A	B	C
1	830	1 580	1 050
2	880	1 210	1 100
3	1 230	1 460	1 070
4	1 100	1 170	1 370
5	1 180	1 080	1 200
6	方差：	=VAR(A1:J5)	

	A	B
1	830	1 580
2	880	1 210
3	1 230	1 460
4	1 100	1 170
5	1 180	1 080
6	方差：	35 587.306

圖9-118（a）VAR函數命令求樣本方差　　　圖9-118（b）求出的方差數值

我們也可以通過函數向導計算方差。操作如下：

第一步：單擊B6單元格，選擇「公式」—「插入函數」圖標，即可彈出「插入函數」對話框，在「或選擇類別」後的下拉列表中選擇「統計」，在「選擇函數」中選擇「VAR」，如圖9-119所示，然後單擊「確定」按鈕。

第二步：在彈出的「VAR」函數對話框，選擇好數據對應的單元格區域，如圖9-120所示，完成後點擊「確定」按鈕，即可在單元格B6中得到方差，方差為35,587.31，與圖9-118（b）的效果一致。

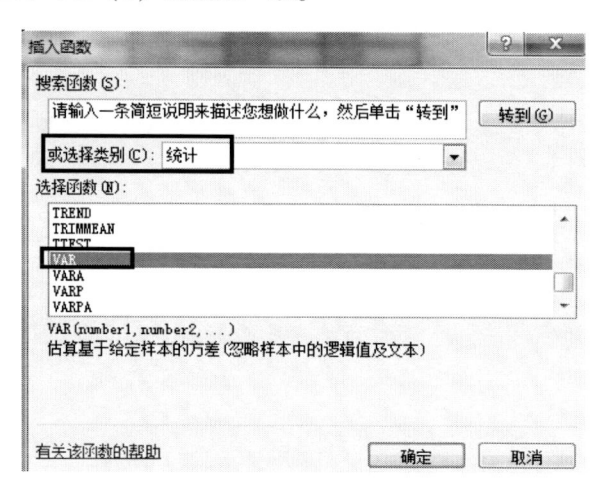

圖9-119　插入函數對話框

9　Excel 2010 操作

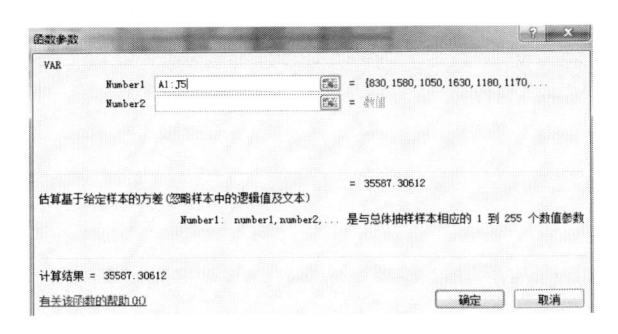

圖 9-120　VAR 函數參數對話框

2. 對未分組數據計算標準差

相應地，計算標準差的函數也有兩個：一個是計算樣本標準差函數 STDEV（），另一個是計算總體標準差的函數 STDEVP（）。本例中的原始資料是樣本資料，選用函數 STDEV（）。

單擊單元格 B7，輸入「=STDEV（A1：J5）」，如圖 9-121（a）所示，得到方差的數值為 188.645,98，如圖 9-121（b）所示。也可以在 B7 單元格中輸入「=SQRT（B6）」，對原有計算的方差直接進行開方，求出標準差。

圖 9-121（a）　STDEV 函數命令求樣本標準差　　圖 9-121（b）　求出的樣本標準差數值

我們也可以通過函數向導計算方差。操作如下：

第一步：單擊 B7 單元格，選擇「公式」—「插入函數」圖標，即可彈出「插入函數」對話框，在「或選擇類別」後的下拉列表中選擇「統計」，在「選擇函數」中選擇「STDEV」，如圖 9-122 所示，然後單擊「確定」按鈕。

第二步：在彈出的「STDEV」函數對話框，選擇好數據對應的單元格區域，如圖 9-123 所示，完成後點擊「確定」按鈕，即可在單元格 B7 中得到方差，方差為 188.645,98，與圖 9-121（b）的效果一致。

221

圖 9-122　插入函數對話框

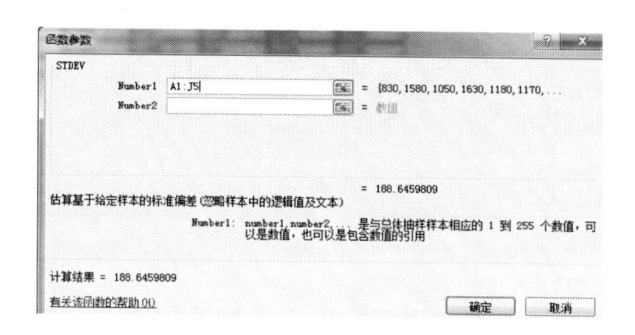

圖 9-123　STDEV 函數參數對話框

3. 對分組數據計算方差和標準差

第一步：利用任務一中求出的組中值 x_i 和平均數 $\bar{x} = 1,200$，計算各組購買消費品支出與平均購買消費品支出的離差，$x_i - \bar{x}$。本例中，首先求出第一組的離差，在單元格 E2 中輸入「=C2-＄D＄12」，如圖 9-124 所示，然後按回車鍵得到結果「-350」；再利用填充柄功能，求出其餘各組的離差，如圖 9-125 所示。

9　Excel 2010 操作

	A	B	C	D	E
1	分組	頻數（戶）f_i	組中值 X_i	$X_i \times f_i$	X_i-均值
2	800~900	5	850	4 250	=C2-$D$12
3	900~1 000	1	950	950	
4	1 000~1 100	8	1 050	8 400	
5	1 100~1 200	11	1 150	12 650	
6	1 200~1 300	11	1 250	13 750	
7	1 300~1 400	7	1 350	9 450	
8	1 400~1 500	4	1 450	5 800	
9	1 500~1 600	2	1 550	3 100	
10	1 600以上	1	1 650	1 650	
11	合計	50		60 000	
12	平均數：			1 200	

圖 9-124　計算第一組的離差

	A	B	C	D	E
1	分組	頻數（戶）f_i	組中值 X_i	$X_i \times f_i$	X_i-均值
2	800~900	5	850	4 250	-350
3	900~1 000	1	950	950	-250
4	1 000~1 100	8	1 050	8 400	-150
5	1 100~1 200	11	1 150	12 650	-50
6	1 200~1 300	11	1 250	13 750	50
7	1 300~1 400	7	1 350	9 450	150
8	1 400~1 500	4	1 450	5 800	250
9	1 500~1 600	2	1 550	3 100	350
10	1 600以上	1	1 650	1 650	450
11	合計	50		60 000	
12	平均數：			1 200	

圖 9-125　離差計算結果

第二步：計算離差平方 $(x_i - \bar{x})^2$，然後再計算離差平方與頻數的乘積 $f_i(x_i - \bar{x})^2$。單擊單元格 F2，輸入「=E2^2」，其中符號「^」須在英文輸入法狀態，如圖 9-126 所示，再按回車鍵得結果 122,500。單擊單元格 G2，輸入「=F2*B2」，如圖 9-127 所示，再按回車鍵得結果 612,500。再利用填充柄功能，求出其餘各組的離差平方、離差平方與頻數的乘積，具體操作為：拖選中 F2 和 G2 單元格，鼠標放在單元格右下角，當出現黑色十字架後按住鼠標左鍵，並往下拖動至「1,600 以上」所在的行，如圖 9-128 所示。

第三步：利用「SUM」函數求出各組的離差平方與頻數乘積之和 $\sum_{i=1}^{9} f_i(x_i - \bar{x})^2$，在單元格 G11 中輸入「=SUM（G2：G10）」，如圖 9-129 所示，求和結果為「1,765,000」。當然，也可以利用函數向導來完成，在此不再贅述。

第四步：計算方差 $\dfrac{1}{50}\sum_{i=1}^{9} f_i(x_i - \bar{x})^2$ 和標準差 $\sqrt{f_i(x_i - \bar{x})^2}$。在單元格 D13 中輸

223

入「=G11/B11」，可得方差 35,300；再在單元格 D14 中輸入「=SQRT（D13）」，按回車鍵可得標準差為 187.88，如圖 9-130 所示。

	A	B	C	D	E	F
1	分組	頻數（戶）f_i	組中值X_i	$X_i \times f_i$	X_i-均值	離差平方
2	800~900	5	850	4 250	-350	=E2^2
3	900~1 000	1	950	950	-250	
4	1 000~1 100	8	1 050	8 400	-150	
5	1 100~1 200	11	1 150	12 650	-50	
6	1 200~1 300	11	1 250	13 750	50	
7	1 300~1 400	7	1 350	9 450	150	
8	1 400~1 500	4	1 450	5 800	250	
9	1 500~1 600	2	1 550	3 100	350	
10	1 600以上	1	1 650	1 650	450	
11	合計	50		60 000		
12	平均數:			1 200		

圖 9-126　計算第一組的離差平方 $(x_i - \bar{x})^2$

	A	B	C	D	E	F	G
1	分組	頻數（戶）f_i	組中值X_i	$X_i \times f_i$	X_i-均值	離差平方	離差平方$\times f_i$
2	800~900	5	850	4 250	-350	122 500	=F2*B2
3	900~1 000	1	950	950	-250		
4	1 000~1 100	8	1 050	8 400	-150		
5	1 100~1 200	11	1 150	12 650	-50		
6	1 200~1 300	11	1 250	13 750	50		
7	1 300~1 400	7	1 350	9 450	150		
8	1 400~1 500	4	1 450	5 800	250		
9	1 500~1 600	2	1 550	3 100	350		
10	1 600以上	1	1 650	1 650	450		
11	合計	50		60 000			
12	平均數:			1 200			

圖 9-127　計算第一組的離差平方與頻數的乘積 $f_i(x_i - \bar{x})^2$

	A	B	C	D	E	F	G
1	分組	頻數（戶）f_i	組中值X_i	$X_i \times f_i$	X_i-均值	離差平方	離差平方$\times f_i$
2	800~900	5	850	4 250	-350	122 500	612 500
3	900~1 000	1	950	950	-250	62 500	62 500
4	1 000~1 100	8	1 050	8 400	-150	22 500	180 000
5	1 100~1 200	11	1 150	12 650	-50	2 500	27 500
6	1 200~1 300	11	1 250	13 750	50	2 500	27 500
7	1 300~1 400	7	1 350	9 450	150	22 500	157 500
8	1 400~1 500	4	1 450	5 800	250	62 500	250 000
9	1 500~1 600	2	1 550	3 100	350	122 500	245 000
10	1 600以上	1	1 650	1 650	450	202 500	202 500

圖 9-128　計算各組的離差平方 $(x_i - \bar{x})^2$、離差平方與頻數的乘積 $f_i(x_i - \bar{x})^2$

9　Excel 2010 操作

	A	B	C	D	E	F	G
1	分組	頻數（戶）f_i	組中值X_i	$X_i \times f_i$	X_i-均值	離差平方	離差平方×f_i
2	800~900	5	850	4 250	-350	122 500	612 500
3	900~1 000	1	950	950	-250	62 500	62 500
4	1 000~1 100	8	1 050	8 400	-150	22 500	180 000
5	1 100~1 200	11	1 150	12 650	-50	2 500	27 500
6	1 200~1 300	11	1 250	13 750	50	2 500	27 500
7	1 300~1 400	7	1 350	9 450	150	22 500	157 500
8	1 400~1 500	4	1 450	5 800	250	62 500	250 000
9	1 500~1 600	2	1 550	3 100	350	122 500	245 000
10	1 600以上	1	1 650	1 650	450	202 500	202 500
11	合計	50		60 000			=SUM(G2:G10)

圖 9-129　各組的離差平方與頻數乘積之和 $\sum_{i=1}^{9} f_i(x_i - \bar{x})^2$

A	B	C	D	E	F	G
分組	頻數（戶）f_i	組中值X_i	$X_i \times f_i$	X_i-均值	離差平方	離差平方×f_i
800~900	5	850	4 250	-350	122 500	612 500
900~1 000	1	950	950	-250	62 500	62 500
1 000~1 100	8	1 050	8 400	-150	22 500	180 000
1 100~1 200	11	1 150	12 650	-50	2 500	27 500
1 200~1 300	11	1 250	13 750	50	2 500	27 500
1 300~1 400	7	1 350	9 450	150	22 500	157 500
1 400~1 500	4	1 450	5 800	250	62 500	250 000
1 500~1 600	2	1 550	3 100	350	122 500	245 000
1 600以上	1	1 650	1 650	450	202 500	202 500
合計	50		60 000			1 765 000
平均數：			1 200			
方差：			=G11/E11			
標准差：			=sqrt(D13)			

圖 9-130　計算方差和標準差

任務三：綜合描述統計

　　任務一和任務二是利用函數和公式來計算相應的特徵值以描述數據的集中趨勢和離散程度。對於統計數據的一些常用統計量，如平均數、標準差等，Excel 提供了一種更加簡單的方法——描述統計工具。利用 Excel 描述統計工具可以同時給出平均數、標準誤差、中位數、眾數、樣本標準差、方差、峰度、偏態、極差等十幾個常用統計量描述數據的分佈規律。

　　我們依然採用表 9-11 和表 9-12 的 50 戶居民購買消費品支出總額原始數據，利用 Excel 描述統計工具計算常用統計量，以描述數據的集中趨勢和離散程度。

225

應用統計學：EXCEL分析

【操作步驟】

第一步：將數據調整到 A 列單元格中。如圖 9-131（a）所示。

第二步：選擇目錄欄「數據」—「分析」按鈕，隨機彈出「數據分析」對話框，從其對話框的列表中選擇「描述統計」，如圖 9-131（b）所示，然後單擊確定按鈕。

	A
1	消費品支出
2	830
3	880
4	1 230
5	1 100
6	1 180
7	1 580
8	1 210
9	1 460
10	1 170
11	1 080

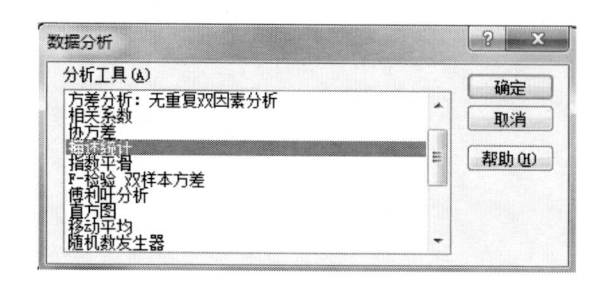

圖 9-131（a）數據調整至 A 列單元格　　圖 9-131（b）「數據分析」對話框

第二步：隨後彈出描述統計對話框，確定輸入區域和輸出區域，如圖 9-132 所示。

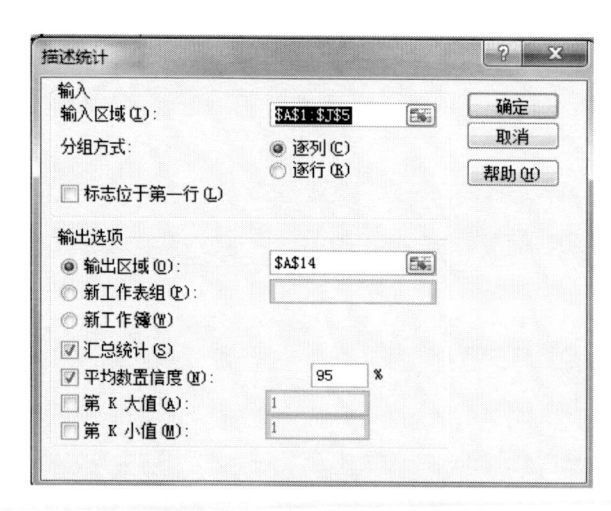

圖 9-132　「描述統計」對話框

（1）確定輸入區域。「輸入區域」文本框中輸入待分析數據區域的單元格範圍。在本例中，輸入區域為 A1：A51。「分組方式」指出輸入區域中的數據是按行還是按列排列，本例中選擇「逐列」單選框。如果輸入區域的第一行中包含標志項（變量名），則選中「標志位於第一行」復選框；如果輸入區域無標志項，則不需要選擇該復選框，Excel 將在輸出表中自動生成「列 1」「列 2」等數據標志。本例選中

9 Excel 2010 操作

「標志位於第一行」復選框。

（2）確定「輸出選項」。在「描述統計」對話框中可以指定結果的輸出去向，輸出去向有三種。在本例中，「輸出區域」選為 C2。也可以選擇「新工作表組」或「新工作簿」將結果放在新工作表組或新工作簿中。

若選中「匯總統計」復選框，則顯示描述統計結果，否則不顯示。為了得到分佈特徵值，必須在輸出選項中勾選「匯總統計」框，而「平均置信度」選項框則是說明，以輸入的變量數據為樣本的特徵將取怎樣的置信水準進行區間估計，默認值的置信水準為 95%。如果還想知道分析數據中排序為第 K 個最大值的變量值，可選最大值，即在序號框中輸入 1，一般的默認值為 1，即最大值。此外，也可在「第 K 個最小值」的選項框中做同樣選擇，以得到第 K 個最小值。

第三步：完成上述步驟後，點擊確定，各項描述統計值就會顯示在輸出區域中，如圖 9-133 所示。從圖 9-133 的描述統計結果可知，利用 Excel 描述統計工具計算的各項描述統計值與利用函數計算的結果是一致的，但是利用 Excel 描述統計工具卻更加簡單方便。

	A	B	C	D	E
1	消費品支出				
2	830		消費品支出		
3	880				
4	1 230		平均	1 196.2	
5	1 100		標准誤差	26.678 57	
6	1 180		中位數	1 195	
7	1 580		眾數	1 250	
8	1 210		標准差	188.646	
9	1 460		方差	35 587.31	
10	1 170		峰度	-0.132 69	
11	1 080		偏度	-0.033 81	
12	1 050		區域	820	
13	1 100		最小值	810	
14	1 070		最大值	1 630	
15	1 370		求和	59 810	
16	1 200		觀測數	50	
17	1 630		最大(1)	1 630	
18	1 250		最小(1)	810	
19	1 360		置信度(95	53.612 59	

圖 9-133　消費支出的描述統計結果

模組五　參數估計

任務一：總體均值的區間估計

1. 大樣本時

【例子9-3】一家保險公司收集到36位投保人組成的隨機樣本，得到每位投保人的年齡數據如表9-13所示，試建立投保人年齡90%的置信區間。

表9-13　　　　　　　　　36位投保人年齡的數據　　　　　　　單位：週歲

23	35	39	27	36	44
36	42	46	43	31	33
42	53	45	54	47	24
34	28	39	36	44	40
39	49	38	34	45	50
34	39	45	48	48	32

解：樣本容量 $n=36$，屬於大樣本情況，所以，樣本均值的抽樣分佈是正態分佈，即

$$Z = \frac{\bar{X} - \mu}{\sigma/\sqrt{n}} \sim N(0, 1)$$

由於本題中總體方差 σ^2 未知，因此用樣本方差 s^2 代替，抽樣分佈則變為

$$Z = \frac{\bar{X} - \mu}{s/\sqrt{n}} \sim N(0, 1)$$

置信區間為 $\left[\bar{X} - Z_{\alpha/2} \cdot \frac{s}{\sqrt{n}},\ \bar{X} + Z_{\alpha/2} \cdot \frac{s}{\sqrt{n}}\right]$

根據樣本數據計算的樣本均值和標準差如下

$$\bar{x} = \frac{1}{n}\sum x_i = 39.5,\quad s = \sqrt{\frac{\sum_{i=1}^{n}(x_i - \bar{x})^2}{n}} = 7.77$$

計算得到的置信區間為 [37.4, 41.6]。

【Excel 操作步驟】

第一步：將數據輸入 excel 表中，如圖 9-134 所示。

第二步：在 B7 單元格中輸入「=COUNT（A1：F6）」，然後按回車鍵，求出數據的個數，如圖 9-135 所示。當然，我們也可以在 B7 單元格中直接輸入 36。

第三步：在 B8 單元格中輸入「=AVERAGE（A1：F6）」，然後按回車鍵，計

9 Excel 2010 操作

	A	B	C	D	E	F
1	23	35	39	27	36	44
2	36	42	46	43	31	33
3	42	53	45	54	47	24
4	34	28	39	36	44	40
5	39	49	38	34	45	50
6	34	39	45	48	48	32

圖 9-134 原始數據輸入在 A1：F6 單元格

	A	B
7	樣本量 n	=COUNT(A1:F6)

圖 9-135 數據個數計算公式 COUNT（ ）

算出樣本均值 $\bar{x}$，如圖 9-136 所示，得到 39.5。

	A	B
8	樣本均值 $\bar{x}$	=AVERAGE(A1:F6)

圖 9-136 計算樣本均值的公式 AVERAGE（ ）

第四步：在 B9 單元格中輸入「=STDEV（A1：F6）」，然後按回車鍵，計算出樣本標準差 s，如圖 9-137 所示，得到數值 7.77。

	A	B
9	標準差 s	=STDEV(A1:F6)

圖 9-137 計算樣本標準差的公式 STDEV（ ）

第五步：在 B10 單元格中輸入「=B9/SQRT（B7）」，然後按回車鍵，計算出標準平均誤差 $s/\sqrt{n}$，如圖 9-138 所示得到 1.296。

	A	B
10	標準誤差 $s/\sqrt{n}$	=B9/SQRT(B7)

圖 9-138 計算標準平均誤差

第六步：在 B11 單元格中輸入置信水準「95%」，在 B12 單元格中輸入「=NORMSINV（B11）」，如圖 9-139 所示，然後按回車鍵，計算出 Z 值 $Z_{\alpha/2} = 1.645$。

	A	B
11	置信度1-α	95%

圖9-139　計算z值的公式 NORMSINV（ ）

第七步：在 B13 單元格中輸入「＝B12＊B10」，然後按回車鍵，計算出極限誤差 $Z_{\alpha/2} \cdot \dfrac{s}{\sqrt{n}}$，得到數值 2.13。

以上步驟的操作結果如圖 9-140 所示。

	A	B
7	樣本量 n	=COUNT(A1:F6)
8	樣本均值 $\bar{x}$	=AVERAGE(A1:F6)
9	标准差 s	=STDEV(A1:F6)
10	标准误差 $s/\sqrt{n}$	=B9/SQRT(E7)
11	置信度1-α	95%
12	z值 $Z_{\alpha/2}$	=NORMSINV(B11)
13	极限误差 $Z_{\alpha/2}\cdot\dfrac{s}{\sqrt{n}}$	=B12*B10

	A	B
7	樣本量 n	36
8	樣本均值 $\bar{x}$	39.5
9	标准差 s	7.773581635
10	标准误差 $s/\sqrt{n}$	1.295596939
11	置信度1-α	95%
12	z值 $Z_{\alpha/2}$	1.644853627
13	极限误差 $Z_{\alpha/2}\cdot\dfrac{s}{\sqrt{n}}$	2.131067324

圖9-140　操作結果示意圖

第八步：計算出置信下限和置信上限。在 B14 單元格中輸入「＝B8-B13」，求出置信下限為 37.4。在 B15 單元格中輸入「＝B8+B13」，求出置信上限為 41.6。

2. 小樣本，且總體方差未知的情況

【例子9-4】某居民小區為研究職工上班從家裡到單位的距離，抽取了由 16 個人組成的一個隨機樣本，他們到單位的距離（單位：千米）分別是（見表9-14）：

表9-14

10	14	10	15	9	16	13	2
3	8	6	9	12	11	7	5

假定總體服從正態分佈，求職工上班從家裡到單位平均距離的 90% 的置信區間。

解：樣本容量 $n=16$，屬於小樣本情況，而且總體方差是未知的，所以，樣本均值經過標準化以後的統計量則服從自由度為（n-1）的 t 分佈，即

$$t = \dfrac{\bar{X}-\mu}{s/\sqrt{n}} \sim t(n-1)$$

總體均值 μ 的置信水準 1－α 的置信區間為

9　Excel 2010 操作

$$\left[\bar{X} - t_{\alpha/2}(n-1) \cdot \frac{s}{\sqrt{n}},\ \bar{X} + t_{\alpha/2}(n-1) \cdot \frac{s}{\sqrt{n}}\right]$$

本題中，計算可得，$\bar{x} = 9.375$，$s = 4.11$，同時查表可得：$t_{5\%}(15) = 1.7531$，代入上式可得均值的置信區間為 (7.57, 11.18)。

【Excel 操作步驟】

第一步：將數據輸入 excel 表中，如圖 9-141 所示。

	A	B	C	D	E	F	G	H
1	10	14	10	15	9	16	13	2
2	3	8	6	9	12	11	7	5

圖 9-141　原始數據輸入在 A1：H2 單元格

第二步：在 B3 單元格中輸入「=COUNT（A1：H2）」，然後按回車鍵，求出數據的個數，如圖 9-142 所示。當然，我們也可以在 B2 單元格中直接輸入 16。

	A	B
3	样本量 n	=COUNT(A1:H2)

圖 9-142　數據個數計算公式 COUNT（ ）

第三步：在 B4 單元格中輸入「=AVERAGE（A1：H2）」，然後按回車鍵，計算出樣本均值 $\bar{x}$，如圖 9-143 所示，得到 9.375。

	A	B
4	样本均值 $\bar{x}$	=AVERAGE(A1:H2)

圖 9-143　計算樣本均值的公式 AVERAGE（ ）

第四步：在 B5 單元格中輸入「=STDEV（A1：H2）」，然後按回車鍵，計算出樣本標準差 s，如圖 9-144 所示，得到數值 4.11。

	A	B
5	标准差 s	=STDEV(A1:H2)

圖 9-144　計算樣本標準差的公式 STDEV（ ）

第五步：在 B6 單元格中輸入「=B5/SQRT（B3）」，然後按回車鍵，計算出標準平均誤差 $s/\sqrt{n}$，如圖 9-145 所示，得到 1.296。

	A	B
6	标准误差 $s/\sqrt{n}$	=B5/SQRT(B3)

圖 9-145　計算標準平均誤差

231

第六步：在 B7 單元格中輸入置信水準「90%」，在 B8 單元格中輸入「=TINV（1-B7，15）」，如圖 9-146 所示，然後按回車鍵，計算出 $t_{5\%}(15) = 1.753,1$。

	A	B
7	置信度1-α	90%
8	z值 $t_{5\%}(15)$	=TINV(1-B7,15)

圖 9-146　計算 t 值的公式 TINV（ ）

第七步：在 B9 單元格中輸入「=B8*B6」，然後按回車鍵，計算出極限誤差 $t_{\alpha/2}(n-1) \cdot \dfrac{s}{\sqrt{n}}$，得到數值 1.803。

以上步驟的操作結果如圖 9-147 所示。

	A	B
3	樣本量 n	16
4	樣本均值 $\bar{x}$	9.375
5	標準差 s	4.11298756
6	標準誤差 $s/\sqrt{n}$	1.02824689
7	置信度1-α	90%
8	z值 $t_{5\%}(15)$	1.753050325
9	極限誤差 $t_{5\%}(15)\cdot\dfrac{s}{\sqrt{n}}$	1.802568545

圖 9-147　操作結果示意圖

第八步：計算出置信下限和置信上限。在 B10 單元格中輸入「=B4-B9」，求出置信下限為 7.57。在 B11 單元格中輸入「=B4+B9」，求出置信上限為 11.18。

任務二：總體方差的區間估計

【例子9-5】一家食品生產企業以生產袋裝食品為主，每天的產量大約為 8,000 袋。按規定每袋的重量應為 100 克。為對產品質量進行監測，企業質檢部門經常要進行抽查，以分析每袋重量是否符合要求。現從每天生產的一批食品中隨機抽取 25 袋，測得每袋重量如表 9-15 所示。

表 9-15 **25 袋食品的質量** 單位：克

112.5	101.0	103.0	102.0	100.5
102.6	107.5	95.0	108.8	115.6
100.0	123.5	102.0	101.6	102.2
116.6	95.4	97.8	108.6	105.0
136.8	102.8	101.5	98.4	93.3

已知產品重量服從正態分佈，且總體標準差為 10 克。試估計該天產品總體重量標準差的置信區間，置信水準為 99%。

解：根據樣本數據計算的樣本方差為：

$$s^2 = \frac{1}{n-1}\sum_{i=1}^{n}(x_i - \bar{x})^2 = 93.21$$

根據顯著性水準 $\alpha = 1\%$ 和自由度 $n-1=24$，查卡方分佈表得

$$\chi^2_{\alpha/2}(n-1) = \chi^2_{0.5\%}(24) = 45.559$$

$$\chi^2_{1-\alpha/2}(n-1) = \chi^2_{99.5\%}(24) = 9.886$$

所以，總體方差 σ^2 的置信區間為

$$\frac{(25-1)\times 93.21}{45.559} \leqslant \sigma^2 \leqslant \frac{(25-1)\times 93.21}{9.886}$$

即 $49.1 \leqslant \sigma^2 \leqslant 226.28$。相應地，總體標準差的置信區間為 $7 \leqslant \sigma \leqslant 15.04$。該企業生產的食品總體重量標準差的 99%的置信區間為 7~15.04 克。

【Excel 操作步驟】

第一步：將數據輸入 excel 表中，如圖 9-148 所示。

	A	B	C	D	E
1	112.5	101	103	102	100.5
2	102.6	107.5	95	108.8	115.6
3	100	123.5	102	101.6	102.2
4	116.6	95.4	97.8	108.6	105
5	136.8	102.8	101.5	98.4	93.3

圖 9-148 原始數據輸入在 A1：E5 單元格

第二步：在 B6 單元格中輸入「=COUNT（A1：E5）」，然後按回車鍵，求出數據的個數，如圖 9-149 所示。當然，我們也可以在 B6 單元格中直接輸入 25。

	A	B
6	样本量n	=COUNT(A1:E5)

圖 9-149 數據個數計算公式 COUNT（ ）

第三步：在 B7 單元格中輸入「=VAR（A1：E5）」，然後按回車鍵，計算出樣本方差 s^2，如圖 9-150 所示，得到數值 93.21。

	A	B
7	样本方差 s^2	=VAR(A1:E5)

圖 9-150　計算樣本方差的公式 VAR（ ）

第四步：在 B8 單元格中輸入「=（B6-1）*B7」並回車，計算出 $(n-1)s^2$，在 B9 單元格中輸入置信水準 99%，如圖 9-151 所示。

	A	B
8	$(n-1)s^2$	=(B6-1)*B7
9	置信度 1-α	99%

圖 9-151　計算的 $(n-1)s^2$ 和輸入的置信水準

第五步：在 B10 單元格中輸入「=CHIINV（（1-B9）/2，24）」並按回車鍵，計算出右上側的卡方值，得出 45.559。在 B11 單元格中輸入「=CHIINV（0.5+B9/2，24）」，計算出左側的卡方值，得到 9.886。如圖 9-152 所示。

	A	B
10	卡方值 $\chi^2_{0.5\%}(24)$	=CHIINV((1-B9)/2,24)
11	卡方值 $\chi^2_{99.5\%}(24)$	=CHIINV(0.5+B9/2,24)

圖 9-152　計算兩側卡方值的公式 CHIINV（ ）

以上步驟的操作結果如圖 9-153 所示。

	A	B
6	样本量 n	25
7	样本方差 s^2	93.20916667
8	$(n-1)s^2$	2237.02
9	置信度 1-α	99%
10	卡方值 $\chi^2_{0.5\%}(24)$	45.55851194
11	卡方值 $\chi^2_{99.5\%}(24)$	9.886233535

圖 9-153　操作結果示意圖

第六步：計算出總體方差置信下限和置信上限。在 B12 單元格中輸入「=B8/B10」，求出置信下限為 49.1。在 B13 單元格中輸入「=B8/B11」，求出置信上限

為 226.28。

第七步：計算出總體標準差的置信下限和置信上限。分別在 B14 單元格中輸入「=SQRT（B12）」，計算出總體標準差的置信下限為 7。在 B15 單元格中輸入「=SQRT（B13）」，求出總體標準差的置信上限為 15.04。

任務三：總體方差比的區間估計

【例子9-6】表 9-16 是兩部機器生產的袋茶重量（單位：克）的數據。

表 9-16　　　　　　　　　　兩部機器生產的袋茶重量

機器 1			機器 2		
3.45	3.22	3.90	3.22	3.28	3.35
3.20	2.98	3.70	3.38	3.19	3.30
3.22	3.75	3.28	3.30	3.20	3.05
3.50	3.38	3.35	3.30	3.29	3.33
2.95	3.45	3.20	3.34	3.16	3.27
3.16	3.48	3.12	3.28	3.34	3.28
3.20	3.18	3.25	3.30	3.35	3.25

構造兩個總體方差比（σ_1^2/σ_2^2）90% 的置信區間。

解：對總體方差比的估計使用 F 抽樣分佈，即

$$\frac{S_1^2/\sigma_1^2}{S_2^2/\sigma_2^2} \sim F(n_1 - 1, n_2 - 1)$$

置信區間為

$$F_{95\%}(20, 20) \leqslant \frac{s_1^2}{s_2^2} \bigg/ \frac{\sigma_1^2}{\sigma_2^2} \leqslant F_{5\%}(20, 20)$$

轉換後得到

$$\frac{s_1^2/s_2^2}{F_{5\%}(20, 20)} \leqslant \frac{\sigma_1^2}{\sigma_2^2} \leqslant \frac{s_1^2/s_2^2}{F_{95\%}(20, 20)}$$

第一個總體的樣本容量為 $n_1 = 21$，第二個總體的樣本容量為 $n_2 = 21$，兩個樣本的自由度都為 20。查 F 分佈表得

$$F_{\alpha/2}(n_1 - 1, n_2 - 1) = F_{5\%}(20, 20) = 2.124\,2$$

根據公式

$$F_{1-\alpha/2}(n_1 - 1, n_2 - 1) = \frac{1}{F_{\alpha/2}(n_2 - 1, n_1 - 1)} \text{ 可得}$$

$$F_{95\%}(20, 20) = \frac{1}{F_{5\%}(20, 20)} = \frac{1}{2.124\,2} = 0.470\,8$$

根據題意，我們求出兩個樣本的樣本方差分別為 $s_1^2 = 0.058,375$，$s_2^2 = 0.005,846$

因此，我們得到

$$\frac{0.058,375/0.005,846}{2.124,2} \leq \frac{\sigma_1^2}{\sigma_2^2} \leq \frac{0.058,375/0.005,846}{0.470,8}$$

最後，兩個總體方差比 90% 的置信區間為 $4.7 \leq \frac{\sigma_1^2}{\sigma_2^2} \leq 21.2$。

【Excel 操作步驟】

第一步：將數據輸入 excel 表中，如圖 9-154 所示，A2：C8 為機器 1 的抽樣數據，D2：F8 為機器 2 的抽樣數據。

	A	B	C	D	E	F
1	机器1			机器2		
2	3.45	3.22	3.9	3.22	3.28	3.35
3	3.2	2.98	3.7	3.38	3.19	3.3
4	3.22	3.75	3.28	3.3	3.2	3.05
5	3.5	3.38	3.35	3.3	3.29	3.33
6	2.95	3.45	3.2	3.34	3.16	3.27
7	3.16	3.48	3.12	3.28	3.34	3.28
8	3.2	3.18	3.25	3.3	3.35	3.25

圖 9-154　原始數據輸入在 A1：F8 單元格

第二步：在 B9 單元格中輸入「=COUNT（A2：C8）」，然後按回車鍵，求出機器 1 的數據個數；同時，在 E9 單元格中輸入「=COUNT（D2：F8）」，然後按回車鍵，求出機器 2 的數據個數，如圖 9-155 所示。當然，我們也可以在 B9 和 E9 單元格中直接輸入 21。

	A	B	C	D	E	F
1	机器1			机器2		
2	3.45	3.22	3.9	3.22	3.28	3.35
3	3.2	2.98	3.7	3.38	3.19	3.3
4	3.22	3.75	3.28	3.3	3.2	3.05
5	3.5	3.38	3.35	3.3	3.29	3.33
6	2.95	3.45	3.2	3.34	3.16	3.27
7	3.16	3.48	3.12	3.28	3.34	3.28
8	3.2	3.18	3.25	3.3	3.35	3.25
9	數據個數n_1	=COUNT(A2:C8)		數據個數n_2	=COUNT(D2:F8)	

圖 9-155　數據個數計算公式 COUNT（ ）

第三步：在 B10 單元格中輸入「=VAR（A2：C8）」，然後按回車鍵，計算出機器 1 的樣本方差 s_1^2，得到數值 0.058,37；同時，在 E10 單元格中輸入「=VAR（D2：F8）」，然後按回車鍵，計算出機器 2 的樣本方差 s_2^2，得到數值 0.005,8。如圖 9-156 所示。

9　Excel 2010 操作

	A	B	C	D	E	F
1	机器1			机器2		
2	3.45	3.22	3.9	3.22	3.28	3.35
3	3.2	2.98	3.7	3.38	3.19	3.3
4	3.22	3.75	3.28	3.3	3.2	3.05
5	3.5	3.38	3.35	3.3	3.29	3.33
6	2.95	3.45	3.2	3.34	3.16	3.27
7	3.16	3.48	3.12	3.28	3.34	3.28
8	3.2	3.18	3.25	3.3	3.35	3.25
9	數據個數n_1		21	數據個數n_2		21
10	樣本方差s_1^2	=VAR(A2:C8)		樣本方差s_2^2	=VAR(D2:F8)	

圖 9-156　計算樣本方差的公式 VAR（ ）

第四步：在 B11 單元格中輸入置信水準 90%。在 B12 單元格中輸入「=FINV（（1-B11）/2，B9-1，E9-1）」並回車，計算 $F_{5\%}$（20，20），如圖 9-157 所示，計算得到的 F 值為 2.12。在 E12 單元格中輸入「=FINV（0.5+B11/2，B9-1，E9-1）」並回車，計算 $F_{95\%}$（20，20），如圖 9-158 所示，計算得到的 F 值為 0.472。

	A	B	C	D	E	F
1	机器1			机器2		
2	3.45	3.22	3.9	3.22	3.28	3.35
3	3.2	2.98	3.7	3.38	3.19	3.3
4	3.22	3.75	3.28	3.3	3.2	3.05
5	3.5	3.38	3.35	3.3	3.29	3.33
6	2.95	3.45	3.2	3.34	3.16	3.27
7	3.16	3.48	3.12	3.28	3.34	3.28
8	3.2	3.18	3.25	3.3	3.35	3.25
9	數據個數n_1		21	數據個數n_2		21
10	樣本方差s_1^2	0.058374762		樣本方差s_2^2	0.005845714	
11	置信水平	90%				
12	$F_{5\%}(20,20)$	=FINV((1-B11)/2,B9-1,E9-1)				

圖 9-157　計算 $F_{5\%}$（20，20）的公式 FINV（ ）

	A	B	C	D	E	F	G
1	机器1			机器2			
2	3.45	3.22	3.9	3.22	3.28	3.35	
3	3.2	2.98	3.7	3.38	3.19	3.3	
4	3.22	3.75	3.28	3.3	3.2	3.05	
5	3.5	3.38	3.35	3.3	3.29	3.33	
6	2.95	3.45	3.2	3.34	3.16	3.27	
7	3.16	3.48	3.12	3.28	3.34	3.28	
8	3.2	3.18	3.25	3.3	3.35	3.25	
9	數據個數n_1		21	數據個數n_2		21	
10	樣本方差s_1^2	0.058374762		樣本方差s_2^2	0.005845714		
11	置信水平	90%					
12	$F_{5\%}(20,20)$	2.124155213		$F_{95\%}(20,20)$	=FINV(0.5+B11/2,B9-1,E9-1)		

圖 9-158　計算 $F_{95\%}$（20，20）的公式 FINV（ ）

第五步：在 B13 單元格中輸入「=B10/E10」並按回車鍵，計算出 s_1^2/s_2^2 的值，得出 9.585,9，如圖 9-159 所示。在 B14 單元格中輸入「=B13/B12」，計算置信下限，得到 4.7。在 E14 單元格中輸入「=B13/E12」並按回車鍵，計算置信上限，得到 21.1，如圖 9-160 所示。

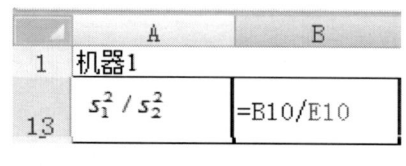

	A	B
1	机器1	
13	s_1^2/s_2^2	=B10/E10

圖 9-159　s_1^2/s_2^2 的值

	A	B	C	D	E
1	机器1			机器2	
14	置信上限：	=B13/B12		置信下限：	=B13/E12

圖 9-160　計算置信區間

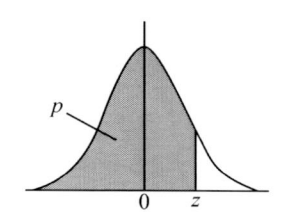

統計函數的介紹

1. NORMSINV 函數

NORMSINV 函數用於返回均值為 0、方差為 1 的標準正態分佈累積函數的反函數。返回的是橫軸上隨機變量的取值。

函數語法為：NORMSINV（probability），其中 probability 表示標準正態分佈的累積分佈概率值。

z = Normsinv（p）的圖解如圖 9-161 所示。

圖 9-161　NORMSINV 函數圖解

例子：在任意單元格中輸入「=NORMSINV（50%）」並按回車鍵，返回的數值為 0；在任意單元格中輸入「=NORMSINV（95%）」並按回車鍵，返回的數值為 1.645。

在 Excel2010 中使用 NORMSINV 函數時應注意三點：①如果參數為非數值型，則函數返回錯誤值「#NAME?」；②如果 probability<0 或 probability>1，則函數返回錯誤值「#NUM!」；③當已經給定概率值時，NORMSINV 使用 NORMSDIST（z）= probability 求解數值 z，因此 NORMSINV 的精度取決於 NORMSDIST 的精度；

NORMSINV使用迭代技術，如果在搜索 100 此迭代之後沒有收斂，則函數返回錯誤值「#N/A」。

2. TINV 函數

TINV 函數返回學生 t 分佈的雙尾反函數。

函數語法為：TINV（p，df），其中，兩個參數都是必填項。p 指與雙尾學生 t 分佈相關的概率；df 代表分佈的自由度。TINV 返回 t 值，$P(|X| > t) = p$，其中 X 為服從 t 分佈的隨機變量，且 $P(|X| > t) = P(X > t) + P(X < -t) = 2P(X > t)$。$t$ = TINV（p，df）圖解如圖 9-162 所示。

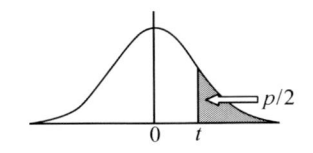

圖 9-162　函數 TINV 圖解示意圖

例如，在任意單元格輸入「TINV（10%，4）」並按回車鍵，則返回數值 2.131,8。用圖解示意圖如圖 9-163 所示。

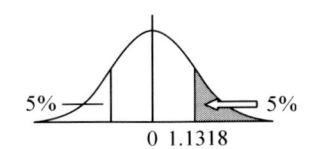

圖 9-163　TINV（10%，4）示意圖

通過將 p 替換為 $2 \times p$，可以返回單尾 t 值。使用 TINV（2*0.5，10）計算單尾值，返回數值 0。

在 Excel2010 中使用 TINV 函數時應注意以下幾點：①如果任一參數是非數值的，則 TINV 返回錯誤值「#NAME?」；②如果 $p \leq 0$ 或者 $p > 1$，則 TINV 返回錯誤值「#NUM!」；③如果自由度 df 不是整數，則將被截尾取整，如果 $df<1$，則 TINV 返回錯誤值「#NUM!」；④如果已給定概率值，則 TINV 使用 TDIST（x，df，2）= p 求解數值 x。因此，TINV 的精度取決於 TDIST 的精度。TINV 使用迭代搜索技術。如果搜索 100 次迭代之後沒有收斂，則函數返回錯誤值「#N/A」。

3. CHIINV 函數

CHIINV 函數返回卡方分佈的右尾概率的反函數。

CHIINV 函數語法：CHIINV（p，df），其中，兩個參數都是必填項。p 指卡方分佈的右尾概率；df 代表分佈的自由度。CHIINV 返回 X^2 值，$P(|X| > X^2) = p$，其中 X 為服從卡方分佈的隨機變量。圖解 X^2 = $CHIINV(P, df)$ 如圖 9-164 所示。

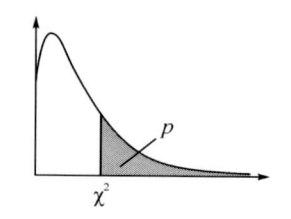

圖 9-164　函數 CHIINV 圖解示意圖

例如，在任意單元格中輸入「=CHIINV（5%，10）」則返回數值 18.307。

在 Excel2010 中使用 CHIINV 函數時應注意以下幾點：①如果任一參數是非數值的，則 CHIINV 返回錯誤值「#NAME?」；②如果 $p \leq 0$ 或者 $p > 1$，則 CHIINV 返回錯誤值「#NUM!」；③如果自由度 df 不是整數，則將被截尾取整，如果 $df<1$，則 CHIINV 返回錯誤值「#NUM!」；④如果已給定概率值，則 CHIINV 使用 CHIDIST $(x, df) = p$ 求解數值 x。因此，CHIINV 的精度取決於 CHIDIST 的精度。CHIINV 使用迭代搜索技術。如果搜索 100 次迭代之後沒有收斂，則函數返回錯誤值「#N/A」。

4. FINV 函數

FINV 函數返回 F 分佈的右尾概率的反函數。

FINV 函數語法：FINV (p, df_1, df_2)，其中，三個參數都是必填項。p 指 F 分佈的右尾概率；df_1 代表第一自由度，即分子的自由度，df_2 代表第二自由度，即分母的自由度。FINV 返回 F 值，$P(X > F) = p$，其中 X 為服從 F 分佈的隨機變量。$F = FINV(P, df_1, df_2)$ 的圖解如圖 9-165 所示。

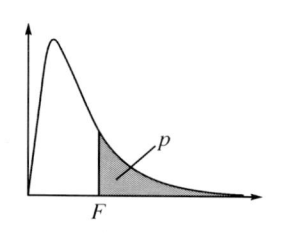

圖 9-165　函數 FINV 圖解示意圖

例如，在任意單元格中輸入「=FINV（5%，10，15）」則返回數值 2.543,7。

在 Excel2010 中使用 FINV 函數時應注意以下幾點：①如果任一參數是非數值的，則 FINV 返回錯誤值「#NAME?」；②如果 $p \leq 0$ 或者 $p > 1$，則 FINV 返回錯誤值「#NUM!」；③如果自由度 df_1 或 df_2 不是整數，則將被截尾取整，如果 $df_1<1$ 或 $df_2<1$，則 CHIINV 返回錯誤值「#NUM!」；④如果已給定概率值，則 FINV 使用 FDIST $(x, df_1, df_2) = p$ 求解數值 x。因此，FINV 的精度取決於 FDIST 的精度。FINV 使用迭代搜索技術。如果搜索 100 次迭代之後沒有收斂，則函數返回錯誤值「#N/A」。

5. VAR 函數

VAR 函數計算的是樣本方差。採用公式 $\dfrac{1}{n-1}\sum_{i=1}^{n}(x_i-\bar{x})^2$ 進行計算。

VAR 函數語法：VAR（number1，[number2，number3，……]）

例如：假設有 10 件工具在製造過程中是由同一臺機器製造出來的，並取樣為隨機樣本進行抗斷強度檢驗，收集的 10 個數據如圖 9-166 所示。

	A
21	1345
22	1301
23	1368
24	1322
25	1310
26	1370
27	1318
28	1350
29	1303
30	1299

圖 9-166　收集到的強度數據

在 A31 單元格中輸入「=VAR（A21：A30）」，返回數值 754.266,7。

● 模組六　假設檢驗

對於總體參數的建議按照以下步驟進行：①提出假設；②構造檢驗統計量並計算統計量的值；③根據給定的顯著性水準確定臨界值和拒絕域；④將統計量的值和臨界值進行比較，做出決策。

任務一：單個總體均值的假設檢驗

【例子 9-7】某醫生調查了 20 個難產嬰兒的出生體重，數據如下（單位：千克）：3.88，3.31，3.34，3.82，3.30，3.16，3.84，3.10，3.90，3.18，3.05，3.22，3.28，3.34，3.62，3.28，3.30，3.22，3.54，3.30。已知一般嬰兒的平均出生體重為 3.25 千克，能否認為難產嬰兒的出生體重顯著大於一般嬰兒（給定顯著性水準 $\alpha = 0.05$）？

解：（1）提出假設：$H_0: \mu = 3.25$；$H_1: \mu > 3.25$。

（2）構造統計量並計算統計量的值。由於總體方差未知，且是小樣本，故用 t 檢驗，檢驗統計量為

$$t = \frac{\bar{X} - \mu_0}{s/\sqrt{n}}$$

根據數據計算樣本均值為

$$\bar{x} = \frac{1}{20}\sum_{i=1}^{n} x_i = 3.399$$

根據數據計算的樣本標準差為

$$s = \sqrt{\frac{\sum_{i=1}^{n}(x_i - \bar{x})^2}{n-1}} = 0.269,09$$

檢驗統計量的值

$$t_0 = \frac{\bar{x} - \mu_0}{s/\sqrt{n}} = \frac{3.399 - 3.25}{0.269,09/\sqrt{20}} = 2.476$$

（3）根據 $\alpha = 0.05$，拒絕域為 $(t_\alpha(19), +\infty)$，查自由度為 19 的 t 分佈表得 $(1.7, +\infty)$。

（4）將統計量的值與拒絕域進行比較，統計值 2.46 落在拒絕域中，因此拒絕原假設，認為難產嬰兒的平均出生體重顯著大於一般嬰兒。

【Excel 操作步驟】

第一步：構造工作表。在單元格 A1 中輸入「難產嬰兒出生體重」，在 A2~A21 輸入例子中的數據。在 B2 和 C2 分別輸入「總體均值的假設值」和「3.25」。在 B3 和 C3 分別輸入「顯著性水準」和「5%」；在 B4 和 B5 中輸入「樣本均值」和「樣本標準差 s」在 B6、B7 和 B8 中分別輸入「檢驗統計量 t」「t 臨界值（右側檢驗）」和「P 值」，如圖 9-167 所示。

	A	B	C
1	難产婴儿出生体重		
2	3.88	总体均值的假设值	3.25
3	3.31	显著性水平α	5%
4	3.34	样本均值	
5	3.82	样本标准差 s	
6	3.3	检验统计量 t	
7	3.16	t 临界值（右侧检验）	
8	3.84	P 值	
9	3.1		
10	3.9		
11	3.18		
12	3.05		
13	3.22		
14	3.28		
15	3.34		
16	3.62		
17	3.28		
18	3.3		
19	3.22		
20	3.54		
21	3.3		

圖 9-167　數據和已知條件的構造

9　Excel 2010 操作

第二步：計算檢驗統計量的值。在 C4 單元格中輸入公式「= AVERAGE（A2：A21）」計算樣本均值，返回數值 3.399。在 C5 單元格中輸入公式「= STDEV（A2：A21）」計算樣本標準差，返回數值 0.269,09。在 C6 單元格中輸入公式「=（C4-C2）/C5 * SQRT（COUNT（A2：A21））」計算檢驗統計量的值，返回數值 2.463。

第三步：計算臨界值 $t_\alpha(19)$。在 C7 單元格內輸入公式「= TINV（2 * C3，COUNT（A2：A21）-1）」計算拒絕域的臨界值，返回數值 1.729,1，得到拒絕域（1.729,1，+∞）。

第四步：計算 P 值。在 C8 單元格內輸入公式「= TDIST（C6，COUNT（A2：A21）-1，1）」計算犯 I 類錯誤的概率，返回數值 1.142%。

第五步：根據以上的計算結果，p 值<0.05，或統計量的值 2.476 落在拒絕域（1.729,1，+∞），故拒絕原假設，認為難產嬰兒的平均出生體重顯著大於一般嬰兒。在 C9 單元格中輸入公式做出邏輯判斷，「= IF（C8<5%，「拒絕原假設」，「不拒絕原假設」）」。檢驗結果如圖 9-168 所示。

圖 9-168　假設檢驗結果

【例子 9-8】一種機床加工的零件尺寸絕對平均誤差允許值為 1.35 毫米。生產廠家現採用一種新的機床進行加工以期進一步降低誤差。為檢驗新機床加工的零件平均誤差與舊機床相比是否有顯著降低，從某天生產的零件中隨機抽取 50 個進行檢驗。測得數據如圖 9-169 所示。試檢驗新機床加工的零件尺寸的平均誤差與舊機床相比是否有顯著降低。（$\alpha = 1\%$）

解：對於本例，我們所關心的是新機床的零件平均誤差與舊機床相比是否有顯著降低，也就是均值是否小於 1.35 毫米，因此本例是一個左側檢驗。提出的假設為

$H_0: \mu \geq 1.35$；$H_1: \mu < 1.35$

	A	B	C	D	E	F	G	H	I	J
1	1.26	0.99	1.19	1.45	1.31	1.24	0.97	1.01	1.81	2.03
2	1.13	1.98	0.96	1.97	1.06	0.91	1	1.22	0.94	1.06
3	0.98	1.11	1.1	1.54	1.12	1.08	1.03	1.1	1.16	1.64
4	1.12	1.7	1.12	2.37	0.95	1.38	1.02	1.6	1.13	1.26
5	1.23	1.17	0.74	1.12	1.5	1.23	0.5	0.82	0.59	0.86

圖 9-169　新機床加工的零件尺寸

根據樣本數據計算得到

$\bar{x} = 1.215,2$，$s = 0.365,749$

由於是大樣本，因此用 Z 統計量，檢驗統計量的值為

$$z_0 = \frac{\bar{x} - \mu_0}{s/\sqrt{n}} = \frac{1.215,2 - 1.35}{0.365,749/\sqrt{50}} = -2.606,1$$

這是一個左側檢驗，因此 P 值的計算為 $P(Z < z_0) = P(Z < -2.606,1) = 0.457,9\%$。這個 P 值小於顯著性水準 $\alpha = 1\%$，因此拒絕原假設。用拒絕域法進行判斷為，臨界值為 $-Z_\alpha$，拒絕域為 $(-\infty, -Z_\alpha)$。根據顯著性水準，查標準正態分佈得 $-Z_\alpha = -Z_{1\%} = -2.33$，即拒絕域為 $(-\infty, -2.33)$。可知，檢驗統計量的值落在了拒絕域，所以也拒絕原假設。

檢驗結果表明，新機床加工的零件尺寸的平均誤差與舊機床相比有顯著降低。

【Excel 操作步驟】

第一步：數據輸入 Excel 中，如圖 9-170 所示。

	A	B	C	D	E	F	G	H	I	J
1	1.26	0.99	1.19	1.45	1.31	1.24	0.97	1.01	1.81	2.03
2	1.13	1.98	0.96	1.97	1.06	0.91	1	1.22	0.94	1.06
3	0.98	1.11	1.1	1.54	1.12	1.08	1.03	1.1	1.16	1.64
4	1.12	1.7	1.12	2.37	0.95	1.38	1.02	1.6	1.13	1.26
5	1.23	1.17	0.74	1.12	1.5	1.23	0.5	0.82	0.59	0.86

圖 9-170

第二步：在 A6、A7、A8、A9、A10、A11 單元格中分別輸入「提出的假設」「μ_0」「顯著性水準」「右尾概率」「P 值」「結論」。在 B6 單元格中輸入我們提出的假設：$H_0: \mu_0 \geq 1.35$；$H_1: \mu_0 < 1.35$。在 B7 單元格中輸入「1.35」，在 B8 單元格中輸入「1%」。如圖 9-171 所示。

第三步：在 B9 單元格中輸入公式「=ZTEST（A1：J5，B7）」計算 $P(Z > z_0)$ 的概率，返回數值 99.542%。操作如圖 9-171 所示。

9　Excel 2010 操作

	A	B
1	1.26	0.99
2	1.13	1.98
3	0.98	1.11
4	1.12	1.7
5	1.23	1.17
6	提出的假設	$H_0: \mu_0 \geqslant 1.35; H_1: \mu_0 < 1.35$
7	μ_0	1.35
8	顯著性水平	1%
9	右尾概率	=ZTEST(A1:J5,B7)

圖 9-171　公式 ZTEST 計算右尾概率

第四步：在 B10 單元格中輸入「=1-B9」計算 P 值，返回數值 0.458%。

第五步：得出結論。在 B11 單元格中輸入「=IF（B10<B8,「拒絕原假設」,「不拒絕原假設」）」，返回的邏輯值為「拒絕原假設」。操作結果如圖 9-172 所示。

	A	B
1	1.26	0.99
2	1.13	1.98
3	0.98	1.11
4	1.12	1.7
5	1.23	1.17
6	提出的假設	$H_0: \mu_0 \geqslant 1.35; H_1: \mu_0 < 1.35$
7	μ_0	1.35
8	顯著性水平	1%
9	右尾概率	99.542%
10	P值	0.458%
11	結論	拒絕原假設

圖 9-172　假設檢驗的結果圖

任務二：兩個總體均值的假設檢驗

【例子 9-9】從高二年級中隨機抽取兩個小組（分成實驗組和對照組），在課程中對於實驗組採用翻轉課堂教學方法，至於對照組則採用傳統授課方法。後期統一測試後的分數如下，問兩種教學方法有無顯著差異？（顯著性水準 $\alpha = 5\%$）

實驗組：64, 58, 65, 56, 58, 45, 55, 63, 66, 69

對照組：60, 59, 57, 41, 38, 52, 46, 51, 49

【Excel 操作步驟】

第一步：將數據輸入 Excel 中，在 D1 單元格中輸入「提出的假設」，在 E1 單元格中輸入「$H_0: \mu_{實驗組} = \mu_{對照組}; H_1: \mu_{實驗組} \neq \mu_{對照組}$」。如圖 9-173 所示。

245

應用統計學：EXCEL分析

	A	B	C	D	E	F	G
1	實驗組	對照組		提出的假設	$H_0: \mu_{實驗組} = \mu_{對照組}$	$H_1: \mu_{實驗組} \neq \mu_{對照組}$	
2	64	60					
3	58	59					
4	65	57					
5	56	41					
6	58	38					
7	45	52					
8	55	46					
9	63	51					
10	66	49					
11	69						

圖 9-173　原始數據輸入 Excel 單元格中

第二步：兩個數據組的樣本量分別為 10 和 9，只要其中某一組數據的樣本量小於 30，則須採用 t 檢驗統計量。點擊目錄欄的「數據」—「數據分析」，如圖 9-174 所示，彈出「數據分析」工具對話框，選擇「檢驗：雙樣本異方差假設」，如圖 9-175 所示。

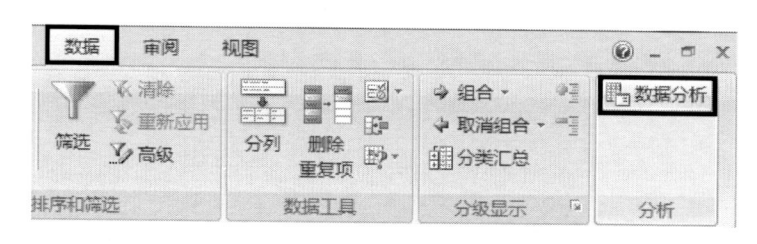

圖 9-174　「數據分析」按鈕

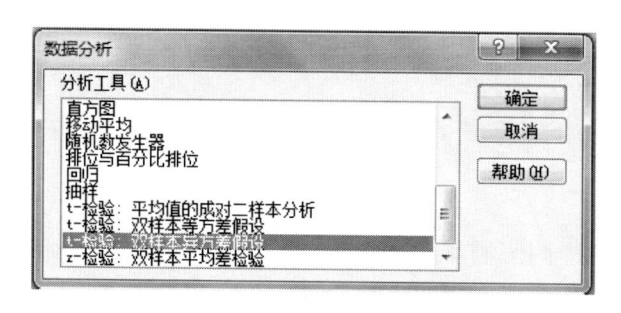

圖 9-175　「數據分析」對話框

第三步：點擊「確認」按鈕，並彈出「檢驗：雙樣本異方差假設」對話框，如圖 9-176 所示。

點擊「變量 1 的區域」中的 ，將 A1 至 A11 的數據拖入，點擊「變量 2 的區域」中的 ，將 B1 至 B10 的數據拖入，表示需要做檢驗的兩組數據。「假設平均差」中填入 0，這與我們提出的假設相對應，勾選「標志」框，表示變量 1 和變量 2 的數據都有相應的名稱與之對應，「α」中填入 0.05，表示顯著性水準，在「輸出選項」中點選「輸出區域」，並將結果輸出到 D3 單元格。

246

9　Excel 2010 操作

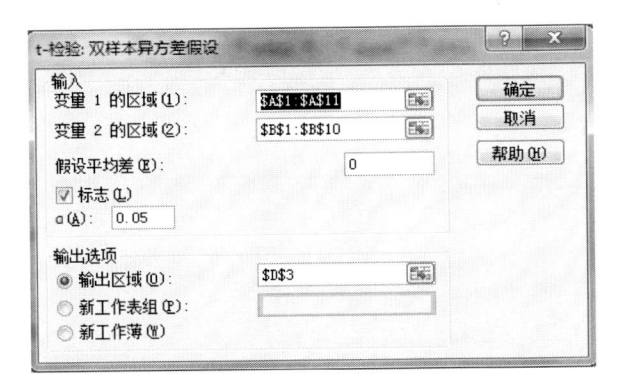

圖 9-176　「檢驗：雙樣本異方差假設」對話框

第四步：點擊「確定」按鈕，在 D3 單元格中返回檢驗結果，如圖 9-177 所示。

圖 9-177　檢驗結果

我們現對結果進行解讀。E11 單元格顯示 t 統計量的值為 2.819,83。由於本例屬於雙側檢驗，因此我們關心的是 t 雙尾臨界值，為 2.119,9，也就是說，拒絕域為 $(-\infty, -2.119,9) \cup (2.99, +\infty)$，比較可知，$t$ 統計值落在拒絕域，因此拒絕原假設，認為實驗組和對照組的成績是有顯著差異的。

【例子 9-10】某校大二進行課程教改實驗，若實驗前兩班的成績無顯著差異，實驗一段時間後的測試成績表明，實驗班 30 名同學的成績和對照班 40 名學生的成績如表 9-17 和表 9-18 所示，試進行差異性檢驗，是否可以認為實驗班的成績要優於對照班？（顯著性水準 $\alpha = 5\%$）

表 9-17　　　　　　　　　實驗班的成績

70	97	85	87	73	64
86	90	82	83	92	74

247

表9-17(續)

72	94	76	89	73	88
91	79	84	76	87	88
85	78	83	84	74	91

表 9-18　　　　對照班的成績

76	91	57	64	62	89	82	93
80	78	99	59	79	82	70	85
83	87	78	84	84	70	79	72
91	93	75	85	65	74	79	64
84	66	66	85	78	83	75	74

【Excel 操作步驟】

第一步：將表 9-17 和表 9-18 的數據輸入 Excel 中，形成在列。如圖 9-178 所示。

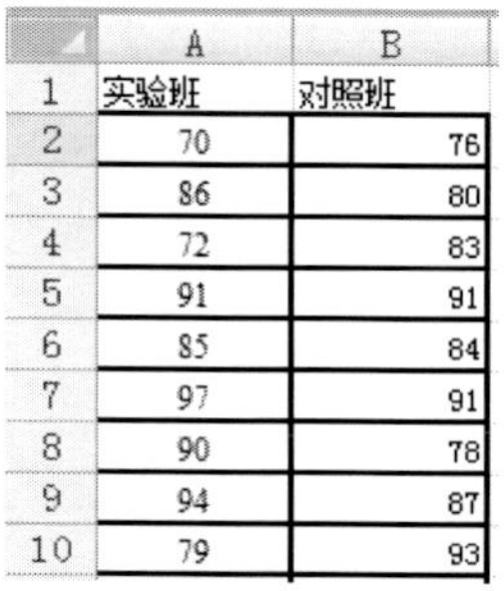

	A	B
1	实验班	对照班
2	70	76
3	86	80
4	72	83
5	91	91
6	85	84
7	97	91
8	90	78
9	94	87
10	79	93

圖 9-178　原始數據以列序列的形式輸入 excel 表格中

第二步：在 C1 和 C3 單元格中分別輸入「實驗班的成績方差」和「對照班的成績方差」。在 C2 和 C4 單元格中輸入公式「=VAR（A2：A31）」和「=VAR（B2：B41）」計算兩組數據的樣本方差，返回數值分別為 64.051,7 和 100。如圖 9-179 所示。

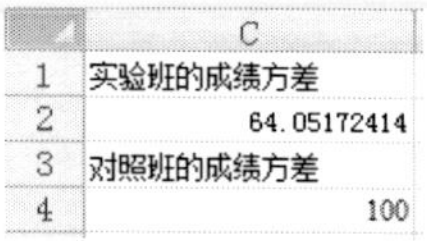

	C
1	实验班的成绩方差
2	64.05172414
3	对照班的成绩方差
4	100

圖 9-179　實驗班和對照班的樣本方差

第二步：兩組數據的個數都大於 30 個，屬於大樣本，因此採用 *Z* 檢驗統計量。點擊目錄欄「數據」—「數據分析」，彈出「數據分析」工具對話框，選擇「*Z* 檢

9　Excel 2010 操作

驗：雙樣本平均差檢驗」，彈出「Z 檢驗：雙樣本平均差檢驗」對話框，如圖9-180所示。

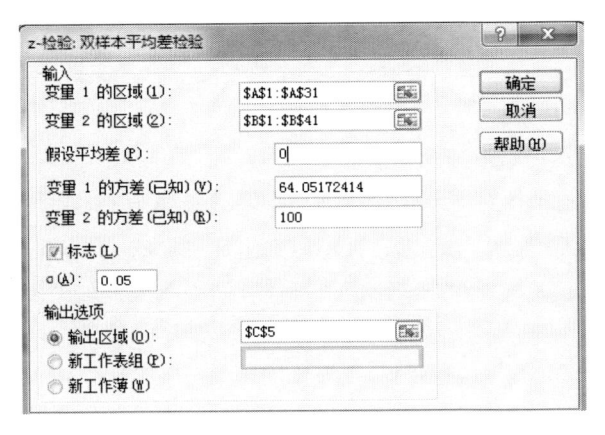

圖9-180　「Z 檢驗：雙樣本平均差檢驗」對話框

點擊「變量1的區域」中的圖示，將 A1 至 A31 的數據拖入，點擊「變量2的區域」中的圖示，將 B1 至 B41 的數據拖入，表示需要做檢驗的兩組數據。「假設平均差」中填入 0，這與我們提出的假設相對應。在「變量1的方差（已知）」中填入 C2 的數值 64.051,72，在「變量2的方差（已知）」中填入 C4 的數值 100，勾選「標志」框，表示變量1和變量2的數據都有相應的名稱與之對應，「α」中填入 0.05，表示顯著性水準，在「輸出選項」中點選「輸出區域」，並將結果輸出到 C5 單元格。

第三步：點擊「確定」按鈕，檢驗結果輸出在 C5 單元格。如圖9-181所示。

圖9-181　檢驗結果

對結果的解釋如下：D12 單元格返回的是 Z 檢驗統計量的值，為 2.09。本例屬於單側檢驗，可以提出右側檢驗形式的假設，$H_0: \mu_1 \leqslant \mu_2$；$H_1: \mu_1 > \mu_2$，也可以提出左側檢驗形式的假設，$H_0: \mu_1 \geqslant \mu_2$；$H_1: \mu_1 < \mu_2$。Z 單尾臨界值為 1.645，右側檢

249

驗時的拒絕域為 $(1.645, +\infty)$，Z 檢驗統計量的值落入拒絕域，因此拒絕原假設 $H_0: \mu_1 \leq \mu_2$，認為實驗班的成績比對照班的成績優異。Z 單尾臨界值為 1.645，左側檢驗時的拒絕域為 $(-\infty, -1.645)$，Z 檢驗統計量的值沒有落入拒絕域，因此不拒絕原假設 $H_0: \mu_1 \geq \mu_2$，認為實驗班的成績比對照班的成績優異。

任務三：單個總體方差的假設檢驗

【例子9-11】啤酒生產企業採用自動生產線灌裝啤酒，每瓶的裝填量為 640 毫升，但由於受某些不可控因素的影響，每瓶的裝填量會有差異。此時，不僅每瓶的平均裝填量很重要，裝填量的方差同樣很重要。如果很大，會出現裝填太多或太少的情況，這樣要麼生產企業不劃算，要麼消費者不滿意。假定生產標準規定每瓶裝填量的標準差不應超過和不應低於 4 毫升。企業質檢部門抽取了 10 瓶啤酒進行檢驗，得到的樣本標準差為 $s = 3.8$ 毫升。試以 1% 的顯著性水準檢驗裝填量的標準差是否符合要求。

解：依題意提出如下假設：

$H_0: \sigma^2 = 4^2$；$H_1: \sigma^2 \neq 4^2$

計算檢驗統計量的值為

$$\chi_0^2 = \frac{(n-1)s^2}{\sigma_0^2} = \frac{9 \times 3.8^2}{4^2} = 8.122,5$$

根據顯著性水準 $\alpha = 1\%$ 和自由度 $n-1 = 9$，查表得 $\chi_{0.5\%}^2(9) = 23.589$，$\chi_{99.5\%}^2(9) = 1.735$。拒絕域為 $(0, 1.735) \cup (23.589, +\infty)$。$\chi_0^2$ 並未落入拒絕域，因此不拒絕原假設，認為裝填量的標準差是符合要求的。

【Excel 操作步驟】

第一步：在 A1 至 A8 單元格中輸入「數據量 n」「樣本標準差」「σ_0」「α」「檢驗統計量的值」「卡方左臨界值」「卡方右臨界值」「檢驗結果」。

第二步：在 B1 至 B4 單元格依次輸入「10」「3.8」「10」「1%」。

第三步：在 B5 單元格內輸入公式「=（B1-1）*B2^2/（B3^2）」，計算 $\chi_0^2 = \frac{(n-1)s^2}{\sigma_0^2}$，返回數值 8.122,5。在 B6 單元格內輸入公式「=CHIINV（B4/2，B1-1）」計算卡方分佈的右尾 0.5% 概率的上側分位數 $\chi_{0.5\%}^2(9)$，這個分位數也是雙側檢驗拒絕域的右臨界值，返回數值 23.589；在 B7 單元格內輸入公式「=CHIINV（1-B4/2，B1-1）」卡方分佈的右尾 99.5% 概率的上側分位數 $\chi_{99.5\%}^2(9)$，這個分位數也是雙側檢驗拒絕域的左臨界值，返回數值 1.735。

第四步：得出結論。因為統計量的值不位於拒絕域內，因此不拒絕原假設。檢驗結果如圖 9-182 所示。

9　Excel 2010 操作

	A	B
1	數據量 n	10
2	样本标准差	3.8
3	σ_0	4
4	α	1%
5	检验统计量的值	8.1225
6	右临界值	23.58935078
7	左临界值	1.734932909
8	检验结果	不拒絕原假設

圖 9-182　卡方檢驗結果

任務四：兩個總體方差比的假設檢驗

【例子 9-12】一家房地產開發公司準備購進一批燈泡，公司打算在兩個供貨商之間選擇一家購買，兩家供貨商之間選擇一家購買，兩家供貨商生產的燈泡平均壽命差別不大，價格也很相近，考慮的主要因素是燈泡壽命的方差大小。如果方差相同，就選擇距離比較近的一家供貨商進貨。為此，公司管理人員對兩家供貨商的樣品進行了檢驗，得到如表 9-19 所示的數據資料。

試以 $\alpha = 10\%$ 的顯著性水準檢驗兩家供貨商的燈泡使用壽命的方差是否有顯著差異？

表 9-19　　　　兩個供貨商燈泡使用壽命數據

供貨商 1	650, 637, 563, 723, 569, 628, 580, 651, 622, 706, 711, 569, 630, 617, 480, 709, 596, 624, 688, 632
供貨商 2	568, 496, 589, 681, 540, 646, 636, 539, 596, 607, 529, 617, 555, 562, 584

解：本例使用雙側檢驗，$H_0: \dfrac{\sigma_1^2}{\sigma_2^2} = 1$；$H_1: \dfrac{\sigma_1^2}{\sigma_2^2} \neq 1$，抽樣分佈使用 F 分佈，即

$$\dfrac{S_1^2/\sigma_1^2}{S_2^2/\sigma_2^2} \sim F(n_1 - 1,\ n_2 - 1)$$

計算出的檢驗統計量的值為

$$f_0 = \dfrac{s_1^2}{s_2^2} = \dfrac{3,675.461}{2,431.429} = 1.511,647$$

根據顯著性水準，查表可得

$$F_{95\%}(19,14) = \dfrac{1}{F_{5\%}(14,19)} = \dfrac{1}{2.255,6} = 0.443,338$$

$$F_{5\%}(19,14) = 2.4$$

f_0 沒有落在拒絕域內，因此不拒絕 H_0，不認為這兩個總體的方差有顯著差異。

【Excel 操作步驟】

第一步：將數據輸入 Excel 中，如圖 9-183 所示。

251

	A	B
1	供應商1	供應商2
2	650	568
3	637	496
4	563	589
5	723	681
6	569	540
7	628	646
8	580	636
9	651	539
10	622	596
11	706	607
12	711	529
13	569	617
14	630	555
15	617	562
16	480	584
17	709	
18	596	
19	624	
20	688	
21	632	

圖 9-183　原始數據

第二步：點擊目錄欄「數據」—「數據分析」，彈出「數據分析」對話框，選擇「F-檢驗：雙樣本方差」，點擊「確定」後彈出「F-檢驗：雙樣本方差」，如圖9-184所示。

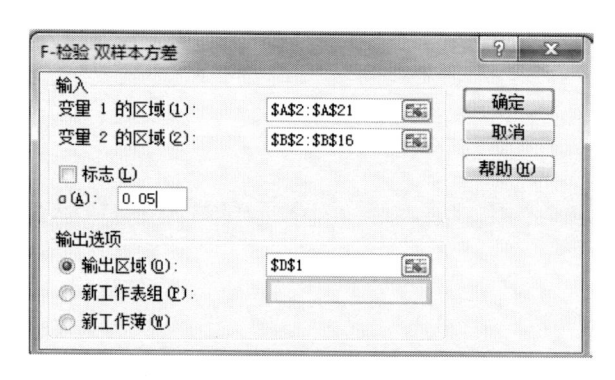

圖 9-184　「F-檢驗：雙樣本方差」對話框

在「變量1的區域」中拖入供應商1的數據A2：A21，在「變量2的區域」中拖入供應商2的數據B2：B16。在「α」中輸入「0.05」單尾概率，在「輸出區域」中輸入「D1」，表示檢驗結果返回到D1單元格中。

第三步：點擊「確定」後，返回的檢驗結果如圖9-185所示。

要特別注意：Excel只給出了單側檢驗程序。當$s_1^2/s_2^2<1$時，Excel做的是左側檢驗，即$H_0: \dfrac{\sigma_1^2}{\sigma_2^2} \geqslant 1$，檢驗的拒絕域為$(0, F_{1-\alpha}(n_1-1, n_2-1))$；當$s_1^2/s_2^2>1$時，

9　Excel 2010 操作

	D	E	F
1	F-检验 双样本方差分析		
2			
3		变量 1	变量 2
4	平均	629.25	583
5	方差	3675.460526	2431.428571
6	观测值	20	15
7	df	19	14
8	F	1.511646515	
9	P(F<=f) 单尾	0.217541513	
10	F 单尾临界	2.40003874	

圖 9-185　檢驗結果圖

Excel 做的是右側檢驗，即 $H_0: \dfrac{\sigma_1^2}{\sigma_2^2} \leqslant 1$，檢驗的拒絕域為 $(F_\alpha(n_1-1, n_2-1), +\infty)$。

如果要做顯著性水準為 α 的雙側檢驗，在 Excel 操作中輸入 $\alpha/2$。當 $s_1^2/s_2^2 < 1$ 時，輸出結果中給出了左側的臨界值 $F_{1-\alpha/2}(n_1-1, n_2-1)$，若 $s_1^2/s_2^2 < F_{1-\alpha/2}(n_1-1, n_2-1)$，則拒絕原假設；當 $s_1^2/s_2^2 > 1$ 時，輸出結果中給出了右側的臨界值 $F_{\alpha/2}(n_1-1, n_2-1)$，若 $\dfrac{s_1^2}{s_2^2} > F_{\alpha/2}(n_1-1, n_2-1)$，則拒絕原假設。

圖的檢驗結果表明，E10 單元格返回的是 F 分佈的單尾臨界值，因為 $s_1^2/s_2^2 > 1$，所以我們只需要看右邊單尾臨界值即可，比較可知 F 檢驗統計量的值 1.511,7 小於臨界值 2.4，因此不拒絕 H_0，認為這兩個總體的方差沒有顯著差異。

利用 P 值進行檢驗，由於 $P = 2\times 0.217,541,513 = 0.435,083,027 > \alpha = 10\%$，同樣不能拒絕原假設。因此兩種方法的結果是一樣的。

統計函數的介紹

1. ZTEST 函數

ZTEST 函數返回 Z 檢驗的右尾概率值。

ZTEST 函數語法為：ZTEST（array, μ_0, [σ]），參數 array 是必填項，是用來做檢驗的樣本數據；μ_0 是必填項，表示假設當中的總體均值的取值，參數 σ 指總體標準差，是可選項，如果總體標準差已知，則把該數值填入，如果總體標準差未知，可以不填。

ZTEST 的計算公式如下：

ZTEST（array, μ_0） = 1 - NORMSDIST $\left[(\bar{x} - \mu_0) / (s/\sqrt{n}) \right]$ = $P(Z > \dfrac{\bar{x} - \mu_0}{s/\sqrt{n}})$，其中

$\bar{x}$ = AVERAGE（array）, s = STDEV（array）, n = COUNT（array）

計算雙尾概率時，則用公式「= 2 * MIN [ZTEST（array, μ_0, σ）, 1 - ZTEST （array，μ_0，σ）］」

如果 array 為空，函數 ZTEST 返回錯誤值#N/A。

2. TDIST 函數

TDIST 函數返回學生分佈的右尾/雙尾概率值。

TDIST 函數的語法為：TDIST（x，df，tails）。參數 x 為必填項，表示隨機變量的取值；df 也是必填項，表示自由度；tails 表示返回的分佈函數概率是單尾還是雙尾概率。如果填 1 則為單尾概率，如果填 2 則為雙尾概率。

例如，TDIST（0，3，1）表示的是求概率 $P(t>0)$，根據 t 分佈的對稱性可知結果為 0.5，通過在 Excel 任意單元格中輸入「=TDIST（0，3，1）」，返回數值也是 0.5，從而得到驗證。

例如 TDIST（0，3，2）表示的是求概率 $2P(t>0)$，求的是雙尾概率，是單尾概率值的兩倍。根據 t 分佈的對稱性可知結果為 $2×0.5=1$，通過在 Excel 任意單元格中輸入「=TDIST（0，3，2）」，返回數值也是 1，從而得到驗證。

對於一般化的式子如 A=TDIST（x，df，1），示意圖如圖 9-186 所示。

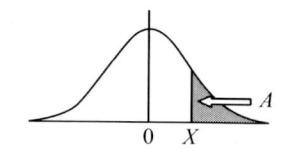

圖 9-186　TDIST 函數示意圖

如果任一參數為非數值的，則 TDIST 返回錯誤#NAME?；如果 $df<1$，則 TDIST 返回錯誤值#NUM!；如果 $x<0$，則 TDIST 返回錯誤值#NUM!。因為不允許 $x<0$，所以當 $x<0$ 時使用 TDIST，注意 $P(t>-x)=1-$TDIST（$-x$，df，1）。

模塊七　相關與迴歸分析

在相關與迴歸分析中，需要掌握變量與變量之間的關係分析，進而利用這種關係建立迴歸方程進行分析。研究兩個變量之間的迴歸分析稱為簡單迴歸分析，其中比較特殊的是一元線性迴歸；研究兩個以上變量之間的關係，稱為多元迴歸分析。

任務一：一元線性迴歸

【例子 9-13】在考察大學時成績的時候，我們一個直觀想法是否可以通過高中成績來估計大學一年級的成績，根據抽樣，選擇了 10 名同學的高中及大學一年級成績（統一換算成五分制）進行分析，相關數據見表 9-20。我們首先需要計算兩個變

量之間的相關係數，同時畫出散點圖。

表 9-20　　　　高中成績和大學第一年成績數據

高中成績（五分制）	大學第一年成績（五分制）
3.50	3.30
2.50	2.20
4.00	3.50
3.80	2.70
2.80	3.50
1.90	2.00
3.20	3.10
3.70	3.40
2.70	1.90
3.30	3.70

要以高中成績估計大學成績，可以建立迴歸方程，並用這個方程建立迴歸線。這個迴歸線將使得迴歸線和被估計變量 Y 的數據點之間的距離最小化。

【Excel 操作步驟】

第一步：構建工作表。在 A1：C1 單元格中依次輸入「樣本」「高中 GPA」「大學第一年 GPA」；在 A2：A11 單元格中依次輸入：樣本 1 至樣本 10；在 B2：C11 單元格中輸入原始數據。具體工作表如圖 9-187 所示。

	A	B	C
1	样本	高中GPA	大学第一年GPA
2	样本1	3.5	3.3
3	样本2	2.5	2.2
4	样本3	4	3.5
5	样本4	3.8	2.7
6	样本5	2.8	3.5
7	样本6	1.9	2
8	样本7	3.2	3.1
9	样本8	3.7	3.4
10	样本9	2.7	1.9
11	样本10	3.3	3.7

圖 9-187

第二步：畫出散點圖。在 EXCEL 中選中 B2：C11，再依次點擊【插入】、【折線圖】後，可得圖 9-188。

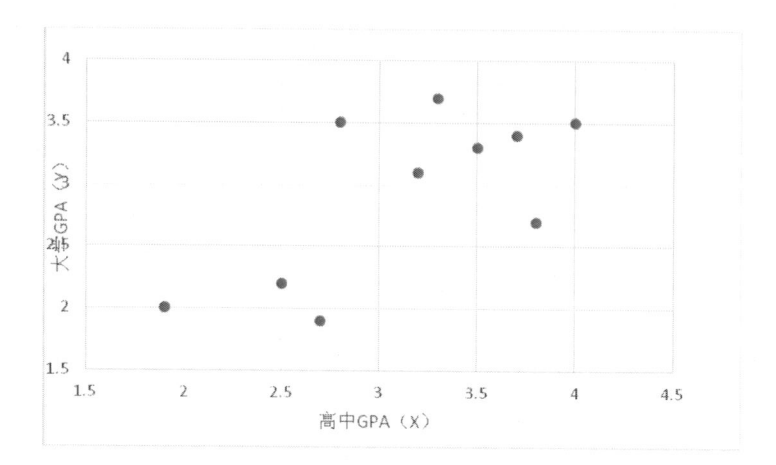

圖 9-188

　　第三步：在散點圖中畫出趨勢線。在第二步所得的散點圖中，選中任意一個數據點，點擊右鍵，得到如圖 9-189 所示對話框。

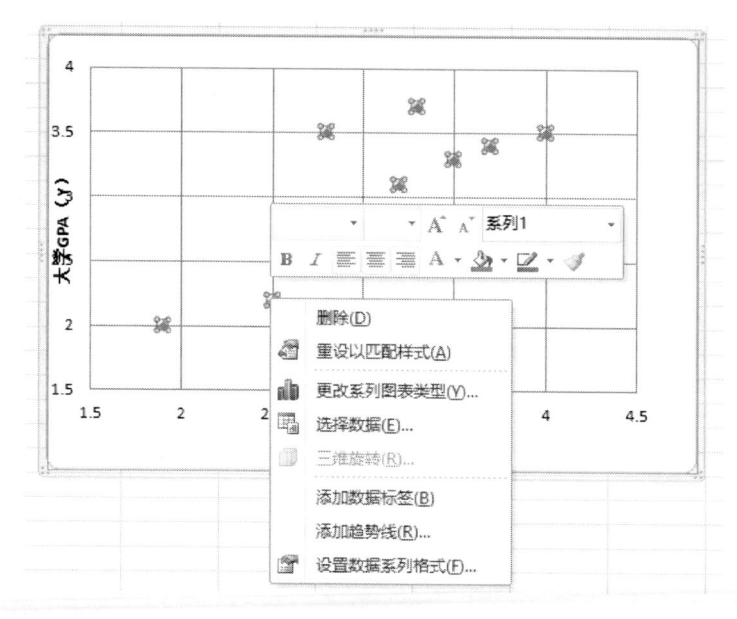

圖 9-189

　　選擇添加趨勢線，再在趨勢線類型中選擇「線性（L）」。如圖 9-190 所示，其他選項根據需要設置。

圖 9-190

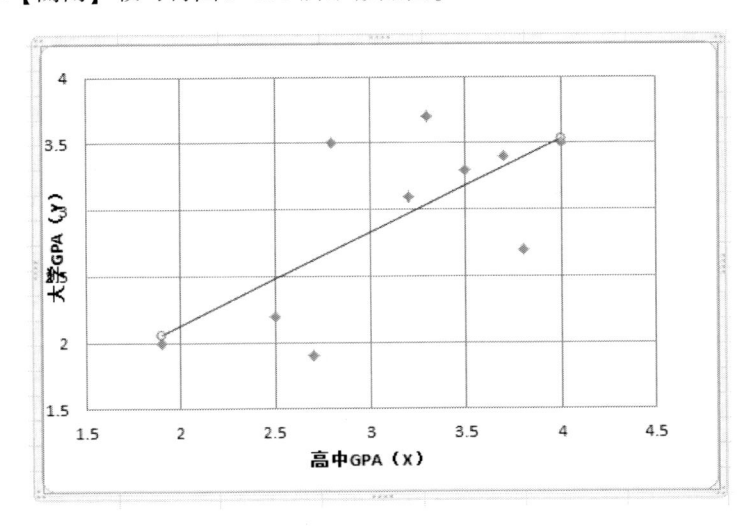

點擊【關閉】後可得圖 9-191 所示散點圖。

圖 9-191　散點圖

從上述散點圖中可以看出，高中 GPA 與大學 GPA 之間呈現一定程度的正相關關係。

第四步：進行一元迴歸。

首先，在 EXCEL 中選擇【數據】，再選擇【數據分析】選項，彈出對話框，在對話框中選擇【迴歸】，再點擊【確定】，見圖 9-192。

應用統計學：EXCEL分析

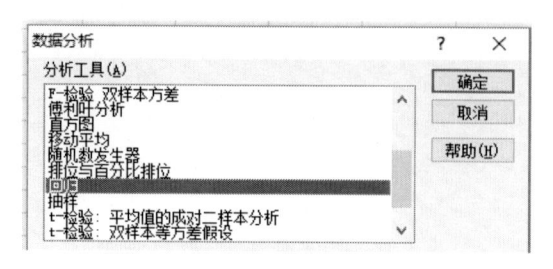

圖 9-192　數據分析

接著，在【Y值輸入區域】，選擇或者輸入數據區域「＄C＄2：＄C＄11」。
在【X值輸入區域】，選擇或者輸入數據區域「＄B＄2：＄B＄11」。
在【置信度】選項中給出所需的數值（默認為95%）。
在【輸出選項】中選擇輸出區域（這裡選擇新工作表組）。
在【殘差】中選擇所需的選項，這裡不選（如圖9-193所示）。

圖 9-193

點擊【確定】後，得到如圖9-194所示結果。

圖 9-194

任務二：多元線性迴歸

【例子9-14】在【例子1】的基礎上引入大一期間的每週體育鍛煉時間進行分析，建立多元線性迴歸模型。

在用EXCEL的分析時，適用的步驟與一元線性迴歸基本一致，僅需要在 X 值輸入區域中輸入多列數據，具體步驟如下：

第一步：構建工作表。在【例子1】中構建的工作表上增加一列，在D1單元格輸入「大一期間每週體育鍛煉時間」，在D2：D11單元格中輸入相關統計數據，得到圖9-195所示數據。

	A	B	C	D
1	樣本	大學第一年成績	高中成績	大一期間每周體育鍛炼时间
2	樣本1	3.3	3.5	10
3	樣本2	2.2	2.5	9
4	樣本3	3.5	4	10.5
5	樣本4	2.7	3.8	9
6	樣本5	3.5	2.8	11
7	樣本6	2	1.9	8
8	樣本7	3.1	3.2	9
9	樣本8	3.4	3.7	8
10	樣本9	1.9	2.7	8
11	樣本10	3.7	3.3	9

圖 9-195

第二步：進行多元線性迴歸。

首先，在EXCEL中選擇【數據】，再選擇【數據分析】選項，彈出對話框，在對話框中選擇【迴歸】，再點擊【確定】，見圖9-196。

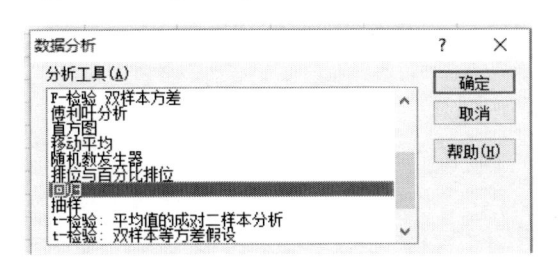

圖 9-196

接著，在【Y值輸入區域】，選擇或者輸入數據區域「＄B＄2：＄B＄11」。
在【X值輸入區域】，選擇或者輸入數據區域「＄C＄2：＄D＄11」。
在【置信度】選項中給出所需的數值（默認為95%）。
在【輸出選項】中選擇輸出區域（這裡選擇新工作表組）。

在【殘差】中選擇所需的選項，這裡不選（見圖 9-197）。

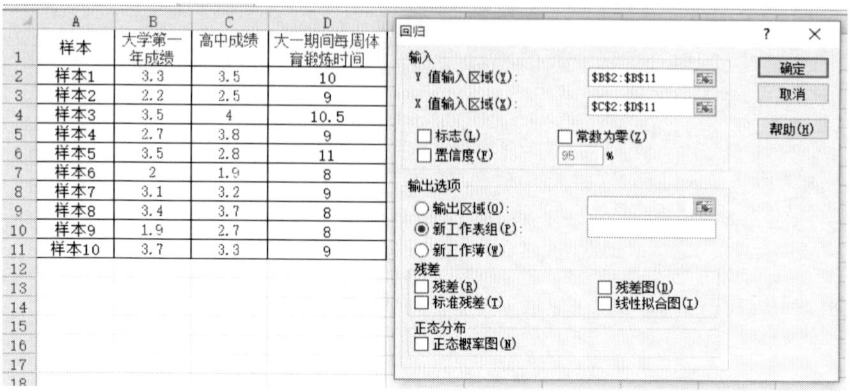

圖 9-197

點擊【確定】後，可得以下分析輸出結果，見圖 9-198。

	A	B	C	D	E	F	G	H	I
1	SUMMARY OUTPUT								
2									
3	回归统计								
4	Multiple	0.788161							
5	R Square	0.621197							
6	Adjusted	0.512968							
7	标准误差	0.47338							
8	观测值	10							
9									
10	方差分析								
11		df	SS	MS	F	gnificance F			
12	回归分析	2	2.572377	1.286189	5.739634	0.033454			
13	残差	7	1.568623	0.224089					
14	总计	9	4.141						
15									
16		Coefficien	标准误差	t Stat	P-value	Lower 95%	Upper 95%	下限 95.0%	上限 95.0%
17	Intercept	-1.27942	1.41138	-0.9065	0.394801	-4.61681	2.057962	-4.61681	2.057962
18	X Variabl	0.560599	0.254187	2.20546	0.063219	-0.04046	1.161656	-0.04046	1.161656
19	X Variabl	0.267666	0.158623	1.687434	0.135378	-0.10742	0.642749	-0.10742	0.642749

圖 9-198

模塊八　時間序列

在時間序列中，需要掌握時間序列的水準分析、速度分析、趨勢分析以及時間序列組合模型等分析方法，以便對時間序列進行更好把握及預測。

任務一：趨勢剔除法求季節指數

【例子9-15】圖9-199為xx啤酒生產企業2010—2015年各季度的銷售數據，試根據銷售數據計算各季的季節指數。

	A	B	C	D	E
1	年/季度	时间标号(t)	销售量(Y)	中心化移动平均值(CMA)	比值(Y/CMA)
2	2010/1	1	25	—	—
3	2	2	32	—	—
4	3	3	37	30.625	1.208 2
5	4	4	26	32.000	0.812 5
6	2011/1	5	30	33.375	0.898 9
7	2	6	38	34.500	1.101 4
8	3	7	42	34.875	1.204 3
9	4	8	30	34.875	0.860 2
10	2012/1	9	29	36.000	0.805 6
11	2	10	39	37.625	1.036 5
12	3	11	50	38.375	1.302 9
13	4	12	35	38.500	0.909 1
14	2013/1	13	30	38.625	0.776 7
15	2	14	39	39.000	1.000 0
16	3	15	51	39.125	1.303 5
17	4	16	37	39.375	0.939 7
18	2014/1	17	29	40.250	0.720 5
19	2	18	42	40.875	1.027 5
20	3	19	55	41.250	1.333 3
21	4	20	38	41.625	0.912 9
22	2015/1	21	31	41.625	0.744 7
23	2	22	43	41.875	1.026 9
24	3	23	54	—	—
25	4	24	41	—	—

圖9-199

【Excel操作步驟】

第一步：構造工作表。在單元格A1中輸入「年/季度」，在A2~A25輸入例子中相關時間數據。在B1至E1分別輸入「時間標號」「銷售量」「中心化移動平均值」和「比值」；在B2至B25分別輸入1、2至24的時間編號；在C2至C25分別輸入原始數據。

第二步：求中心化移動平均值。在D2、D3、D24和D25分別輸入「-」（因為移動平均需要對齊中間項，損失數據）（見圖9-200）。在D4輸入公式「=(AVERAGE（C2:C5）+AVERAGE（C3:C6））/2」，求兩項移動平均值的平均數是為了對其進行中心化移動，以對齊相應的單元格。

261

	A	B	C	D	E
			fx	=(SUM(C2:C5)/4+SUM(C3:C6)/4)/2	
1	年/季度	时间标号(t)	销售量(Y)	中心化移动平均值(CMA)	比值(Y/CMA)
2	2010/1	1	25	—	—
3	2	2	32	—	—
4	3	3	37	30.625	1.2082

圖 9-200

將鼠標放在所選定的 D4 單元格右下角，待出現「+」符號後，向下填充至 D23 單元格，即可求得相應的中心化移動平均值。

第三步：求出比值。在 E2、E3、E24 和 E25 分別輸入「－」（見圖 9-201），在 E4 單元格輸入公式「=C4/D4」，將鼠標放在所選定的 E4 單元格右下角，待出現十字架符號「+」後，向下填充至 E23 單元格，即可求得相應的比值。

	A	B	C	D	E
	E4		fx	=C4/D4	
1	年/季度	时间标号(t)	销售量(Y)	中心化移动平均值(CMA)	比值(Y/CMA)
2	2010/1	1	25	—	—
3	2	2	32	—	—
4	3	3	37	30.625	1.2082

圖 9-201

第四步：整理比值。將上述計算得到的比值，按照圖 9-202 進行整理。

	A	B	C	D	E
1	年份	\multicolumn{4}{c}{季度}
2		1	2	3	4
3	2010	—	—	1.2082	0.8125
4	2011	0.8989	1.1014	1.2043	0.8602
5	2012	0.8056	1.0365	1.3029	0.9091
6	2013	0.7767	1.0000	1.3035	0.9397
7	2014	0.7205	1.0275	1.3333	0.9129
8	2015	0.7447	1.0269	—	—
9	合計	3.9464	5.1924	6.3522	4.4344
10	平均	0.7893	1.0385	1.2704	0.8869
11	季节指数	0.7922	1.0424	1.2752	0.8902

圖 9-202

在 B9 單元格中輸入求和公式「=sum（B3：B8）」，將鼠標放在所選定的 B9 單元格右下角，待出現「+」符號後，向右填充至 E9 單元格。

在 B10 單元格中輸入公式「=B9/4」，將鼠標放在所選定的 B10 單元格右下角，待出現「+」符號後，向右填充至 E10 單元格。

在 B11 單元格中輸入公式「=B9/4」，將鼠標放在所選定的 B10 單元格右下角，

9　Excel 2010 操作

待出現「+」符號後，向右填充至 E10 單元格。

第五步：求出季節指數。在 B11 單元格中輸入如下公式，求出季節指數。接著，將鼠標放在所選定的 B11 單元格右下角，待出現「+」符號後，向右填充至 E11 單元格（見圖 9-203）。即可求得歸一化的季節指數。

B11　　　f_x　=B10/(SUM($B$10:$E$10)/4)

年份	季度			
	1	2	3	4
2010	—	—	1.2082	0.8125
2011	0.8989	1.1014	1.2043	0.8602
2012	0.8056	1.0365	1.3029	0.9091
2013	0.7767	1.0000	1.3035	0.9397
2014	0.7205	1.0275	1.3333	0.9129
2015	0.7447	1.0269	—	—
合計	3.9464	5.1924	6.3522	4.4344
平均	0.7893	1.0385	1.2704	0.8869
季节指数	0.7922	1.0424	1.2752	0.8902

圖 9-203

第六步：畫出季節指數圖。在 EXCEL 中選中 B11：E11，再依次點擊【插入】、【折線圖】後，可得圖 9-204 所示指數圖。

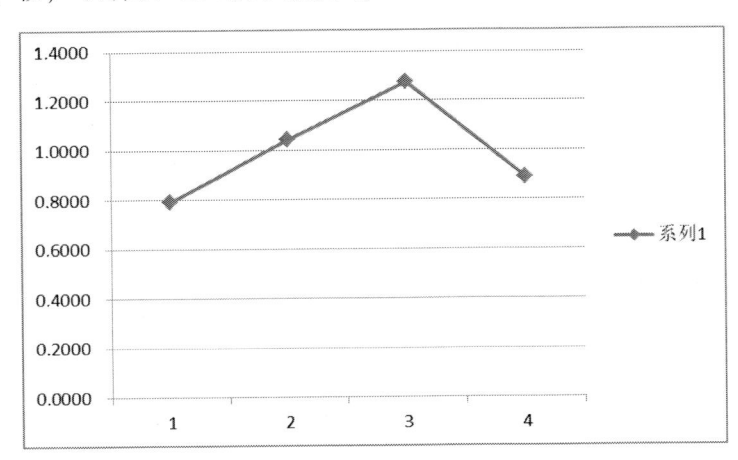

圖 9-204　季節指數圖

任務二：利用季節指數對時間序列進行預測

【例子 9-16】根據【例子 1】中的銷售數據和計算出的季節指數，對 2016 年的四個季度進行預測。

263

應用統計學：EXCEL分析

【Excel 操作步驟】

第一步，對所有銷售數據，根據最小二乘法，建立銷售數據與時間編號的一元線性迴歸方程。

在 EXCEL 中依次點擊【數據】、【數據分析】，彈出數據分析對話框，然後選擇「迴歸」（見圖 9-205），彈出對話框。

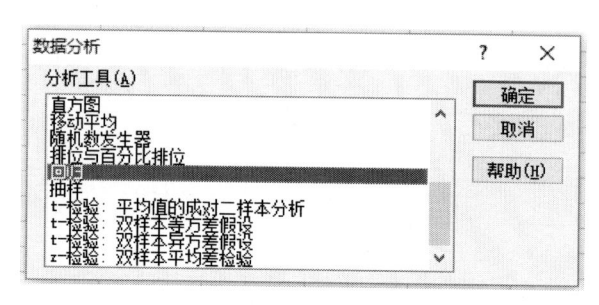

圖 9-205

在對話框中，「Y 值輸入區域」輸入：＄C＄2：＄C＄25；在「X 值輸入區域」輸入：＄B＄2：＄B＄25；其他選項，根據需要輸入，見圖 9-206。

圖 9-206

點擊後，得到如圖 9-207 所示的迴歸結果。

9　Excel 2010 操作

	A	B	C	D	E	F	G	H	I
1	SUMMARY OUTPUT								
2									
3	回归统计								
4	Multiple	0.875517							
5	R Square	0.76653							
6	Adjusted	0.755917							
7	标准误差	2.231361							
8	观测值	24							
9									
10	方差分析								
11		df	SS	MS	F	gnificance F			
12	回归分析	1	359.6329	359.6329	72.23034	2.13E-08			
13	残差	22	109.5374	4.978973					
14	总计	23	469.1703						
15									
16		Coefficien	标准误差	t Stat	P-value	Lower 95%	Upper 95%	下限 95.0%	上限 95.0%
17	Intercept	30.60668	0.940185	32.55389	4.18E-20	28.65686	32.5565	28.65686	32.5565
18	X Variabl	0.559218	0.065799	8.498843	2.13E-08	0.422758	0.695677	0.422758	0.695677

圖 9-207

根據上述結果，我們可得以下迴歸方程：

$$\hat{Y}_t = 30.606,7 + 0.559,2t$$

第二步：構建工作表。在單元格 A1 中輸入「年/季度」，在 A3～A26 輸入例子中的數據。在 B2 和 H2 分別輸入「時間編號」「銷售量」「季節指數」「季節指數分離後的序列」「迴歸預測值」「最終迴歸值」和「預測誤差」。在 A2 和 H2 分別輸入（1）至（8）及其計算公式；在 B3 至 B26 分別輸入 1、2 至 24；在 C3 至 C26 分別輸入原始數據；將第一步得到的季節指數依次錄入 D3：D26 單元格；在 E3 單元格中輸入「=C3/D3」，將鼠標放在所選定的 E3 單元格右下角，待出現「+」符號後，向下填充至 E26 單元格；在 F3 單元格中根據第一步得到的迴歸方程，輸入「=30.606,7+0.559,2*B3」，將鼠標放在所選定的 F3 單元格右下角，待出現「+」符號後，向下填充至 F26 單元格；在 G3 單元格中輸入公式「=F3*D3」，將鼠標放在所選定的 G3 單元格右下角，待出現「+」符號後，向下填充至 G26 單元格；在 H3 單元格中輸入公式：「=C3-G3」，將鼠標放在所選定的 H3 單元格右下角，待出現「+」符號後，向下填充至 H26 單元格。這樣可得完整的迴歸預測值及誤差計算表（見圖 9-208）。

	A	B	C	D	E	F	G	H
1	年/季度	时间编号(t)	销售量(Y)	季节指数	季节指数分离后的序列(Y/S)	回归预测值	最终回归值	预测误差
2	(1)	(2)	(3)	(4)	(5)=(3)/(4)	(6)	(7)=(6)*(4)	(8)=(3)-(7)
3	2010/1	1	25	0.7922	31.56	31.17	24.69	0.31
4	2	2	32	1.0424	30.70	31.73	33.07	-1.07
5	3	3	37	1.2752	29.01	32.28	41.17	-4.17
6	4	4	26	0.8902	29.21	32.84	29.24	-3.24
7	2011/1	5	30	0.7922	37.87	33.40	26.46	3.54
8	2	6	38	1.0424	36.46	33.96	35.40	2.60
9	3	7	42	1.2752	32.94	34.52	44.02	-2.02
10	4	8	30	0.8902	33.70	35.08	31.23	-1.23
11	2012/1	9	29	0.7922	36.61	35.64	28.23	0.77
12	2	10	39	1.0424	37.41	36.20	37.73	1.27
13	3	11	50	1.2752	39.21	36.76	46.87	3.13
14	4	12	35	0.8902	39.32	37.32	33.22	1.78
15	2013/1	13	30	0.7922	37.87	37.88	30.01	-0.01
16	2	14	39	1.0424	37.41	38.44	40.06	-1.06
17	3	15	51	1.2752	39.99	38.99	49.73	1.27
18	4	16	37	0.8902	41.56	39.55	35.21	1.79
19	2014/1	17	29	0.7922	36.61	40.11	31.78	-2.78
20	2	18	42	1.0424	40.29	40.67	42.40	-0.40
21	3	19	55	1.2752	43.13	41.23	52.58	2.42
22	4	20	38	0.8902	42.69	41.79	37.20	0.80
23	2015/1	21	31	0.7922	39.13	42.35	33.55	-2.55
24	2	22	43	1.0424	41.25	42.91	44.73	-1.73
25	3	23	54	1.2752	42.35	43.47	55.43	-1.43
26	4	24	41	0.8902	46.06	44.03	39.19	1.81

图 9-208

第三步：对 2016 年进行预测。

选择一张空白的表单，在 A1：E1 表格中，依次输入「年/季」「时间编号」「季节指数」「迴歸预测值」和「最终预测值」；在 A2：A5 依次输入待预测的 2016 年 1 到 4 季度；在 B2：B5 顺序列出时间编号 25、26、27、28；在 C2：C5 顺序列出任务一中计算出的季节指数；在 D2 单元格中，根据第一步计算的迴歸方程输入「=30.606,7+0.559,2*B2」，将鼠标放在所选定的 D2 单元格右下角，待出现「+」符号後，向下填充至 D5 单元格；在 E2 单元格输入公式「=C2*D2」，将鼠标放在所选定的 E2 单元格右下角，待出现「+」符号後，向下填充至 E5 单元格；这样就得到了 2016 年四个季度的预测值（见图 9-209）。

	A	B	C	D	E
1	年/季	时间编号	季节指数(S)	回归预测值	最终预测值
2	2016/1	25	0.792	44.587	35.323
3	2	26	1.042	45.146	47.058
4	3	27	1.275	45.705	58.283
5	4	28	0.890	46.264	41.185

图 9-209

第四步：根据 2010—2016 年实际值和预测值，画出相关曲线图（见图 9-210），具体步骤参考任务一中第六步。

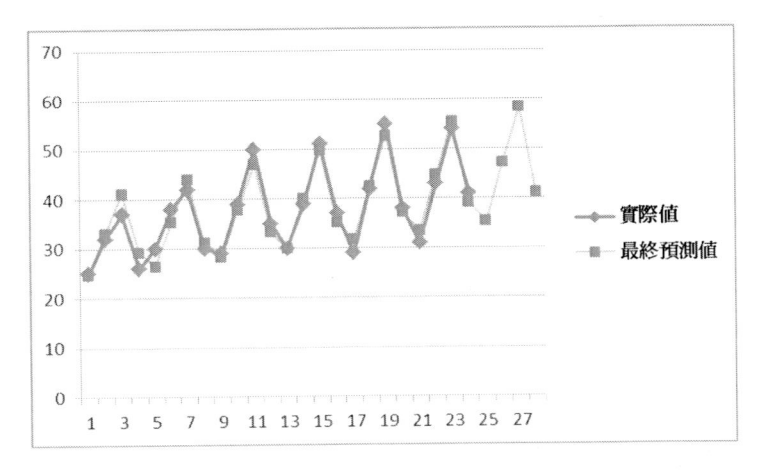

圖 9-210

任務三：利用二次曲線計算和預測

【例子 9-17】圖 9-211 是中國近年來煤炭占能源消費總量的比重數據，試擬合適當的曲線，計算出 2017 年的預測值，並將原序列和各期預測值繪製成圖形進行比較。

【Excel 操作步驟】

第一步：構建分析表格。在 A1：D1 單元格中，依次輸入「時間/指標」「煤炭所占能源消費總量比重（％）」「時間代碼」和「時間平方」；在 A2：A18 中依次輸入 2000 至 2016；在 C2：C18 單元格中依次輸入時間代碼 1 至 17；在 D2：D18 單元格中用公式「＝C2^2」依次輸入時間代碼的平方。

	A	B	C	D
1	時間/指標	煤炭所占能源消費總量比重(%)	時間代碼	時間平方
2	2000	69.2	1	1
3	2001	68.3	2	4
4	2002	68.0	3	9
5	2003	69.8	4	16
6	2004	69.5	5	25
7	2005	72.4	6	36
8	2006	72.4	7	49
9	2007	72.5	8	64
10	2008	71.5	9	81
11	2009	71.6	10	100
12	2010	69.2	11	121
13	2011	70.2	12	144
14	2012	68.5	13	169
15	2013	67.4	14	196
16	2014	65.6	15	225
17	2015	64.0	16	256
18	2016	62.0	17	289

圖 9-211

應用統計學：EXCEL分析

第二步：建立迴歸方程。在 EXCEL 中依次點擊【數據】、【數據分析】，彈出數據分析對話框，然後選擇「迴歸」（見圖9-212），彈出對話框。

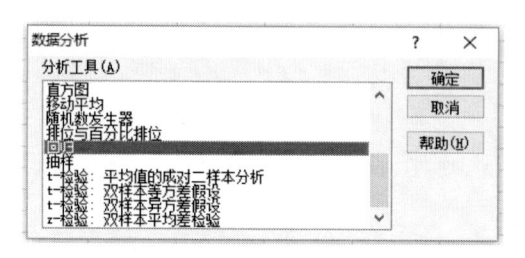

圖 9-212

在對話框中，「Y值輸入區域」輸入：＄B＄2：＄B＄18；在「X值輸入區域」輸入：＄C＄2：＄D＄18；其他選項，根據需要輸入，見圖9-213。

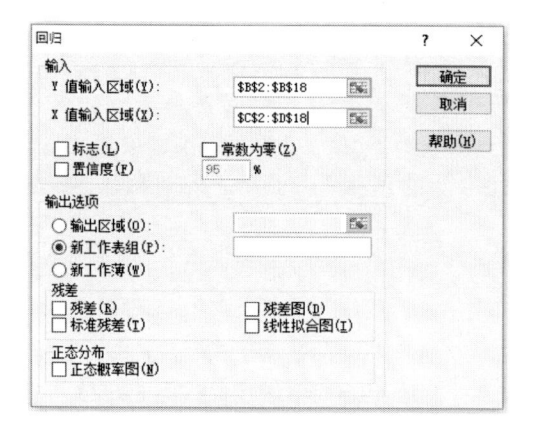

圖 9-213

點擊後，得到如圖9-214所示迴歸結果。

	A	B	C	D	E	F	G	H	I
1	SUMMARY OUTPUT								
2									
3	回归统计								
4	Multiple	0.951209							
5	R Square	0.904798							
6	Adjusted	0.891198							
7	标准误差	0.977811							
8	观测值	17							
9									
10	方差分析								
11		df	SS	MS	F	gnificance F			
12	回归分析	2	127.2168	63.60838	66.52807	7.09E-08			
13	残差	14	13.38559	0.956113					
14	总计	16	140.6024						
15									
16		Coefficien	标准误差	t Stat	P-value	Lower 95%	Upper 95%	下限 95.0%	上限 95.0%
17	Intercept	65.90735	0.804228	81.95108	3.53E-20	64.18246	67.63225	64.18246	67.63225
18	X Variabl	1.555882	0.205681	7.564529	2.61E-06	1.11474	1.997025	1.11474	1.997025
19	X Variabl	-0.10441	0.011106	-9.4016	1.99E-07	-0.12823	-0.08059	-0.12823	-0.08059

圖 9-214

根據上述結果，我們可得以下迴歸方程：

$$\hat{Y}_t = 65.907 + 1.556t - 0.104t^2$$

第三步：計算預測值及殘差。重新構建一個空白 EXCEL 表單（見圖 9-215），在 C2 單元格中，根據上述迴歸方程輸入公式「=65.907+1.556*B2-0.104*B2^2」，將鼠標放在所選定的 D2 單元格右下角，待出現「+」符號後，向下填充至 D19 單元格；在 E2 單元格中輸入公式：「=C2-D2」，將鼠標放在所選定的 E2 單元格右下角，待出現「+」符號後，向下填充至 E19 單元格。

	A	B	C	D	E
1	時間/指標	時間代碼	煤炭所占能源消費總量比重(%)	預測值	殘差
2	2000	1	69.2	67.359	1.841
3	2001	2	68.3	68.603	-0.303
4	2002	3	68.0	69.639	-1.639
5	2003	4	69.8	70.467	-0.667
6	2004	5	69.5	71.087	-1.587
7	2005	6	72.4	71.499	0.901
8	2006	7	72.4	71.703	0.697
9	2007	8	72.5	71.699	0.801
10	2008	9	71.5	71.487	0.013
11	2009	10	71.6	71.067	0.533
12	2010	11	69.2	70.439	-1.239
13	2011	12	70.2	69.603	0.597
14	2012	13	68.5	68.559	-0.059
15	2013	14	67.4	67.307	0.093
16	2014	15	65.6	65.847	-0.247
17	2015	16	64.0	64.179	-0.179
18	2016	17	62.0	62.303	-0.303
19	2017	18		60.219	

圖 9-215

第四步：畫出實際值與預測值曲線圖（見圖 9-216）。根據 2000—2017 年實際值和預測值，畫出相關曲線圖，具體步驟參考任務一中第六步。

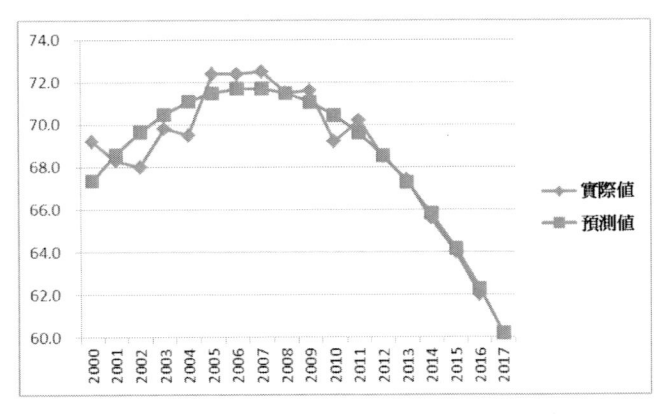

圖 9-216

國家圖書館出版品預行編目（CIP）資料

應用統計學：EXCEL分析 / 龍金茹 主編. -- 第一版.
-- 臺北市：崧博出版：崧燁文化發行, 2019.05
　　面；　公分
POD版

ISBN 978-957-735-837-0(平裝)

1.統計學 2.統計套裝軟體 3.EXCEL(電腦程式)

510　　　　　　　　　　　　　　　　108006395

書　　名：應用統計學：EXCEL分析

作　　者：龍金茹 主編

發 行 人：黃振庭

出 版 者：崧博出版事業有限公司

發 行 者：崧燁文化事業有限公司

E - m a i l：sonbookservice@gmail.com

粉 絲 頁：　　　　　　網　址：

地　　址：台北市中正區重慶南路一段六十一號八樓 815 室
8F.-815, No.61, Sec. 1, Chongqing S. Rd., Zhongzheng Dist., Taipei City 100, Taiwan (R.O.C.)

電　　話：(02)2370-3310　傳　真：(02) 2370-3210

總 經 銷：紅螞蟻圖書有限公司

地　　址：台北市內湖區舊宗路二段 121 巷 19 號

電　　話：02-2795-3656 傳真:02-2795-4100　網址：

印　　刷：京峯彩色印刷有限公司（京峰數位）

　本書版權為西南財經大學出版社所有授權崧博出版事業股份有限公司獨家發行電子書及繁體書繁體字版。若有其他相關權利及授權需求請與本公司聯繫。

定　　價：350 元

發行日期：2019 年 05 月第一版

◎ 本書以 POD 印製發行